O. 1850.
B.a.3. G

18249

VOYAGES
D'ALI BEY
EN AFRIQUE ET EN ASIE.

TOME TROISIÈME.

VOYAGES

D'ALI BEY EL ABBASSI

EN AFRIQUE ET EN ASIE

PENDANT

LES ANNÉES 1803, 1804, 1805, 1806 ET 1807.

TOME TROISIÈME.

A PARIS,

DE L'IMPRIMERIE DE P. DIDOT L'AINÉ.

M DCCCXIV.

VOYAGES D'ALI BEY EN AFRIQUE ET EN ASIE.

~~~~~~~~~~~~~~~~~~~~

CHAPITRE I.

Retour d'Ali Bey à Djedda. — Position géographique. — Notices. — Traversée à l'Yenboa.

Le 2 mars 1807, après avoir fait les sept tours à la maison de Dieu, et récité les prières particulières de congé devant les quatre angles de la Kaaba, au puits Zemzem, aux pierres d'Ismaïl, et au Makam-Ibrahim, je sortis du temple par la porte *Beb-l'oudàa*: ce qui est d'un heureux auspice, parceque le Prophète sortoit par-là lorsqu'il avoit terminé son pélerinage; et je quittai la Mecque à cinq heures et demie du soir pour retourner à Djedda.

Je voyageois dans une *schevria* portée par un chameau, de la même manière qu'à mon arrivée.

A peine hors de la ville, les Arabes qui m'accompagnoient s'arrêtèrent et se disputèrent avec acharnement pendant plus d'une heure et demie; enfin à sept heures du soir ils se mirent en route.

L'atmosphère étoit couverte de nuages qui interceptoient totalement la clarté de la lune; environné d'une obscurité profonde, je ne pouvois distinguer aucun objet.

A quatre heures du matin je fis halte à un douar de baraques nommé *el Hhàd'a*. Un grand nombre de pélerins qui retournoient chez eux en même temps que moi couvroient la route, avec leurs chameaux et leurs équipages.

Le 3 mars, pendant que nous étions campés à *el Hhàdda*, le thermomètre, placé à l'ombre et au grand air à l'heure de midi, marquoit 24 degrés et demi de Réaumur par un vent d'O.: des nuages clair-semés vaguoient dans les airs. A midi et trois quarts, au soleil, il marquoit 45 degrés et demi, c'est-à-dire, plus de moitié de la chaleur de l'eau bouillante : tel est le climat de ces contrées, où les malheureux habitants sont condamnés à vivre comme dans un four.

Je n'ai pu recueillir à el Hhàdda que deux plantes et quelques pierres.

A trois heures après-midi, quoique malade, je partis avec la caravane, suivant en général la direction de l'O. Après avoir marché presque toute la nuit je m'arrêtai, mais sans descendre de cheval, afin d'attendre le jour, et peu après le lever du soleil j'entrai à Djedda.

Nous avions donc fait le chemin de la Mecque à Djedda en vingt-trois heures de marche de chameau. J'avois un grand intérêt à observer la différence de longitude chronométrique entre ces deux villes, et j'avois préparé à la Mecque les observations correspondantes ; malheureusement la montre s'arrêta en chemin : le même accident m'étoit arrivé lorsque j'allois vers la Mecque, parce qu'il est impossible qu'une montre puisse supporter les balancements d'un chameau sans s'en ressentir.

Je n'étois pas moi-même plus à l'épreuve de ces mouvements que les montres ; car j'avois éprouvé pendant le chemin huit ou dix violents vomissements de bile.

Dans la matinée du 4, malgré mon indisposition, je pris quelques distances de la lune au soleil, dans une circonstance intéressante, parceque la lune se trouvoit à l'O., et que, pendant toutes mes observations antérieures à Djedda, la lune avoit été constamment à l'E.

Durant mon séjour à la Mecque il n'y eut qu'une seule éclipse du premier satellite de Jupiter : elle eut lieu dans la matinée du 22 février. Je me rendis sur une montagne voisine, afin de pouvoir l'observer, parceque le phénomène devoit commencer peu après le lever de la planète; mais une autre montagne plus haute, qui se trouvoit au loin, me cacha la vue de l'astre jusqu'après l'éclipse. En raison de cet accident, la longitude de la Mecque est déterminée seulement par distances lunaires; mais les résultats ont été vérifiés par un grand nombre d'observations prises à droite et à gauche.

J'ai également observé à Djedda, le 17 mars, une émersion du quatrième satellite, et une immersion du premier. Ces excellentes observations, combinées avec celles des distances lunaires faites la première fois, ont donné, pour la longitude de Djedda, 45° 54' 30" E. de l'Observatoire de Paris. Par un grand nombre de passages, vérifiés et combinés avec mes observations précédentes, la latitude de Djedda est définitivement = 21° 32' 42" N.; plusieurs azimuths solaires, combinés avec ceux que j'avois observés précédemment, ont donné pour déclinaison magnétique, 10° 8' 18" O.

On prétend qu'à Mokha cette déclinaison magnétique est = 8° 30'; et au détroit de Babel Mandel, = 7° à-peu-près. Je me suis assuré qu'à

Suez elle est de 13° 30′ : donc elle suit une diminution constante tout le long de la mer Rouge, dans la direction du S.-E.

Dans ce pays, entouré de déserts de sable, les journées pluvieuses sont rares, excepté pendant l'équinoxe d'automne, époque à laquelle les pluies sont assez abondantes pour remplir les citernes.

Les vents qui règnent sur la mer Rouge soufflent presque toujours du côté du N., excepté pendant les mois d'août, de septembre et d'octobre, temps où ils passent au quartier du S.

Les soldats turcs de Djedda, congédiés, comme ceux de la Mecque, quittoient la terre sainte; il ne restoit à Djedda que les canonniers. Je vis embarquer, drapeaux déployés, timbales battantes, deux cents soldats que le schérif envoyoit sur la côte d'Afrique pour percevoir les contributions.

Le schérif possède, sur la côte d'Afrique, l'île de *Saouàken*, que les géographes appellent Suakem ; on y trouve un bon port. Il possède encore *Messoua*, sur la côte de l'Abyssinie, et quelques autres îles, sous le nom du sultan de Turquie.

Par ordre de Saaoud, on avoit supprimé à Djedda, comme à la Mecque, dans la prière du vendredi qui se fait à la mosquée, le nom du sultan de Constantinople.

Le kadi wehhabbi étoit venu à Djedda pour administrer la justice au nom de Saaoud, en même temps que le gouverneur nègre, esclave du schérif, continuoit à gouverner la ville au nom de son maître. Ce mélange d'autorités ne manquera pas de produire le mauvais effet qu'en attend peut-être le sultan Saaoud. Ce kadi, m'a-t-on assuré, est du rit hanbéli ; cependant quelques personnes prétendent que les Wehhabis n'admettent pas cette différence de rits. Telle est l'incertitude des renseignements que l'on obtient des naturels du pays.

Outre les *Muddens* ou crieurs publics, qui du haut des tours des mosquées appellent le peuple à la prière, les Wehhabis ont établi à Djedda une seconde espèce de convocateurs, qu'on pourroit nommer exécuteurs ou exempts, pour forcer les fidèles à se rendre au temple. Aux heures désignées ils vont par les rues, en criant : *Allons à la prière ; à la prière :* ils poussent tous les habitants pour les obliger d'aller à la mosquée, et contraignent les artisans et les marchands d'abandonner leurs boutiques, leurs ateliers et leurs magasins, pour venir assister à la prière publique cinq fois par jour, comme il est prescrit par la loi. De grand matin, avant l'aurore, ils crient également, et font un bruit épouvantable par les rues, pour forcer tout le monde à se lever et à venir au temple. Que leur zèle est ardent! Il est sans doute plus pur que celui des peuples qui, à la même heure, font un tapage affreux avec des tambours, afin de réveiller les époux : là, tout est matière ; ici, tout est esprit ; ou peut-être l'appel des tambours a-t-il eu une origine religieuse comme celui de ces convocateurs wehhabis, qui dégénérera probablement de la même manière.

Le costume de ces exempts est fort simple : ils sont presque nus, n'ayant qu'un petit caleçon blanc, avec une couverture pliée et jetée sur l'épaule, et un énorme bâton à la main. J'appris qu'à la Mecque on avoit déjà commencé à faire usage de ces excitateurs pour forcer le peuple à se rendre à la mosquée; mais il y a beaucoup plus de modération à Djedda, puisqu'ils ne font que crier, gronder et pousser tous ceux qu'ils rencontrent : au moins c'est ce que j'ai pu apercevoir de mes croisées qui donnoient sur la grande place.

Pendant mon séjour à Djedda, il arriva du Bengale un bâtiment gros comme une corvette, avec pavillon rouge musulman, armé de vingt pièces de canon, et chargé de riz. Le commerce reçoit tous les ans quatre ou cinq bâtiments de cette espèce, qui apportent non seulement du riz, mais encore d'autres productions de l'Inde.

Traversée à l'Yenbòa.

Le samedi 21 mars 1807 (jour de l'équinoxe), peu après le coucher du soleil, je m'embarquai sur une espèce de bateau appelé *sambòk* dans le pays. Après une heure et demie de détours parmi les bancs de pierre qui, dans cette rade, forment une sorte de labyrinthe à fleur d'eau, j'arrivai au bâtiment qui devoit me conduire à Suez : c'étoit un *dào* comme celui sur lequel j'étois venu.

☉ 22 *mars.*

Il resta mouillé tout le jour presqu'à l'entrée du port.

Ayant observé la latitude, j'eus pour résultat 21° 36′ 11″ N. : Djedda étoit à près de trois milles et demi au S.-E. quart S. ; et nous avions quatre brasses et demie d'eau sur un fond de sable.

Le bâtiment, extrêmement chargé de sacs de

café, avoit douze autres passagers qui étoient des pélerins turcs ou arabes. J'avois la chambre de poupe pour moi seul, et mes domestiques se tenoient dans le corps du bâtiment.

Le temps fut serein et fort chaud ; le thermomètre placé dans ma chambre monta jusqu'à 23° et demi de Réaumur. Le vent étoit favorable ; mais le raïs ou capitaine ne termina ses affaires qu'à neuf heures du soir : à son arrivée à bord il fit préparer le départ.

☾ 23.

A quatre heures et demie du matin il leva l'ancre, et fit remorquer le bâtiment à travers l'infinité d'écueils qui ferment l'entrée du port, et dont nous ne fûmes entièrement dégagés qu'à huit heures du matin.

A midi le vent d'O. renforça, et on jeta l'ancre à une heure et demie, sur un mauvais mouillage nommé *Delmàa*.

A ce même endroit étoient également mouillés cinq autres daos qui tenoient la même route que nous.

La mer étoit grosse, et notre bâtiment étoit fortement ballotté par la houle.

♂ 24.

On mit à la voile vers les quatre heures du matin; quoique le vent ne fût pas très favorable, les bâtiments marchoient bien.

La plus grande partie de notre course se fit dans une espèce de canal d'environ deux lieues de largeur, en direction vers le N., entre la côte d'Arabie, et une ligne d'écueils innombrables qui occupent toute la surface de la mer à perte de vue : ces écueils sont tous, sans exception, au même niveau, et couverts à peine de six pouces d'eau; les vagues s'y brisent avec furie; mais, dans le reste du canal, l'eau est absolument tranquille comme dans une rivière.

Nous passâmes à midi devant *Tuàl*, petit bourg entouré de quelques arbres. Mes observations me donnèrent pour latitude 22° 5' 46" N. Je ne puis cependant répondre d'une minute ou deux d'erreur. A deux heures après midi on mouilla à près de huit milles au S.S.O. d'un autre village appelé Omelmusk, dont la longitude chronométrique, d'après mes observations, est de 36° 31' 0" E. de l'Observatoire de Paris; mais l'irrégularité de ma montre à cette époque peut bien m'avoir trompé d'une minute de temps, ou d'un quart de degré en longitude.

Le passage de Mars me donna pour latitude 22° 13′ 0″ N.

Ce mouillage est très bon, quoiqu'il soit à plus de deux milles de distance de la terre.

☿ 25.

Nous restâmes mouillés tout le jour.

Le bâtiment, qui étoit déjà extrêmement chargé, le fut encore davantage par un surcroît de trois cents quintaux de café qu'on avoit sortis de Djedda sans payer les droits, et qu'on amena clandestinement dans des petits bateaux. Il appartenoit, disoit-on, à Sidi Alarbi Djilani, principal négociant de la ville, et mon ami. Je reçus en effet, par un de ces bateaux, une lettre de ce personnage, par laquelle il me recommandoit à l'un de ses amis qui demeuroit à Médine. Avec cette augmentation, le bâtiment se trouva trop chargé, et fit beaucoup d'eau.

Quelques autres bâtiments reçurent également une surcharge de contrebande à ce mouillage, où nous avions onze brasses d'eau sur un fond de vase.

J'observai le passage du soleil, et j'eus pour

latitude 22° 18′ 11″ : ce qui confirme celle que j'avois obtenue par le passage de Mars.

Entre nous et la grande terre étoit une île peu élevée et assez étendue. Le capitaine descendit dans la chaloupe avec des filets, et revint avec du poisson.

La côte est basse dans ce parage jusqu'à près d'une lieue dans les terres, où commence une série de montagnes hautes et escarpées, mais isolées les unes des autres. On aperçoit bien quelques petits bois et des arbres plantés çà et là ; mais les montagnes paroissent entièrement nues.

Le temps fut presque toujours couvert. Dans l'après-midi, le vent renforça, et la mer au large paroissoit agitée d'une bourrasque affreuse, tandis qu'à notre mouillage elle étoit parfaitement tranquille.

♃ 26.

Malgré le vent du N. qui contrarioit notre direction, on mit à la voile : la mer étoit grosse, et le vent violent ; notre bâtiment souffroit beaucoup, à cause de son chargement excessif. L'antenne d'un autre navire se cassa, et nous fûmes obligés de revenir au mouillage d'Omelmusk.

D'ALI BEY.

Notre capitaine allégea un peu sa cargaison, en faisant passer vingt sacs de café sur un autre dao; mais nous faisions encore beaucoup d'eau, et je croyois nécessaire de l'alléger davantage.

Nous vîmes arriver successivement d'autres bâtiments de Djedda, qui vinrent mouiller près de nous au coucher du soleil, suivant la même route : nous formions alors un convoi de dix daos, sans compter les autres bâtiments plus petits.

Quoique le temps fût serein, l'état de ma santé ne me permit pas de faire des observations.

♀ 27.

A quatre heures et demie du matin, on mit à la voile par un vent contraire.

A midi, nous étions à six milles au S. S. O. de Dounibatz, village sur la côte d'Arabie; le passage du soleil me donna pour latitude, 22° 31′ 5″ N. : par conséquent, la latitude de Dounibatz doit être = 22° 34′ 0″ N. A deux heures après midi, nous entrâmes dans le port d'Arabog.

Je me fis mettre à terre, où je recueillis quelques coquillages et des plantes marines.

Comme l'horizon étoit coupé par une ligne

de bâtiments, il me fut absolument impossible d'observer la latitude en mer.

Il y a des jardins à Arabog d'où l'on m'apporta des pastèques et des citrouilles. Le village, situé à deux milles de distance de notre mouillage, est entouré d'un grand nombre d'arbres.

♄ 28.

Je sautai à terre vers les quatre heures du matin, emportant mon télescope, et j'observai parfaitement une immersion du troisième satellite de Jupiter, qui me donna pour la longitude d'Arabog 36° 31′ 45″ E. de l'Observatoire de Paris.

Il étoit près de six heures quand on mit à la voile presque sans vent, faisant route d'abord vers l'O., ensuite vers l'O. S. O., jusqu'à ce que le vent ayant manqué tout-à-fait, les daos furent obligés de se faire remorquer par les chaloupes. A dix heures, il s'éleva un vent d'O. qui fit changer le rumb au N. O.; à midi, j'obtins pour latitude 22° 38′ 14″ N.

Après avoir marché le reste de la journée vers le N. O. jusqu'à quatre heures du soir, on jeta l'ancre au mouillage d'*el Hhabt*, dont je trouvai la longitude chronométrique = 36° 18' 45'' E. de Paris.

Les latitudes que j'ai observées ce jour-là et la veille ne présentent entre elles que 7' 9'' de différence, et l'estime des routes me donnoit, d'une manière assez rapprochée, la latitude d'Arabog, que j'estime presque sur le parallèle de mon observation de ce jour, à une minute d'erreur près.

Nous passâmes après midi devant Meschtura, qu'on me dit être à une lieue et demie d'el Hhabt.

☉ 29.

On mit à la voile, vers quatre heures et demie du matin, par un très petit vent, auquel succéda bientôt un calme plat : tous les bâtiments furent obligés de se faire remorquer, comme la veille, jusqu'à dix heures du matin qu'il se leva un bon vent d'O.

Nous faisions route au N. O. entre un labyrinthe d'écueils et de bancs de pierres à fleur d'eau, dont quelques uns sont à peine éloignés de douze à quinze pieds les uns des autres. On passa ensuite par des gorges qui avoient cinquante ou soixante pieds de large. A six heures du matin, le bâtiment donna sur un écueil : heureusement le vent étoit foible et notre marche très lente.

Nous étions toujours à deux ou trois milles de la terre; tout ce qu'on découvroit de la surface de la mer étoit semé d'écueils et de bancs de pierre à fleur d'eau.

Je pris à midi la latitude, et j'eus pour résultat de mon observation 23° 21′ 44″ N. : j'avois alors le cap Ras Abiad sur la côte d'Arabie, à dix milles au S. S. E.

Le bâtiment continua sa route au N. O. par un bon vent d'O.; et, après avoir passé le tropique, et devant Algiar, il mouilla entre des écueils un peu avant quatre heures.

Nous avions eu à midi le singulier spectacle d'un combat de poissons. La mer, étant tranquille, présentoit, dans un cercle de cent à cent vingt pieds de diamètre, un bouillonnement soudain, accompagné de beaucoup d'écume et d'un grand bruit. Cela duroit une demi-minute, et la mer redevenoit tranquille: une minute après, la même scène recommençoit. En-dehors et autour du grand cercle, on remarquoit, pendant le bouillonnement, un grand nombre de points; ce qui indiquoit des combats partiels et individuels. Ces bouillonnements s'étendoient à une grande distance du champ de bataille. Le bâtiment passa au bord du cercle dans le moment de l'attaque ; malheureusement c'étoit précisément à l'heure de midi, pendant que j'observois le passage du soleil : forcé d'opter entre les deux objets, je donnai la préférence à l'astronomie, et je perdis ainsi l'occasion d'observer le génie belliqueux de la gent aquatique. J'appris cependant de mes compagnons de voyage qu'ils avoient vu combattre une foule innombrable de poissons de la longueur d'un pied.

Pendant que cette action se passoit, on vit accourir, de tous les côtés de l'horizon et de distances fort éloignées, une infinité de poules d'eau ou d'oiseaux marins entièrement blancs, qui vinrent voltiger sur le champ de bataille, à six ou huit pouces au-dessus de l'eau, afin sans doute de faire leur profit des poissons tués et des petits encore vivants. Les choses étoient dans cet état, et le combat duroit encore, que nous étions déjà hors de vue.

☾ *30 mars.*

On leva l'ancre à minuit ; mais, le calme continuant toujours, les chaloupes remorquoient les daos par intervalles, et nous n'avancions que lentement. A dix heures du matin il se leva un vent du S. Je découvris à midi la ville de l'Yenboa, où nous abordâmes heureusement à une heure trois quarts.

J'avois bien envie d'aller à Médine visiter le sépulcre du Prophète, malgré la défense absolue des Wehhabis. La chose étoit hasardeuse : je déterminai cependant plusieurs pélerins turcs et quelques arabes mogrebins à courir avec moi les risques du voyage.

Comme mon capitaine avoit sa famille à l'Yenboa, où toute la flotte devoit faire une relâche de quelques jours, je convins avec lui d'être de retour dans huit ou neuf jours.

Je desirois en même temps fixer la position géographique de Médine : mais la nouvelle lune approchoit, et pendant ce temps on ne peut observer des distances que jusqu'à la matinée du 4 avril; encore ce jour-là la lune est-elle si foible qu'il est bien difficile de l'amener par réflexion à la lunette du cercle. On pouvoit bien observer encore deux éclipses de satellites ; mais la première devoit avoir lieu dans la matinée du 2 avril, et l'autre dans la matinée du 9; par conséquent il m'étoit impossible d'observer ni l'une ni l'autre à Médine, puisque la longueur du chemin de l'Yenboa à cette ville est de quatre nuits. J'étois également privé d'observer la différence chronométrique entre Médine et l'Yenboa, parcequ'il n'est pas de montre qui puisse résister à la violence des mouvements du dromadaire ou du chameau. Il ne me restoit donc presque aucun moyen d'obtenir la longitude de Médine; et j'avoue que cette réunion de privations étoit un vrai chagrin pour moi.

J'envoyai sur-le-champ chercher des dromadaires, afin de faire plus rapidement le trajet; mais, avec toute ma diligence, il me fut impossible de partir avant le lendemain au soir. Je n'emportai qu'une petite malle, avec des instruments; trois domestiques m'accompagnèrent, et je laissai le reste de mes gens et de mes équipages dans le bâtiment.

CHAPITRE II.

Voyage vers Médine. — Djidéïda. — Ali Bey est arrêté par les Wehhabis. — Désagrémens qui en résultent. — Il est renvoyé avec une caravane des employés du temple de Médine. — L'Yenboa.

Je sortis de l'Yenboa le mardi 31 mars, à cinq heures du soir, monté sur un dromadaire, et suivi de trois domestiques, de quelques pélerins turcs ou mogrebins, et d'environ cinquante dromadaires.

Nous marchions vers l'E. un quart S. E. sur une plaine de sable, aride par intervalles, et présentant çà et là quelques traces de végétation.

Les dromadaires font ordinairement plus d'une lieue par heure, et nous les faisions trotter de temps en temps; mais mes forces ne pouvoient soutenir la violence de leurs mouvemens. A minuit, me trouvant extraordinairement abattu, tant à cause du cahotement de l'animal que par l'incommodité d'une selle tout en bois et sans étriers, je fus obligé de ralentir un peu le pas. A quatre heures du matin, j'étois dans la direction de l'E. quart N. E. entre de petites montagnes qui se resserroient à mesure que nous avancions. A six heures un quart je fis faire halte dans un vallon, que je crois à quinze ou seize lieues de l'Yenboa.

Nous étions entourés de montagnes de différents schistes, absolument pelées. Quoiqu'il n'y ait pas d'eau dans le vallon, j'y trouvai quelques plantes, petites, mais fort belles, que je recueillis, entre autres une superbe espèce de *Solanum* à grandes fleurs.

Je me sentois toujours malade; j'avois eu deux forts vomissements en chemin, avant l'aurore.

Le même jour, mercredi 1er avril, à deux heures et demie après midi, je me remis en marche, faisant route à l'E., et suivant le même désert, par un vallon d'un aspect singulier : les montagnes du côté du S. sont toutes de sable mouvant, parfaitement blanc; les montagnes du côté du N. sont composées de rochers de porphyre, de roches cornées et de schistes. Le vallon a tout au plus cent toises de largeur. En voyant ces montagnes de sable aussi hautes que celles de rochers, je ne pus m'empêcher d'admirer la force qui a amoncelé et qui retient cette accumulation de sable mouvant qui forme les montagnes du S., sans que les vents en transportent un seul atome sur celles du N. Le fond du vallon est une variété de roches et de sable; on y trouve quelques jolies plantes. Les montagnes du N. contiennent une belle collection de porphyres de toutes les couleurs et de toutes les pâtes. Dans les roches cornées on rencontre toutes les nuances du vert, dont quelques unes sont magnifiques; on y trouve aussi toutes les espèces de schistes.

Au coucher du soleil, j'étois entre plusieurs groupes de montagnes volcaniques entièrement noires, présentant divers tableaux de ruines très pittoresques.

Après le coucher du soleil, je commençois à monter pour traverser cette chaîne de montagnes : ce ne fut qu'à dix heures du soir qu'ayant atteint le sommet je commençai à descendre. Tout cet espace est extrêmement resserré par un bois d'arbustes épineux très incommodes, sur-tout quand on marche la nuit; à chaque moment on se sent blessé au visage, aux mains ou aux jambes.

A la nuit tombante, il y eut de fréquents éclairs à l'E. pendant une heure; ce qui excita l'enthousiasme de mes gens, qui les attribuoient au saint Prophète.

A minuit je passai auprès d'un bourg nommé *Hham^ara*; mais, comme la nuit étoit parfaitement obscure, je ne pus apercevoir que quelques feux.

La route, commençant à tourner plus au N., nous conduisit, par un vallon étroit en pente douce, près d'un autre village, et à cinq heures du matin j'arrivai à *Djidéïda*, accablé de fatigue et à demi-mort. On me descendit du dromadaire, et on me coucha sur mon matelas au milieu de la place.

Mes Arabes m'avoient promis d'arriver à minuit à Djidéïda, où nous devions faire halte. Je m'étois disposé en conséquence à l'observation du satellite, malgré le mauvais état de ma santé; mais les arbres épineux du chemin, et je pense aussi la fatigue de mes compagnons de voyage, quoique incomparablement plus forts et plus robustes que moi, avoient ralenti notre marche, et m'avoient fait arriver quelques heures trop tard. Je fus consolé de ce contretemps par un autre qui ne m'auroit pas permis de me livrer avec succès à mon observation astronomique, quand même je serois arrivé en temps utile, parceque Jupiter sortit avec la Lune, et que tous les deux restèrent enveloppés de nuages jusqu'au jour.

L'exactitude des conducteurs de dromadaires est vraiment remarquable; à chaque heure canonique ils arrêtoient la caravane, et crioient : *I oua salàh, I oua salàh; allons prier, allons prier.* Chacun descendoit alors de cheval, faisoit son ablution avec du sable, et, après avoir récité la prière en commun, remontoit pour continuer sa route.

Un soir que je marchois à la tête de la caravane, j'entendis du bruit derrière moi; je tournai la tête, et je vis un des conducteurs des dromadaires qui, avec un gros bâton à la main, menaçoit mon hhazindar ou maître d'hôtel, et vouloit l'obliger à rebrousser chemin. J'accourus sur-le-champ pour m'informer de l'affaire. L'Arabe, emporté par un saint zèle, répétoit toujours : *Ah, Sidi Ali Bey! que cet homme est un grand criminel! — Qu'a-t-il fait? — C'est un horrible criminel!* Je lui demandai encore : *Mais qu'a-t-il donc fait? — Il ne doit pas passer outre; il n'ira point à Médine; je ne le permettrai jamais.* Mon domestique étoit tout interdit. Je répétai à l'Arabe : *Dites-moi donc quel est son crime? — Oui, Sidi Ali; il fume du tabac, ce grand fripon; il n'ira pas à Médine; je ne le souffrirai pas.* J'eus toutes les peines du monde à calmer l'Arabe, en lui disant que mon domestique, étant un schérif marocain, ignoroit entièrement les dispositions d'Abdoulwehhab. Je lui promis, en son nom, qu'il ne fumeroit plus. Il exigea que mon domestique fît serment de ne plus fumer, et qu'il jetât sa pipe à terre, avec le peu de tabac qui lui restoit. Ce ne fut qu'à ces conditions qu'il lui permit de continuer sa route.

Djidéïda est un séjour extrêmement triste, au fond d'un vallon; les maisons en sont fort basses, et construites en pierres sèches, sans revêtement; on y voit une grande place, avec quelques boutiques, où se tient le marché. (*Voyez la planche LXV.*) L'eau qu'on y boit est une eau de source excellente. Il y a bien quelques jardins et des plantations de palmiers; mais la situation en est très mélancolique.

Le chef du peuple, surnommé *Scheih el Belèd,* et le kadi, sont naturels du pays, qui est sous la domination du sultan Saaoud, auquel les habitants payent la dîme de leurs fruits.

C'est dans le désert de Médine que croît l'arbre d'où l'on tire le *baume* improprement nommé *de la Mecque.* Comme je ne pouvois m'arrêter, je renvoyai mes recherches sur cet arbre à mon retour.

Ne pouvant plus soutenir la marche des dromadaires, je laissai partir la caravane, promettant de la rejoindre bientôt, et je restai couché au milieu de la place, où je m'endormis, n'ayant gardé avec moi que mes domestiques.

A mon réveil, je me trouvai entouré d'un grand nombre de personnes accroupies autour de moi, et occupées à me regarder. J'ouvris ma petite pharmacie, et je mis de la charpie avec du *baume Catholique* sur toutes les écorchures ou blessures que j'avois aux jambes, aux mains, etc. Je mangeai ensuite une pastèque délicieuse, qui me rafraîchit singulièrement. Mais j'étois toujours hors d'état de me remuer.

Cependant mes domestiques faisoient préparer quatre chameaux, et une *schevria* semblable à celle dont je m'étois servi pour le voyage de la Mecque; et le matin du même jour, jeudi 2 avril, je montai dans cette voiture, escorté seulement de mes trois domestiques et du chamelier. Je sortis de Djidéida à huit heures et demie du matin, par le chemin de Médine, d'où je n'étois plus éloigné, d'après les indications qui m'avoient été données, que de seize lieues à l'E.

J'estime la position de Djidéida à environ vingt-huit lieues à l'E. quart S. E. de l'Yenboa.

Nous nous dirigions vers l'E. S. E. à travers une large vallée.

Deux heures après notre sortie de Djidéïda, deux Wehhabis sortent des montagnes, arrêtent nos chameaux, en me demandant où allez-vous? Je leur dis que j'allois à Médine. — Vous ne pouvez pas continuer votre route. Alors un chef se présente, avec deux autres officiers, également montés sur des chameaux, pour m'interroger de nouveau. Le chef, soupçonnant que j'étois Turc, menace de me couper la tête. Sans m'effrayer de ses menaces, je réponds avec sang froid à toutes ses questions. Mes réponses sont attestées par mes domestiques. En vain mon imagination me rappelle dans ce moment la nouvelle qui avoit circulé à Djedda, que tous les Turcs partis de la Mecque avoient été égorgés; je n'en conserve pas moins un air calme. Ils m'ordonnent de leur remettre mon argent; je leur donne quatre piastres espagnoles que j'avois dans la poche. Ils insistent pour en avoir davantage; je déclare que je n'en ai plus, et qu'ils peuvent visiter mes effets, s'ils le desirent. Ils prétendent que j'ai de l'argent caché dans ma ceinture, comme c'est l'usage dans le Levant; je leur déclare que non. Ils insistent; je jette alors mon bournous à terre, et je commence à me dépouiller pour les satisfaire. Ils me retiennent; mais, voyant le cordon de ma montre, ils le tirent, et me forcent à la leur donner. Ils répètent leurs menaces, après s'être emparés de la montre et du bournous; puis ils se retirent, en indiquant au conducteur des chameaux un endroit, tout près de là, où nous devions descendre de cheval et attendre leurs ordres.

Nous nous rendons à l'endroit indiqué. Je détruis sur-le-champ une caisse qui contenoit tous les insectes que j'avois recueillis en Arabie, et je jette loin de moi les plantes et les fossiles ramassés dans cette traversée de l'Yenboa. J'avale une lettre du prince Muley Abdsulem, qui pouvoit me compromettre aux yeux de ces fanatiques. Je donne à mon hhazindar quelques piastres que j'avois dans ma petite malle, et je reste parfaitement tranquille. Mes domestiques cachent sous des pierres le peu de tabac qu'ils avoient, et nous attendons les ordres.

Deux Wehhabis viennent un moment après s'établir près de nous, comme pour nous garder à vue. Heureusement cette disposition étoit tardive, puisque nous étions déjà débarrassés de tout ce qui pouvoit nous compromettre. Je suis persuadé que nous avons dû ces précieux momens de relâche à l'avidité de ces hommes, qui se retirèrent peut-être pour convenir du partage du butin, puisqu'il n'y avoit que deux objets, le bournous et la montre, et que le peu d'argent qu'ils m'avoient pris n'étoit pas suffisant pour balancer la valeur de ces deux objets dans le partage entre cinq individus.

Deux heures après, deux autres Wehhabis arrivent, se disant envoyés par l'émir, afin d'exiger de moi 500 francs pour ma délivrance. Je leur répétai que je n'avois point d'argent. Ils se retirèrent aussitôt.

Peu après, un autre Wehhabi se présente avec l'ordre de nous conduire dans un autre endroit. Nous partons avec lui; et derrière une montagne voisine je trouve.... ma caravane tout entière, également prisonnière des Wehhabis.

Mes compagnons de voyage, pâles, tremblants et inquiets sur leur sort, étoient entourés d'une forte garde. Je m'asseois à côté des Arabes mogrebins; les Turcs faisoient bande à part.

Un Wehhabi arrive, et annonce que tout pélerin, turc ou mogrebin, doit payer 500 francs. A cette demande, mes compagnons d'infortune se récrient et demandent grace, les larmes aux yeux. Quant à moi, je dis tranquillement que ma réponse étoit déjà faite; mais je réclamai en faveur de ces malheureux.

Le soleil étoit près de se coucher, lorsqu'un autre Wehhabi se présente pour nous dire que l'émir ayant accordé une diminution de contribution, chaque pélerin ne paiera plus que 200 f. Nouvelles doléances, nouveaux pleurs de la part de mes compagnons, qui réellement n'avoient point d'argent.

Au soleil couché, on nous mène dans un enfoncement, où l'on nous fait asseoir en deux groupes séparés l'un de l'autre. Peu après, un plus grand nombre de Wehhabis se présentent. Tous mes compagnons étoient saisis de terreur, et j'avoue que je craignois moi-même d'être bientôt le témoin d'une scène sanglante dont nos Turcs alloient être les victimes. Je ne craignois rien pour moi, parceque j'étois considéré comme un Arabe mogrebin, et les Turcs ne pouvoient soutenir le contraire; cependant je n'en étois pas moins profondément affligé pour ces malheureux, qui, sans moi, n'auroient jamais entrepris ce voyage, et je n'avois malheureusement aucune influence, aucun moyen pour les garantir d'une catastrophe.

Après une heure entière passée dans ces angoisses, d'autres soldats nouvellement arrivés nous ordonnent de monter à cheval, en disant que l'émir veut examiner chacun de nous en particulier. Obligés de revenir sur nos pas par un temps très couvert et extrêmement obscur, nous passons par Djidéïda, et peu après on nous fait faire halte pour passer le reste de cette triste nuit.

Le lendemain matin, vendredi 3 avril, un peu avant le lever du soleil, nous continuons à rétrograder, escortés seulement de trois soldats wehhabis.

Deux heures après, je découvris un campement composé de belles tentes. Je pensai que nous allions être présentés à l'émir; mais je m'aperçus que c'étoient les employés, les domestiques et les esclaves du temple de Médine que Saaoud renvoyoit hors de l'Arabie.

Arrivés au campement, on nous ordonna de remplir nos outres dans une source; et, sans nous laisser reposer, on fit continuer la marche.

Pendant qu'on remplissoit les outres, le domestique qui menoit mon chameau par le licol fut tellement étourdi par la frayeur, qu'il se mit à courir, en emmenant mon chameau derrière lui, pour se mettre avec moi sous la protection de la caravane des employés du temple; mais un des Wehhabis accourut aussitôt, lui arracha le licol de la main, le jeta à terre, et, après lui avoir donné cent coups de pied, il me reconduisit à la caravane sans me rien dire.

On nous fit passer par Hamara, petite peuplade semblable à Djidéïda, mais dans une meilleure situation, entourée de jardins et de palmiers superbes, au milieu d'une grande vallée, et à peu de distance de la belle source où l'on avoit rempli les outres, source qui est considérable, et qui fournit une eau excellente, quoique très chaude.

Demi-heure après, on nous écarta du chemin, et l'on nous fit mettre pied à terre dans les montagnes. Là de nouvelles discussions pour le paiement de la contribution durèrent jusqu'à trois heures après midi. Les Wehhabis visitèrent toutes nos hardes; et enfin ils firent payer 20 f. à chaque Turc; ils prirent un hhaïk et un sac de biscuit aux Mogrebins; ils s'emparèrent de trois piastres espagnoles que j'avois oubliées dans mon écritoire, et du benisch ou caftan qui appartenoit à mon hhazindar. Ils exigèrent de chaque conducteur de chameaux 15 francs: le mien refusa de payer, et partit pour parler à l'émir. Depuis ce moment je ne l'ai plus revu. Ils nous signifièrent alors l'ordre positif de Saaoud, qui défend aux pélerins de se rendre à Médine. On nous réunit ensuite à la caravane des employés du temple, qui dans ce moment passoit au fond du vallon, escortée par d'autres soldats. C'est ainsi que se termina, je puis dire heureusement, ce contre-temps désagréable, quoique j'aie à regretter d'avoir manqué un voyage intéressant, et perdu la montre qui servoit à mes observations astronomiques.

A midi, par un ciel pur et sans nuages, cinq ou six coups de tonnerre s'étoient fait entendre pendant qu'on discutoit sur la contribution exigée par les Wehhabis.

Quant à cette conduite des Wehhabis, on doit observer que nous savions très bien, ainsi que tous les Arabes, la défense expresse d'aller visiter le sépulcre du Prophète à Médine. Nous commettions sciemment une infraction à la loi. Mais je m'étois décidé à tenter l'aventure, espérant que peut-être le hasard me seconderoit dans cette entreprise. Les Wehhabis, en nous arrêtant, ne firent donc que mettre à exécution l'ordre général antérieurement établi.

La contribution qu'ils exigèrent n'étoit qu'une amende encourue par suite de notre infraction. La manière de l'exiger étoit brusque, sans doute; mais on doit pardonner quelque chose à des hommes peu civilisés. Ils me prirent, à la vérité, la montre et le bournous ; mais pourquoi ne me prirent-ils pas le reste ?... Ces Arabes, quoique Wehhabis, et sujets de Saaoud, sont natifs du pays qui est nouvellement soumis, et par conséquent ils diffèrent beaucoup de la brillante jeunesse wehhabite du Levant que j'avois vue à la Mecque ; aussi, lorsqu'ils me prirent la montre et le bournous, je leur pardonnai volontiers ce reste des anciens vices de leur pays ; et je rendis graces à la réforme d'Abdoulwehhab, de ce qu'ils m'avoient laissé mes autres effets et mes instruments astronomiques. Leurs menaces et leurs mauvais traitements envers les Turcs ne sont qu'une suite de leur ressentiment et de leur haine contre cette nation dont le nom seul suffit pour les mettre en fureur.

Ce malheureux voyage me donna cependant une idée du désert de Médine, et une connoissance très rapprochée de la position géographique de cette ville, que je déterminai, d'après l'estime géodésique des routes et les renseignements que j'avois pris tant à Djidéïda que dans l'endroit où je fus arrêté, à 2 degrés 40 minutes à l'E. de l'Yenboa, et presque sur la même latitude, sauf une différence d'environ trois ou quatre minutes vers le S. ; de sorte que, si l'on place Médine sur le méridien de la Mecque, il se trouvera à peine une minute de temps ou un quart de degré d'erreur.

Une fois réunis à la caravane, nous fîmes route à l'O. J'espérois pouvoir remplacer les plantes que j'avois été obligé d'abandonner ; mais nous ne suivions pas la même route ; et, vers les quatre heures du matin, lorsque la caravane s'arrêta, je me trouvai dans une vaste vallée aride, où je ne vis qu'une demi-douzaine de plantes peu remarquables.

A midi et à l'ombre, le thermomètre marquoit 28 degrés de Réaumur.

Il y avoit dans cette caravane le nouveau kadi venu de Constantinople et destiné pour Médine, avec lequel je m'étois particulièrement lié d'amitié pendant mon séjour à la Mecque. Je fis en même temps connoissance avec le tefterdar ou trésorier et les principaux employés du temple de Médine.

Ils m'apprirent que les Wehhabis avoient détruit tous les ornements du sépulcre du Prophète, où il ne restoit absolument rien ; qu'ils avoient fermé et scellé les portes du temple, et que Saaoud s'étoit emparé des trésors immenses qui s'y étoient accumulés depuis tant de siècles. Le tefterdar m'assura que la valeur des perles et des pierres précieuses seulement étoit au-dessus de toute estime.

La caravane avoit un sauf-conduit de Saaoud, pour qu'elle fût respectée sur son passage; cependant, d'après les informations que je pris, on lui avoit fait quitter la route à sa sortie de la ville sainte, et on lui avoit imposé une contribution excessive, d'après laquelle l'aga ou chef des nègres avoit été obligé de payer pour son compte la valeur de trois mille francs, et les autres en proportion. J'appris aussi que la caravane des Turcs de la Mecque avoit été dépouillée de tout aussitôt après son passage à Médine, et qu'on ne lui avoit pas même laissé ses provisions de bouche; en sorte qu'il est douteux si ces malheureux ont pu échapper à la soif et à la faim au milieu de ces déserts.

Le même jour, 4 avril, à trois heures après midi, on prit la direction de l'O. S. O. Au bout d'une heure, je découvris la mer à une distance fort éloignée, et, après avoir marché toute la nuit, j'aperçus l'Yenboa vers le point du jour. Je pris alors les devants, et je rentrai dans cette ville au lever du soleil, le dimanche 5 avril. Je retournai immédiatement à bord, où je trouvai mes gens fort inquiets à cause des fâcheuses nouvelles qui avoient circulé sur mon compte.

Telle fut la fin de ce voyage, qui fut bien heureux sans doute : malgré tout ce qui nous étoit arrivé, mes compagnons d'infortune et moi nous nous félicitons encore d'en avoir été quittes à si bon marché.

Il y a deux chemins pour aller de l'Yenboa à Médine : l'un passe par l'Yenboa en Nahal ou des Palmiers, et l'autre va directement à travers le désert. On préfère ordinairement celui-ci, parcequ'il est plus court et moins montagneux que l'autre. C'étoit celui que j'avois choisi pour aller, comptant revenir par l'Yenboa en Nahal, si je n'eusse pas rencontré des obstacles.

L'Yenbòa en Nahàl ou *des Palmiers* est à une journée de distance à l'E. ¼ N. E. de l'*Yenbòa el Bàhar* ou *de la Mer*. Cette ville, située au milieu des montagnes, a beaucoup d'eaux, de beaux jardins, et une quantité considérable de palmiers, d'où lui vient son surnom. Les habitants sont tous schérifs ou descendants du Prophète, et grands guerriers.

L'Yenboa el Bahar ou de la Mer est située dans une grande plaine; il est aisé de reconnoître que la place qu'elle occupe a été abandonnée par la mer dans un temps qui n'est pas éloigné de nos jours. La haute marée entre encore dans le premier circuit extérieur des murailles, et inonde une partie de la ville, à la hauteur de trois ou quatre pouces d'eau. On s'aperçoit qu'elle est située sur un banc de pierre à fleur d'eau, pareil à ceux qui sont en grand nombre le long de cette côte, et que douze ou quinze pouces de terre ou de débris déposés par la mer sur ce banc ont suffi pour le réunir à la terre ferme.

Le port est bon, car les grandes frégates peuvent y mouiller; mais l'entrée en est difficile, à cause des rochers qui l'obstruent.

La ville est entourée d'un grand circuit de murs en forme irrégulière, d'à-peu-près trois cent cinquante toises de diamètre de l'E. à l'O., et d'environ deux cents du N. au S. Ce mur a seulement quinze pouces d'épaisseur et neuf pieds de hauteur, non compris quelques tours qui sont plus hautes, et une grande tour garnie d'artillerie à la moitié de cette ligne de murs.

Le centre de la ville, qui est sur l'embarcadaire, est renfermé dans une seconde enceinte de murailles plus hautes, flanquées de tours. (*Voyez pl. LXVI.*)

On compte à l'Yenboa el Bahar environ trois mille habitants. Les maisons y sont basses et les toits plats; presque toutes n'ont qu'un rez-de-chaussée, à l'exception de quelques unes qui ont un étage de plus. Ces maisons et les murs d'enceinte, qui sont neufs, ont été construits avec de la pierre calcaire très blanche du temps de la guerre avec les Wehhabis. Auparavant cette ville ne présentoit qu'un groupe de baraques formées de bâtons et de nattes, comme il en existe encore des rues entières.

Quoique l'Yenboa el Bahar soit sous la domination du sultan schérif de la Mecque, qui y envoie un gouverneur sous le nom de *Ouisir* (c'étoit encore un de ses esclaves, comme à Djedda, qui remplissoit ces fonctions), cependant cette ville reconnoît la souveraineté du sultan Saaoud, qui y tient un kadi; mais on ne lui paye aucune contribution. Ce n'est pas par amour pour la réforme d'Abdoulwehhab que les habitants de l'Yenboa ont pris le nom de Wehhabis; c'est parcequ'ils redoutent les sectaires qui le portent, et pour lesquels ils ont une aversion réelle. Aussi sont-ils toujours armés et extrêmement vigilants pour ne laisser entrer aucune de leurs troupes; ils montent la garde exactement, ferment leurs portes, et sont toujours préparés à repousser toute attaque. Ils fument publiquement dans les rues; ce qui est un crime affreux aux yeux des Wehhabis, qu'ils maudissent hautement et de bon cœur.

Les femmes portent une grande chemise et un pantalon de toile bleue, avec un grand voile ou manteau noir sur la tête, et un anneau qui leur traverse le cartilage droit du nez; elles ont en outre des bagues aux doigts, des bracelets et des pendants d'oreilles. Elles sont fort libres, et j'en ai vu plusieurs qui avoient la figure entièrement découverte; leur teint est cuivré comme celui des hommes, et toutes celles que j'ai vues sont laides et sans grace.

Pendant mon séjour, une noce eut lieu; mais j'entendis seulement le bruit qu'elle occasionoit. Une cinquantaine de femmes passèrent trois nuits en chantant et s'accompagnant avec des timbales jusqu'à près de minuit; à la dernière nuit, au moment où la fiancée passoit au pouvoir de l'époux, elles se mirent à pousser des cris perçants, en mesure et par intervalles réglés; elles frappèrent en même temps des mains; en sorte qu'elles ressembloient mieux à un escadron de furies qu'à une réunion de femmes. Cette scène dura une demi-heure; après quoi la fête fut terminée.

Tous les alentours de l'Yeuboa présentent l'aspect d'un désert parfaitement aride; j'y ai rarement trouvé quelque plante; mais les bords de la mer m'ont fourni de beaux coquillages.

Le jour que je m'étois rembarqué, apprenant que nous devions rester encore quelques jours à l'Yenboa, je débarquai une seconde fois, et je fis dresser mes tentes dans l'enceinte extérieure des murs.

De bonnes observations me donnèrent, pour la longitude de la ville, 35° 12′ 15″ E. de l'Observatoire de Paris; et pour latitude, 24° 7′ 6″ N. : la déclinaison magnétique = 3° 36′ 58″ O.

Comme cette ville est à quarante minutes seulement du tropique, le climat y est brûlant. Pendant mon séjour, le thermomètre à l'ombre monta jusqu'à vingt-sept degrés de Réaumur à midi le 14; le 11 avril, à midi cinquante minutes, il avoit marqué au soleil quarante-deux degrés.

J'y ai vu régner ordinairement les vents du quart de l'O.; mais, pendant quelques jours, j'ai observé que le vent faisoit le tour de la rose en vingt-quatre heures, suivant la marche du soleil.

CHAPITRE III.

Traversée pour aller à Suez. — Échouement du navire. — Ile Omelmelek. — Continuation du voyage. — Accidents divers. — Ali Bey débarque à Gadiyahia — Il continue le voyage par terre.

Tous les daos qui étoient dans le port de l'Yenboa, réunis à ceux qui venoient de Djedda et à plusieurs autres petits bâtiments chargés de café, mirent à la voile le mercredi 15 avril, à cinq heures et demie du matin, pour se rendre à Suez. Mon capitaine commandoit les daos de l'Yenboa; ceux de Djedda avoient leur chef particulier.

Le vent n'étant pas favorable, nous fûmes obligés de courir des bordées. A trois heures et demie après midi, chaque bâtiment se mit à l'ancre dans une rade nommée *Abokàt*, à une journée de chemin par terre de l'Yenboa. De cet endroit on n'aperçoit aucun village, mais seulement quelques bois, différentes îles à l'O., et les montagnes à une lieue de distance. La mer étoit fort agitée, et je me sentois toujours bien malade.

♃ 16.

A quatre heures un quart du matin on leva l'ancre, et, faisant route au N. O. par des petits vents variables, interrompus par quelques moments de calme, à deux heures après midi on mouilla à deux milles de terre, entre quelques rochers à fleur d'eau.

De là je découvris les montagnes à peu de distance du rivage de la mer, quelques petits bois par çà et là ; mais point d'habitations.

♀ 17.

A cinq heures et demie du matin, la flottille faisoit voile dans la direction du N., par un vent assez favorable ; à une heure après midi, elle vint mouiller à Mohhar ou Djebel Mohhar, joli petit port fermé de montagnes, qui s'étendent jusqu'au bord de l'eau, et forment une anse à l'abri des vents. Il y a sur cette côte plusieurs ports ou anses semblables, formés par la même chaîne de montagnes.

♄ 18.

A quatre heures un quart du matin nous commencions à faire voile vers le N. N. O. par un bon vent. A sept heures le vent manqua tout-à-fait jusqu'à une heure après midi. Alors un vent du S. s'étant élevé, on mit la proue au N., entre l'île de Djebel Hazen et la terre. Nous passâmes ensuite devant Haoura, village arabe où l'on aperçoit quelques arbres et des palmiers. Le vent étant entièrement tombé une seconde fois, l'on fut contraint de remorquer les bâtiments jusqu'à huit heures du soir, qu'on jeta l'ancre dans une anse de la côte d'Arabie, nommée el Maado, et distante de cinq lieues N. de l'île de Djebel Hazen.

De ce mouillage on voit au S. O. l'îlot d'*el Okàdi*, où je m'étois sauvé après le naufrage dans ma traversée pour venir à la Mecque.

A midi, me trouvant à près de trois milles au S. S. E. de l'île de Djebel Hazen, j'observai le passage du soleil, qui me donna pour latitude 25° 32′ 20″ N. Cette île, qui peut avoir trois lieues de circonférence, est habitée, montagneuse, et située, non loin d'une autre petite île, à la distance d'une lieue et demie du continent.

☉ 19.

Il semble que le destin n'ait pas voulu que je fisse aucun voyage maritime sans accident. A quatre heures et demie du matin notre flotille étoit à la voile par un petit vent, faisant route au N.; et à six heures le dao que je montois donna sur un rocher à fleur d'eau : la secousse fut terrible, et le bâtiment échoua, après s'être fait une grande ouverture à l'extrémité de la quille, vers la proue, par où l'eau entroit en abondance. Comment peindre la confusion et le trouble de l'équipage dans ce moment fatal!... Je me hâte de gagner la chaloupe, suivi de deux domestiques et de quelques pélerins, emportant avec moi mes papiers et mes instruments. Témoins de ce désastre, tous les bâtiments de la flotte amènent la voile, et envoient leurs chaloupes au secours du dao naufragé.

Notre première pensée, lorsque nous nous vîmes en sûreté dans la chaloupe, fut de nous présenter pour être reçus dans un autre bâtiment. Le capitaine à qui je m'adressai d'abord ne voulut pas nous recevoir. J'éprouvai un pareil refus de la part d'un second. On m'informa alors que dans cette espèce d'accidents, malheureusement trop fréquents sur cette mer, il est convenu de ne recevoir à bord aucun homme ni aucune partie de la cargaison d'un bâtiment naufragé, jusqu'à ce que le capitaine du bâtiment en danger ait donné le signal de le faire, parceque la chose intéresse son honneur. Nous fûmes donc forcés d'attendre notre sort dans la chaloupe.

Convaincu de l'impossibilité de retenir la quantité d'eau qui entroit au fond de cale, le capitaine donna le signal convenu, et sur-le-champ on nous admit dans un autre bâtiment. Une partie de la cargaison de notre dao fut mise sur les chaloupes, pour être partagée entre les autres; et, ainsi allégé, il se remit à flot, et vint mouiller, avec toute la flotte, entre un îlot voisin et la terre, où il fut déchargé, démâté, et mis sur flanc, à l'aide des matelots de la flotte réunis. Le tableau de cette scène (*Voyez la planche LXVII*) n'étoit pas sans intérêt. Qu'on se représente environ trois cents matelots, entièrement nus, et presque tous noirs, s'efforçant de tirer à terre la carcasse du dao démâté; vis-à-vis, toute la flotte à l'ancre, couverte de pélerins et de passagers attirés sur les ponts par la curiosité, pendant que le capitaine du navire échoué, encore étourdi de cet accident, étoit assis sur le côté, et que les autres capitaines commandoient la manœuvre ; ajoutez à cela le tumulte et les cris confus qui empêchent de s'entendre : tel est le spectacle qui dura toute la nuit. Les Arabes bédouins ne manquent jamais d'accourir avec leurs bateaux dans ces occasions, souvent même de points très éloignés du lieu du naufrage, pour voir s'il n'y a rien à voler. Nous en vîmes un grand nombre s'approcher de nous, et, si nous eussions été seuls, nous aurions été immanquablement dépouillés.

J'étois campé sur l'îlot ; la plus grande partie du chargement et les agrès étoient à mon côté, pendant que les bateaux des Bédouins mouilloient non loin de ma tente ; mais nous étions sur nos gardes.

Cependant on s'occupoit à radouber le dao, après avoir mis la cargaison en sûreté.

Dans la matinée du 19 il mourut un des passagers sur le bâtiment : c'étoit un pèlerin turc et un homme de marque. Il mourut aussi un matelot d'un des vaisseaux du sultan schérif de la Mecque. Les deux cadavres furent enterrés sans cérémonie dans l'île.

☾ 20.

Le matin on met plus à sec le dao naufragé,

et tous les charpentiers de la flotte travaillent à le radouber.

♂ 21 et ☿ 22.

On continue ce travail pendant toute la journée du 21 et celle du 22.

Le petit îlot sur lequel nous étions s'appelle *Djezira Omelmèlek*, c'est-à-dire, *Ile de la Mère du Prince*. Sa forme est irrégulièrement elliptique ; son plus grand diamètre est d'environ cent trente toises, du N. au S., et de cinquante-une de l'E. à l'O. Le fond du terrain est du sable, dont l'accumulation au centre de l'île s'élève jusqu'à quatorze pieds au-dessus du niveau de la mer. L'îlot est entièrement couvert de deux espèces de plantes sans fleurs et sans fruits, que je crois analogues au *Salsola kali*.

Mes observations pendant ces jours donnèrent pour latitude 25° 15′ 24″ N. Je ne pus observer la longitude à cause des nuages ; mais, d'après l'estime, je crois pouvoir la fixer à environ 33° 59′ 45″ E. de l'Observatoire de Paris.

La position de Djezira Omelmelek est à vingt milles N. quart N. E. de l'île de Djebel Hazen, à deux milles de la côte d'Arabie, et à l'extrémité N. d'un petit golfe formé par la terre ferme entre ces deux îles. Au N. E. de l'île, du côté du continent, il y a un bon mouillage, où toute la flotte étoit sur ses ancres, ayant toujours en vue la flottille des Bédouins, composée de dix bateaux. L'eau potable est rare dans les terres voisines; encore est-elle de mauvaise qualité, et il falloit la payer à raison de 7 francs 50 centimes par outre.

La marée montante s'élève à près de quatre pieds dans ces parages.

Deux daos de Djedda, arrivés le 22, se réunirent à notre flotte, qui se trouva ainsi portée à vingt-quatre daos, non compris les autres petits bâtiments.

Le même jour nous perdîmes un autre pélerin turc, qui fut enseveli dans l'île, comme les deux autres morts le 19.

Dans l'après-midi les charpentiers et les calfats avoient terminé les réparations de notre dao. Aussitôt les capitaines et les équipages de toute la flotte se réunirent pour le remettre à flot; ce qui fut fait avant la nuit, au milieu des cris et du tumulte, comme lorsqu'on l'avoit tiré à terre. On s'occupa ensuite, jusqu'à minuit, de rétablir les agrès et de rembarquer la cargaison.

♃ 23.

Notre dao fut complètement rechargé ce jour-là, et avant le coucher du soleil il étoit prêt à mettre à la voile.

Toute l'île d'Omelmelek, ainsi que le sable et les pierres qui la couvrent, ne sont qu'un détritus de coquillages, de crustacées et de zoophytes. J'y ai recueilli quelques objets intéressants.

♀ 24.

On mit à la voile à cinq heures et demie du matin, en se dirigeant vers l'O., par une série intermittente de vents variables et de calmes; à trois heures on jeta l'ancre entre quelques écueils qui touchent immédiatement à une île semblable à celle d'Omelmelek, et appelée *Schirbàna*.

Nous étions très loin et hors de vue de la terre ferme.

♄ 25.

Partis à quatre heures et demie du matin par un vent contraire du N. assez dur, et la mer étant forte, nous courûmes des bordées sur le quart du N. O. jusqu'à trois heures, que nous mouillâmes à l'île Haleb.

Les coups de vent que nous venions d'essuyer avoient causé des avaries à presque tous les bâtiments de la flotte; le nôtre eut son antenne cassée; mais elle fut rétablie sur-le-champ : on fut obligé de tirer à terre, pour les raccommoder, les voiles de plusieurs autres daos qui avoient été déchirées. A sept heures du soir sept daos de la flotte n'étoient pas encore arrivés.

Mais aussi, grand Dieu, quelle mer! elle est tellement semée d'écueils, que la plus légère négligence suffit pour occasioner un naufragè; il faut à chaque instant passer dans des détroits presque impraticables, et ordinairement avec un vent terrible de l'avant, qui ajoute aux dangers et redouble les alarmes.

☉ 26.

A cinq heures du matin nous faisions route à l'O.

A sept heures un dao du schérif, faisant une fausse manœuvre, vint sur nous, et toucha doucement notre bas-bord; tournant ensuite par la poupe, il revint sur la proue, et la heurta si fortement, qu'il en brisa et enleva une partie. Par bonheur cet accident eut lieu dans une mer ouverte et tranquille, pendant un petit vent, sans quoi le mal auroit pu devenir très sérieux ; mais c'est toujours une preuve de la maladresse de ces capitaines, et de la mauvaise manœuvre de ces bâtiments avec leurs voiles pesantes.

On jeta l'ancre aussitôt, avec une partie de la flotte, pour raccommoder cette avarie, et le mât d'un autre bâtiment qui avoit été cassé la veille. Le reste de la flotte continua sa route, à l'exception de cinq daos qui manquoient encore.

Nous étions sur un bon mouillage, à un demi-mille à l'E. d'une île nommée Moard. La mer est semée au loin d'îles et d'îlots pareils à celui d'Omelmelek, et de beaucoup d'écueils.

Une observation du passage du soleil donna pour latitude, 25°.25′ 24″ ; mais les nuages qui couvroient cet astre, l'agitation de l'atmosphère et de la mer par un vent terrible, me font douter de l'exactitude de ce résultat.

Les îles qu'on aperçoit de ce mouillage sont connues sous le nom général d'îles Hamara. Les hautes montagnes qui s'élèvent sur la grande terre s'appellent Ouraal et Ouassaffa.

☾ 27.

Nous vîmes enfin reparoître les daos que le mauvais temps avoit fait rester en arrière, et nous partîmes ensemble à cinq heures du matin. Le vent étant contraire, chaque bâtiment fut obligé de courir des bordées par le quart N. O., entre la côte d'Arabie et l'archipel des îles Hamªra. Cette manœuvre dura jusqu'à neuf heures un quart du matin, que toute la flotte amena les voiles pour secourir un petit dao qui venoit d'échouer. Nous en avions déjà rejoint plusieurs de ceux qui avoient continué leur route le jour précédent.

Après avoir sauvé le bâtiment échoué, la flotte continua sa route à dix heures. Elle eut à traverser un détroit rempli d'écueils dangereux. Le vent contraire du N. O. s'étant renforcé, et la mer étant devenue plus houleuse, nous fûmes contraints de jeter l'ancre, à onze heures et demie du matin, auprès d'une île qui est regardée comme le point milieu de la traversée de Suez à Djedda, et où l'on révère le sépulcre d'un saint nommé *Scheih Morgòb*. De mon bâtiment j'aperçois la chapelle, qui est moitié maison et moitié baraque. L'île porte le nom du saint; et, comme toutes les autres îles Hamªra, elle est basse, petite, composée de sable et entourée d'écueils.

Par un passage du soleil j'obtins pour latitude, 25° 45' 47" N., d'après une bonne observation, qui confirme la latitude que j'avois obtenue la veille, puisqu'elle s'accorde avec l'estime de la route, au moyen d'une addition de deux minutes.

J'avois bien besoin d'une observation de longitude.

Notre eau étoit déjà entièrement corrompue, et répandoit au loin une puanteur telle, qu'il falloit, pour la boire, se bien boucher le nez, et que, long-temps encore après l'avoir bue, on conservoit dans la bouche et dans le gosier une odeur insupportable.

♂ 28.

A cinq heures du matin la flotte étoit à la voile avec un petit vent, qui manqua entièrement deux heures après : nous eûmes cependant un roulis extrêmement incommode, dont je me sentis fort indisposé.

Après midi, le vent contraire ayant fraîchi, nous fîmes assez de route en courant des bordées au quart N. O. A quatre heures et demie du soir nous mouillâmes dans le port d'*el Vàdjih*, sur la côte d'Arabie.

Ce port est petit, mais très beau, et bien fermé par des collines. C'est l'unique endroit de cette côte où l'on trouve de l'eau bonne à boire. A mon arrivée je vis comme une espèce de marché public pour la vente de l'eau : c'étoit un grand nombre d'Arabes, hommes et femmes, et de chameaux, avec quantité d'outres pleines d'eau placées sur plusieurs rangs au bord de la mer.

Il y avoit dans le port les autres daos qui nous précédoient depuis l'avant-veille ; mais tout le reste de la flotte étoit resté en arrière : notre dao, comme meilleur voilier que les autres, avoit seul pu arriver ce jour-là.

Nous avions passé dans la journée auprès de plusieurs îles qui ne paroissent pas être de la même nature que les précédentes ; car on y trouve de la terre, des rochers et des montagnes.

☿ 29.

Je fis de bonnes observations, qui donnèrent, pour la latitude d'el Wadjih, 26° 13′ 39″ N.

Le vent du N. O. ayant continué à souffler avec violence, et la mer étant toujours très forte, il n'arriva ce jour-là que trois des daos restés en arrière; il nous fallut donc attendre encore à l'ancre le jour suivant.

♃ 30 *avril.*

Une forte bourrasque du N. O. qui dura toute la journée empêcha l'arrivée des autres daos.

Pendant ces jours de relâche, j'avois recueilli plusieurs objets d'histoire naturelle; mais les ignorants avec qui je voyageois, s'étant enfin aperçus de mes recherches, commençoient déjà d'élever des soupçons sur leur objet et sur leur but : je me vis donc forcé de les suspendre.

♀ 1er *et* ♄ 2 *mai.*

Le reste de nos bâtiments étant arrivé, nous avions l'espérance de continuer notre route le jour suivant; mais le vent contraire, continuant à souffler fortement, nous força de rester sur nos ancres.

☉ 3.

Enfin toute la flotte mit à la voile un peu

avant cinq heures du matin, se dirigeant au N. O., et à midi elle vint mouiller auprès d'un écueil.

☽ 4.

Vers une heure du matin, nous étions en route avec de petits vents variables interrompus par des calmes, jusqu'à ce que le vent, s'étant fixé à l'O. N. O., favorisa notre marche jusqu'à midi, que tous les bâtiments jetèrent l'ancre au port de Demeg, sur la côte d'Arabie. Notre route avoit été en général vers le N. O., et très près de la côte ; nous étions enfin sortis de cet affreux labyrinthe d'écueils qui, pendant une grande partie de la navigation, avoient failli nous engloutir à chaque instant.

Le port de Demeg est excellent, bien fermé, et entouré de montagnes qui m'ont paru argileuses et qui s'étendent jusqu'au bord de l'eau. On aperçoit quelques plantes dans les terres des environs, mais en petite quantité.

Des Arabes et des femmes se présentèrent pour nous vendre des moutons. On m'assura que ce peuple est très méchant.

♂ 5.

On mit à la voile de grand matin par un vent

contraire qui se renforça tellement, qu'on fut forcé de jeter l'ancre à huit heures du matin dans un petit port de la côte d'Arabie, fermé par des écueils, et nommé *Libeyot.*

Le passage du soleil me donna pour latitude 26° 28′ 25″ N. ; mais j'ai peu de confiance dans cette observation.

☿ 6.

A quatre heures et demie du matin, la flotte mit en mer dans la direction de l'O. N. O.; mais les calmes et les vents contraires ne permettoient pas d'avancer beaucoup. A midi elle jeta l'ancre dans le port de Zuida, sur la côte d'Arabie.

Nous avions passé auprès de plusieurs îles montagneuses. La partie de la côte où nous étions mouillés forme une grande baie. Les montagnes arrivent jusqu'au bord de l'eau; mais, au lieu d'être hautes et pointues comme les autres, elles sont d'une hauteur moyenne, arrondies, rouges, et couvertes de terre végétale.

Le passage du soleil donna pour latitude, 26° 36′ 34″ N. Cette observation est assez bonne.

♃ 7.

Il étoit deux heures du matin lorsqu'on mit à la voile ; mais, après un calme qui dura jusqu'à six heures, le vent contraire s'étant levé comme les autres jours, il fallut courir des bordées jusqu'à une heure après midi, que l'on mouilla auprès des îles *Naamàn*.

♀ 8.

La route fut continuée à-peu-près à la même heure que la veille avec des calmes et des vents contraires. A neuf heures, mon capitaine fit jeter l'ancre auprès d'une des îles Naaman, pour réclamer des habitants une chaloupe qu'ils lui avoient volée dans son voyage précédent. Après une heure entière de contestation, il reçut des assurances, et nous continuâmes aussitôt notre route. A deux heures après midi, on jeta l'ancre quelques milles plus avant dans un endroit très ouvert et très incommode à cause du roulis du bâtiment.

Les îles Naaman ou des Autruches paroissent avoir un sol argileux et calcaire, entrecoupé de collines ; elles offrent de très bons mouillages.

Les habitants vivent sous des tentes ; mais on y voit peu de végétation, et l'eau y est fort rare.

♄ 9.

A quatre heures du matin nous étions en mer par un temps calme, auquel succéda un vent contraire et violent. La mer fut très forte jusqu'à sept heures : le vent se divisa alors subitement en plusieurs fils parallèles; en sorte que notre flotte, formée sur un rang, présentoit le plus singulier spectacle : un dao courant à toutes voiles et un autre dans un calme plat, et ainsi alternativement sur toute la ligne, où la distance d'un dao à l'autre n'étoit pas de plus de deux cents toises. Ce phénomène dura près d'une heure ; le vent s'étant fixé ensuite à l'O. N. O., nous pûmes continuer notre route. A midi et demi, on jeta l'ancre devant *Kalaàt el Moïlah*, alcassaba ou carré de murs qui peut avoir cent toises de front, avec une tour à chaque angle et une autre au milieu de chaque côté. (*Voyez pl. LXVIII.*)

Ce carré renferme un mauvais village et une mosquée. On n'y trouve que de l'eau de puits, qui est cependant fort bonne. Il y a du bétail, de la volaille de basse-cour, et des plantations de palmiers autour des murailles ; mais les environs ne sont qu'un désert parfaitement aride, borné par des hautes montagnes de roche pelée.

Les habitants ont quelques pièces de canon, restes de leur ancienne indépendance. A notre arrivée, ils arborèrent le pavillon rouge, et notre flottille en fit de même. Plusieurs d'entre eux vinrent rendre visite à mon capitaine ; mais quelques chaloupes ayant débarqué quelques hommes d'équipage pour aller chercher de l'eau et acheter des denrées, on eut beaucoup de peine à les engager à ouvrir la porte du mur, tant ils sont méfiants. Ils se plaignent amèrement des Wehhabis. Le sultan Saaoud les a soumis à sa domination comme les autres peuples d'Arabie, et au paiement de la dîme ; mais il n'entretient aucun employé dans ce village.

La côte forme dans cet endroit une vaste baie, dont le fond est occupé par l'alcassaba.

Je revis ce jour-là les montagnes d'Afrique, que les cartes, du moins celles que j'avois avec moi, placent à quatre-vingts milles de Kalaat el Moïlah, quoiqu'elles en soient beaucoup moins éloignées. La terre d'Afrique est nommée par les Arabes *Berr el Aàjami*, et l'Arabie *Berr el Aàrab*.

Me trouvant à midi à près de trois milles au S. S. O. de Kalaat el Moïlah, j'obtins pour latitude, par l'observation du passage du soleil, 27° 25′ 51″; mais, après avoir comparé ce résultat avec les cartes, je le trouvai si disparate, que j'eus d'abord des doutes sur la justesse de mon observation.

☉ 10.

Le départ eut lieu à deux heures du matin par un petit vent; à six heures et demie, il survint un fort vent du N. O., qui fut suivi d'un calme plat une heure après. Des petits vents variables se succédèrent ensuite jusqu'au soir, et, vers cinq heures, l'on mouilla à l'île *Scharm*. Notre route avoit été d'abord dans la direction du N. O., et ensuite à l'O.

Me trouvant exactement à l'E. du cap *Ras Aboumohamed*, et à quelques milles à l'O. N. O. de Kalaat el Moïlah, j'observai le passage du soleil, et j'eus pour latitude, 27° 49′ 55″ N. Cette opération et la vue du cap dissipèrent mes doutes sur le résultat de l'observation faite la veille, et qui par conséquent se trouve exacte. Je ferai observer à cette occasion que les cartes ont une erreur de plus d'un demi-degré dans la position de Kalaat el Moïlah.

D'après une autre remarque, les montagnes que j'avois vues le jour précédent n'appartiennent pas à la côte d'Afrique, comme il est indiqué dans les cartes, mais elles appartiennent à la terre de Tor, et sont adhérentes au cap Mohamed, dans l'Arabie : une erreur aussi grave me fit perdre toute confiance pour les cartes de ce pays que j'avois avec moi.

L'île Scharm, où nous étions mouillés, ayant le cap Ras Aboumohamed à l'O., est située à l'embouchure du Bahar el Aakaba ou bras de la mer Rouge qui s'enfonce dans l'Arabie. L'île, composée de collines, n'est habitée que par quelques pauvres habitants.

☾ 11.

On commença d'appareiller à une heure après minuit. Pendant cette opération, un dao vint sur nous, et, frappant notre poupe, il en fracassa et détacha toute la partie supérieure : heureusement la partie inférieure resta intacte. Après avoir réparé le mal du mieux qu'il fut possible, on mit à la voile dans la direction de l'O. Bientôt une terrible bourrasque s'élève; la mer devient très houleuse, et notre situation, inquiétante sur un bâtiment sans couverte, par une nuit ténébreuse, à une grande distance des terres, vu que nous traversions encore le Bahar el Aakaba.

Enfin le jour parut; mais l'atmosphère et la mer continuoient d'être fortement agitées. A neuf heures du matin, la flotte étoit en face du cap Ras Aboumohamed, qui sépare le Bahar el Aakaba du *Bahar as Suéz* ou bras de mer qui va à Suez. Elle doubla le cap à trente pieds de distance seulement; immédiatement après elle prit le large en se rapprochant du S. O., pour doubler les écueils qui l'entourent de ce côté; mais les grands coups de mer qui montoient par-dessus la proue inondoient les bâtiments, et nous n'avions point de pompe; il falloit tirer l'eau avec des seaux qui passoient de main en main. Ce moyen n'étoit pas suffisant pour faire sortir la dixième partie de l'eau qui entroit. Nous étions en danger de périr, lorsqu'il fut possible de mouiller entre quelques rochers à fleur d'eau, où nous attendîmes jusqu'à deux heures après midi. La force de la bourrasque ayant un peu diminué, on remit à la voile vers le N. O., entre des milliers d'écueils et de bancs, et on vint jeter l'ancre, à cinq heures du soir, dans une rade de la côte d'Arabie qui offre un excellent mouillage.

♂ 12.

A peine le jour commençoit à paroître qu'il s'éleva une bourrasque terrible. La violence de la tempête se ralentit un peu ; mais le mauvais temps, s'étant soutenu jusqu'après midi, nous força de passer la journée dans cette rade, appelée *Ben Hhaddém*.

C'est ce jour-là que je revis véritablement la côte d'Afrique, qui présente de ce côté de hautes montagnes.

Quelques daos qui avoient pris les devants, et ceux qui étoient restés en arrière, vinrent successivement se réunir à la flotte.

☿ 13.

Ce voyage commençoit à devenir par trop fatigant. Le 13, il mourut quatre hommes sur un dao du schérif; il en mourut un autre sur mon bâtiment, et il y en avoit trois dangereusement malades qui ne vouloient prendre aucun médicament, par suite de leur système de fatalisme, dont leur camarade venoit d'être la victime. J'avois à soigner en même temps quelques malades et deux blessés, savoir : mon capitaine, qui avoit une forte contusion à la jambe; et le capitaine d'un autre dao, grièvement blessé à la plante du pied. Ces deux blessures avançoient vers leur guérison; mais ma petite pharmacie étoit bientôt épuisée.

Un bâtiment qui étoit resté en arrière nous rejoignit dans la journée: il avoit donné contre un écueil, où il s'étoit fait une large ouverture. A son arrivée au mouillage il étoit déjà à demi rempli d'eau: on le déchargea sur-le-champ pour le mettre au radoub.

Le temps étoit toujours violent, par un vent du N. O. Il y avoit beaucoup de malades sur la flotte; les vivres finissoient, et la terre voisine étoit un désert affreux. Mon capitaine tira des autres bâtiments quatre matelots pour remplacer le mort et les malades.

♃ 14.

Le dao qui avoit été endommagé étant réparé, on mit à la voile à huit heures du matin, malgré un vent extrêmement dur, et une mer remplie d'écueils, qui laissent à peine un passage aux bâtiments; enfin nous arrivâmes dans un très beau port, nommé *Gadiyàhia*.

Je ne trouvai à terre qu'un sol purement sablonneux, sans végétation, sans coquillages et sans pierres. Les montagnes sont à une demi-lieue de distance, et la ville de Tor à six lieues de ce mouillage.

Plusieurs Arabes vinrent avec des chameaux, pour transporter les passagers qui voudroient se rendre à Tor par terre.

♀ 15 *mai.*

Nous fûmes forcés de rester à l'ancre ce jour-là, par une bourrasque affreuse du N. O.

Mon capitaine m'avoit offert la veille, si je voulois me rendre à Suez par terre, de me procurer quatre chameaux, et tous les moyens de sûreté pour mon voyage.

Je voulois d'abord différer de profiter de cette offre jusqu'à mon arrivée à Tor, afin de conserver le temps de la montre, que je suivois depuis Kalaàt el Moïlah, et de fixer à Tor la différence de la longitude chronométrique; mais voyant que le temps devenoit chaque jour plus mauvais, et que, si je passois plus long-temps à voyager par cette mer, je ne pourrois bientôt plus suivre mes calculs avec le temps de la montre, je pris la résolution de m'en aller par terre.

J'aurois bien voulu visiter le *Djebel Tor, Tour*

Sinina ou mont Sinaï; mais les difficultés me déterminèrent à partir le soir même, monté sur un chameau, accompagné de deux de mes domestiques, d'un cuisinier et d'un esclave, montés sur quatre autres chameaux; et, laissant dans le bâtiment le reste de mes gens et de mon bagage, je fis gaiement mes adieux à la mer.

CHAPITRE IV.

Voyage à Suez. — Disputes des Arabes. — El Wadi Tor. — El Hammam Firaoun. — El Wad Corondel. — Sources de Moïse. — Arrivée à Suez. — Pétrifications de la mer Rouge. — Abaissement de son niveau. — Correspondances par cette mer. — Voyage au Caire.

Je partis donc à deux heures après midi le vendredi 15 mai 1807, laissant le bâtiment à Gadiyàbia, et je pris la direction de l'O. N. O., monté sur un superbe chameau orné de cordons, de houpes et de petits coquillages, et escorté de mes gens, également montés sur des chameaux.

Une demi-heure après j'arrivai dans un endroit où se trouvoit une caravane, à laquelle je me réunis.

Ayant pris un repas en commun, nous continuâmes la route une heure après le coucher du soleil; et, après avoir marché encore une heure et demie dans la même direction, nous fîmes halte pour dormir.

La route que je venois de suivre longe le rivage de la mer à peu de distance, près d'une série de montagnes qui s'étendent dans la même direction, et sur un terrain composé uniquement de sable mouvant, sans plantes ni pierres. Le sable est un détritus granitique, avec beaucoup de feldspath rouge, et je présume que les montagnes voisines sont de porphyre.

Me trouvant alors vers le milieu de mai, et par 28 degrés de latitude, je n'aurois jamais cru que le froid pût être aussi piquant, si je ne l'eusse éprouvé ; il étoit tellement fort, que nous tremblions tous, et que, pour se garantir du vent du N. O., chacun fut obligé de mettre toutes ses hardes sur le corps.

♄ 16.

La caravane, composée de quarante chameaux, de soixante hommes et de trois femmes, se mit en marche à cinq heures du matin. Il est à remarquer que je n'ai jamais fait de voyage sur terre ou sur mer, avec des musulmans, sans qu'il ne s'y soit rencontré des femmes ; il est vrai qu'alors la circonspection exigée par la religion à leur égard fait qu'on les regarde comme des fantômes animés, ou comme des fardeaux placés sur un chameau ou dans un coin du bâtiment.

Il se trouvoit dans cette caravane quelques Turcs renvoyés de la Mecque et de Djedda ; le reste étoit composé de pélerins à pied ou à cheval.

Le terrain sur lequel nous marchions est comme celui que nous avions parcouru le jour précédent. Après une heure et demie de route, toujours dans la même direction, je passai à côté du port *el Aàcrab,* où je vis le dao qui conduisoit le kadi de Médine, et qui avoit pris les devants : il y étoit retenu depuis huit jours par les bourrasques et les vents contraires.

On fit halte à dix heures dans un ermitage presque ruiné, dédié à un saint nommé *Sidi el Akili,* dont le sarcophage subsistoit encore, parceque les Wehhabis n'étoient pas venus jusque-là.

Le froid continuoit d'être piquant ; il faisoit un vent affreux du N. O., et la mer étoit fortement agitée.

Partis à deux heures, nous vînmes faire halte vers quelques maisons abandonnées au port de *Tor,* où je fus témoin de la scène la plus grotesque qu'on puisse imaginer.

Les Arabes chameliers devoient se disputer sur la répartition des charges des chameaux, parcequ'il est généralement convenu entre eux qu'au moment du débarquement chacun chargera ce dont il pourra s'emparer; jusque-là ils gardent le silence; mais, arrivés à cet endroit, ils sont libres de se disputer jusqu'à ce qu'ils se trouvent près d'un groupe de palmiers qui est marqué, et où la discussion doit cesser : alors tout rentre dans l'ordre; chacun doit se contenter de ce que le sort, le hasard ou l'effet de la dispute lui a procuré.

J'avois remarqué, dès le commencement du voyage, que quelques uns des chameliers murmuroient entre eux : j'en demandai la raison; il me fut répondu que c'étoit dans la ville de Tor qu'ils devoient vider la querelle.

Arrivés là, ils font mettre pied à terre à tous les gens de la caravane, et commencent entre eux une dispute des plus acharnées. Je voulus les tranquilliser et apaiser la querelle; il me fut répondu que *c'étoit la constitution*. Je les laissai donc poursuivre leur querelle, et je les vis s'accroupir à terre en cercle, se lever, et, toujours disputant, aller se rasseoir dans la même position, à dix pas de distance, jusqu'à ce qu'enfin ils appelèrent un vieillard pour juger leur différent. Le vieillard arrive et prononce. Les uns se contentent de sa décision; les autres appellent un autre vieillard, et la même scène recommence; ils déchargent des chameaux pour en charger d'autres, et la dispute continue de la même manière et avec les mêmes cris qu'auparavant. On remonte enfin à cheval, et la caravane commence à marcher; mais la rixe dure encore : les uns retiennent les chameaux et les arrêtent; d'autres courent pour arriver plus tôt à l'endroit où doit se terminer la contestation. Quelquefois ils arrêtent toute la caravane en s'accroupissant en cercle au milieu de la route, et recommencent alors la discussion, se fâchant et criant à tue-tête. Chemin faisant ils changent encore quelques charges; d'autres refusent l'échange, se prennent au collet, prêts à en venir aux mains. Lorsqu'on arrive enfin au groupe de palmiers, alors une voix générale s'écrie : *Hhalàs! Hhalàs!* (C'est assez! c'est assez!) Tous restent immobiles comme des thermes, et la caravane reprend paisiblement sa route. Je ne pouvois contenir mon envie de rire en voyant cette manière grotesque de discuter; mais ils me répondoient toujours : *C'est la constitution, c'est la constitution.* J'applaudis à la simplicité de ces gens, qui en vérité n'ont pas la fierté des Arabes du Hedjaz.

On continua de marcher jusqu'au village

d'el Wadi Tor, où l'on fit halte à près d'une lieue de distance de Tor : je me logeai dans une maison du village.

Les habitants de Tor ont abandonné leur ville et leur port, parcequ'ils étoient souvent vexés d'une manière horrible par les équipages des daos qui viennent y mouiller : aussi les maisons, qui sont restées vides, tombent en ruines, et ne servent d'abri qu'à quelques pêcheurs.

Les habitants, qui ont transporté leurs familles à el Wadi Tor, s'y trouvent beaucoup mieux, parceque, quoique cet endroit soit situé dans un vallon enfoncé entre les montagnes, on y trouve de la belle eau en abondance, et à peu de profondeur; toutes les maisons ont un large puits, qui sert à arroser les jardins attenants, où abondent les palmiers, les fleurs, les légumes et les fruits.

☉ 17.

Nous passâmes toute la journée dans ce village, qui est composé de trente familles chrétiennes grecques, et d'un moindre nombre de musulmans.

Quoique peu peuplé, il occupe cependant un espace considérable, à cause des grands jardins qui accompagnent chaque maison, et qui sont entourés de murs de six pieds de haut.

J'étois logé chez un musulman, dans le jardin duquel je trouvai quelques jolies plantes. Je reçus la visite du curé grec, vieillard vénérable qui, en sa qualité, relève de l'archevêque du mont Sinaï, comme tous les Grecs de cette partie de l'Arabie. Quand je me rendis chez lui pour lui rendre sa visite, il me montra une Bible en arabe et en latin, que je crois imprimée à Venise, quoique les premiers feuillets où devoit se trouver la date eussent été enlevés. Tous les prêtres de ce pays disent la messe et récitent leurs prières en arabe. Le curé me donna le *Pater* écrit par lui en cette langue. *Voyez planche LXIV*.

L'archevêque du mont Sinaï est indépendant. Les Grecs ont quatre patriarches, qui sont ceux de Constantinople, d'Alexandrie, de Jérusalem et d'Antioche. Ils ont aussi quatre archevêques, qui sont ceux de Russie, d'Angora, de Chypre et du mont Sinaï. Ces huit dignitaires, indépendants l'un de l'autre, ont sous leurs ordres tous les ministres et tous les individus du rit grec.

Le papaz ou curé me dit qu'il avoit eu en sa possession trois dessins du mont Sinaï ; qu'il les avoit donnés à l'amiral sir Hom Popham et à deux autres Anglois.

☾ 18.

Le passage du soleil que j'observai ce jour-là, et que j'avois observé la veille, me donna pour latitude, 28° 18′ 51″ N. *Tor* est à trois milles de distance au S. E., et je compte sur ma longitude chronométrique = 31° 12′ 15″ E. de l'Observatoire de Paris, observée à mon premier voyage. Ainsi *la position géographique des points principaux de l'Arabie, depuis Suez jusqu'à la Mecque*, est exactement déterminée.

Les habitants de Tor portent le même costume que ceux du Hedjaz; mais on en voit plusieurs qui sont revêtus d'un caftan de drap et d'un turban blanc, comme en Égypte. Les chrétiens portent le turban bleu; quelques uns ont aussi une grande chemise de la même couleur. Je n'y ai vu aucune femme, mais seulement quelques enfants laids, sales et dégoûtants.

Le curé chrétien porte une robe noire, un bonnet noir en forme de cône tronqué renversé, et un schall bleu ou noir. Le papaz actuel, qui s'appelle *Bàba Cheràsimus*,

Sinaiti, est un homme de cinquante-huit ans, avec une grande barbe blanche comme la neige; il a beaucoup d'esprit, et un excellent caractère. Son influence s'étend sur les chrétiens et les Arabes d'alentour, parceque les individus des deux religions vivent en très bonne intelligence.

Il se plaint du manque de marchandises françoises, dont la rareté est causée par les guerres d'Europe. La viande est peu commune dans le pays; mais le poisson y est abondant. Les dattes sont petites, mais fort bonnes. Pour les conserver on les pétrit, et l'on en fait des pains. Les chrétiens en tirent un vinaigre excellent.

Le papaz, qui a voyagé dans une grande partie de la Turquie, m'assura qu'au mont Sinaï, situé à peu de distance, on trouve de l'eau en abondance et d'une bonne qualité, ainsi qu'un grand nombre de jardins plantés d'orangers, de limoniers, de poiriers, et de plusieurs autres arbres à fruit.

L'archevêque du mont Sinaï, appelé *Constàntio*, étoit alors en Égypte. Il n'étoit pas encore venu prendre possession de son siége, parcequ'il lui falloit pour cela distribuer cinquante mille francs en présents aux Arabes d'alentour.

Après midi, je vis toute notre flotte passer devant le port de Tor, faisant route vers Suez par de petits vents.

Je partis, une heure avant le coucher du soleil, vers le N. ¹/₄ N. O. A une demi-lieue du village je fis halte quelques instants, et vers neuf heures je repris la même direction. Enfin à dix heures et demie je m'arrêtai pour prendre du repos.

Nous venions de parcourir un ravin parsemé de cailloux calcaires roulés, et borné à l'E. par une chaîne de hautes montagnes, à l'O. par une série de collines. J'y avois aperçu beaucoup d'argile, mais point de végétation.

♂ 19.

A cinq heures du matin, continuant de marcher dans la même direction, sur un terrain toujours sablonneux, nous fûmes bientôt accablés par une chaleur excessive. En vain le besoin de suspendre la marche se faisoit sentir depuis quelque temps; il n'y avoit ni arbre ni ombre pour se mettre à l'abri des rayons brûlants du soleil. Nous découvrîmes enfin quelques petits buissons de trois ou quatre pieds de haut, à l'ombre desquels nous fîmes halte à neuf heures trois quarts du matin. Ma tente fut bientôt dressée, et je me hâtai d'y entrer pour me débarrasser de mes habits, car j'étouffois. Cette différence de température, si contraire au froid piquant que j'avois ressenti le samedi précédent, dépend uniquement du vent qui souffle.

Un petit vent frais s'étant levé à midi, je me remis en marche dans la direction du N. N. O. A trois heures, je tournai au N. O. entre des montagnes peu élevées. C'étoit six heures du soir quand j'arrivai au *Wadi Firàn*, ou vallée de Faran : nous y fîmes halte comme jadis les enfants de Jacob.

La vallée de Faran est un vallon inégal et calcaire en général, resserré entre des montagnes d'une petite hauteur. Parmi les roches, je remarquai plusieurs belles brèches argileuses, avec des cailloux anciens et modernes. Le genre siliceux y abonde, et l'on y trouve beaucoup de silex ou pierres à fusil. La végétation y est presque nulle, à l'exception de quelques arbustes de sapin.

Je fus témoin en cet endroit d'une scène désagréable. Environ quarante pauvres pélerins, mendiants à pied, se trouvoient sans eau. Tourmentés déjà par le besoin de la soif, ils pleuroient et poussoient des cris lamentables ; mais

personne ne pouvoit venir à leur secours, parceque nous étions dans un désert où chacun est forcé de garder son eau comme un trésor. Un pélerin à cheval, qui avoit aussi fini son eau, en acheta d'un Arabe à-peu-près une demi-pinte pour une valeur de cinq francs. Je donnai à boire à quelques pélerins ; mais comment apaiser la soif de tant de malheureux ?.....
A la fin je pris le parti de fermer les yeux et de me boucher les oreilles pour ne pas devenir, mes gens et moi, victimes de notre compassion.

Je continuai ma route, à neuf heures du soir, vers l'O., à travers la vallée, dont la pente me conduisit, après une heure de marche, au bord de la mer ; de là, tournant encore vers le N. O. et le N. N. O., en suivant le bord de la mer, je m'arrêtai à onze heures pour prendre du repos.

☿ 20.

A quatre heures et demie du matin la caravane étoit en route au N. O., suivant le bord de la mer. Je fis accélérer la marche, afin d'arriver plus tôt à une fontaine pour faire de l'eau.

Parvenu un peu avant midi au port d'Almarhha, à deux milles à l'E. du cap du même nom, je fis halte, et une partie de mes gens se détachèrent avec tous les chameaux pour aller chercher de l'eau dans les montagnes à la distance de deux lieues vers l'E.

Le passage du soleil me donna pour latitude 29° 1′ 41″ N. par une très bonne observation : donc telle est la latitude du cap dont j'avois trouvé la longitude = 30° 43′ 25″ E. de l'Observatoire de Paris, lors de mon premier voyage. Ce cap forme l'extrémité S. du territoire et du port nommé *el Hàmam Firàoun*. On y trouve des sapins en arbustes dont l'ombre garantit les voyageurs des rayons ardents du soleil.

Tout ce territoire, jusqu'au ravin nommé *Wad Corondél*, est connu sous le nom d'*el Hàmam Firàoun* ou bain de Pharaon. On lui a donné ce nom à cause d'une petite source d'eau chaude minérale sulfureuse, où quelques malades viennent se baigner.

A neuf heures du soir je continuai ma route, en suivant le bord de la mer dans la direction de l'O. pour doubler le cap; à dix heures et demie je tournai au N. et au N. N. O.; à minuit, laissant le bord de la mer, je marchai droit à l'E. pour entrer dans un ravin étroit, entre des petites montagnes argileuses, coupées perpendiculairement comme des murailles, et présentant des crevasses bizarrement disposées et en si grand nombre, qu'elles ressemblent aux murs d'une ville à demi ruinée. Je fis halte à minuit.

Le bord de la mer ne m'offrit aucun coquillage ni aucun autre produit; j'avois recueilli cependant quelques plantes.

♃ 21.

J'étois en marche à cinq heures du matin, suivant les sinuosités du même vallon que la veille, dans la direction du N. ¼ N. O. jusqu'à dix heures.

Ce vallon et les petites montagnes qui le forment paroissent avoir été déchirés par quelque grand tremblement de terre. Les montagnes sont d'argile, en couches parfois horizontales et parfois obliques, de dix à quinze degrés du N. au S.

Dès sept heures j'avois commencé d'apercevoir des plantes et des palmiers sauvages au fond du vallon; ce qui annonçoit le voisinage de l'eau. En effet, je découvris bientôt une petite source d'eau potable, qui est la première qu'on trouve sur cette route, depuis Tor, pendant trois journées de marche.

A neuf heures du matin nous avions passé

auprès de la montagne où se trouve la source d'eau thermale qui donne le nom à tout ce canton.

A l'endroit où je m'étois arrêté à dix heures, sous l'ombre de plusieurs beaux palmiers sauvages, il y a un petit puits d'eau potable; mais elle n'est pas très bonne. Le terrain est argileux et calcaire comme le précédent.

Vers une heure après midi je continuai de marcher au N. O., et à trois heures je fis halte au torrent nommé *Wadi Corondél*.

Demi-heure avant, je découvris la mer et la côte d'Afrique à peu de distance.

Le Wadi Corondel est un torrent sec, qui a une source d'eau assez bonne; on y trouve plusieurs sapins en arbustes et quelques palmiers. Je fis camper en-dehors du torrent, parceque les Arabes prétendent qu'il s'y rencontre beaucoup de reptiles venimeux, qu'ils n'ont su me décrire, et qu'il m'a été impossible d'apercevoir, malgré mes recherches dans le bois, dans les cavités et les coins où je pouvois espérer d'en trouver. Je ne vis qu'une grande quantité de grosses fourmis, et une autre espèce de petit insecte dont je ne me rappelle pas le nom, mais qui n'est point du tout malfaisant.

J'avois trouvé en chemin un lézard de huit

pouces de long, parfaitement blanc, la tête et le cou d'un très beau rose. Son corps n'étoit pas cylindrique; mais il étoit gonflé par le milieu, comme si c'eût été une femelle prête à mettre bas. Cet animal, un corbeau, deux petits oiseaux, des fourmis, et des mouches, sont les seuls êtres vivants que j'aie aperçus dans ce désert aride.

J'observai ce jour-là, du sommet d'une montagne, une éclipse lunaire, qui avoit déjà commencé au lever de la lune, neuf minutes après le coucher du soleil. Je pris cinq contacts ou cinq émersions par des observations satisfaisantes, parceque l'ombre de la terre étoit parfaitement déterminée; que l'atmosphère étoit transparente et sereine; qu'enfin j'avois le temps de la montre bien constaté.

Ma latitude d'estime fut = 29° 25′ N.

A neuf heures du soir je repris la route dans la direction du N. N. O., entre des petites montagnes; et vers onze heures nous fîmes halte pour passer la nuit, qui fut très froide.

♄ 22.

A cinq heures du matin, continuant de marcher vers le N. N. O., je descendis quelques petites collines, d'où, débouchant dans une grande plaine, je fis halte à dix heures. Cette plaine, entièrement aride, comme les collines que nous venions de traverser, est connue sous le nom d'*el Ssadòr;* et il me semble que les chrétiens l'appellent *le désert de l'Egarement* ou *désert de Pharàn.* .

A midi et demi je suivis la route par la même plaine, jusqu'à environ six heures du soir. Trois heures après je continuai de marcher, et à onze heures je fis faire halte dans le fond d'un ravin.

♄ 23.

Nous étions, à notre lever, entièrement mouillés par une forte rosée. A cinq heures je partis pour Suez, que nous commencions déjà d'apercevoir. Arrivé à six heures trois quarts auprès de l'*Aàïon Moussa* ou Sources de Moïse, je fis une halte d'environ deux heures. Ces sources ne sont autre chose que des creux au-dessus d'une petite éminence, contenant de l'eau verdâtre et fétide : cet état de l'eau provient sans doute de ce que les hommes s'y lavent, et qu'on y laisse entrer les animaux.

Pendant la campagne d'Egypte, les François ont poussé leurs excursions jusqu'ici. Je pense que les savants qui faisoient partie de cette expédition auront donné une description détaillée de ces sources (1).

Ayant repris notre marche à huit heures, et étant parvenus au rivage devant Suez, nous entrâmes dans un bateau pour traverser ce bras de mer, qui peut avoir un peu plus d'un mille de largeur, avec si peu de fond, que le bateau resta échoué pendant long-temps au milieu de la traversée; enfin je mis pied à terre à Suez vers les onze heures du matin.

Un peu plus haut que l'endroit où l'on s'embarque pour traverser ce canal, il y a un passage où les chevaux et les chameaux peuvent guéer à toute heure.

Notre flotte étoit mouillée dans le port, à deux milles de distance.

Ayant fait un grand nombre d'observations et de comparaisons pour déterminer la marche de la caravane dans un temps donné; après avoir bien calculé la portée et le nombre des pas, et comparé les heures de marche avec la différence de latitude observée en deux points;

---

(1) Ils l'ont donnée en effet. (*Note de l'Editeur.*)

enfin eu égard à l'obliquité des lignes parcourues, je trouve, par un terme moyen, que la caravane a parcouru ordinairement 13392 pieds de Paris ou 2232 toises par heure. Comme le chemin de Tor à Suez suit presque toujours la ligne du méridien, ces comparaisons et leurs résultats sont infiniment plus exacts que tous les calculs qu'on pouvoit faire sur des lignes plus obliques ou plus éloignées du méridien.

Si, d'un côté, la nature est à-peu-près morte pour la végétation sur les côtes de la mer Rouge que j'ai visitées, elle est extrêmement active et féconde en fossiles.

La grande abondance de mollusques, de polypes et de zoophytes, fournit la matière des concrétions calcaires; et le peu de profondeur de cette mer, joint à la température élevée de l'atmosphère, contribue à accélérer ces opérations de la nature d'une telle manière, que, pour l'observateur qui veut étudier et connoître à fond les phénomènes de la pétrification, je crois qu'il n'est pas de meilleur cabinet au monde que les bords de la mer Rouge.

Quoique les circonstances m'aient empêché de faire des observations continues, la nature travaille ici d'une manière tellement visible, que je crois l'avoir prise quelquefois sur le fait.

J'ai ramassé des coquilles dans le moment où elles alloient se conglutiner avec la masse pierreuse qui les entouroit : j'en ai recueilli d'autres à demi pétrifiées. Mais ce qui est particulièrement intéressant, c'est un banc de pierre calcaire qui se forme actuellement à la partie orientale de l'île Omelmelek. C'est là que j'ai pu remarquer toutes les gradations de la pétrification, depuis le sable ou le détritus pulvérulent des coquillages jusqu'à la roche déjà solidifiée; et ce que j'ai trouvé de plus admirable dans cette échelle de pétrification, c'est que le détritus de coquillages, déjà amalgamé et devenu concret, quoique encore friable et de cassure facile, se trouve imprégné d'une espèce d'*huile volatile* qui graisse les doigts quand on y touche : mais cette huile se volatilise et disparoît en peu de temps. Dans le seul espace de six à sept pieds on trouve toutes les gradations de la pétrification, c'est-à-dire, le sable incohérent, le sable avec un commencement de conglutination, le sable converti en pâte molle, la pâte qui commence à durcir, la pierre friable, la pierre molle, et la pierre dure. Cette gradation est même sensible sur les bords de la mer. J'ai recueilli des échantillons de toutes ces curiosités; mais combien il m'en coûte de m'arracher d'un lieu si intéressant sans pouvoir faire une foule d'observations qui peut-être produiroient des résultats incalculables pour l'avancement de la science! Je recommande l'étude de ce banc aux voyageurs qui visiteront après moi ces contrées.

Cette espèce de pierre, qui est très blanche, forme des couches ardoisées. Les maisons et les murailles de Djedda et de l'Yenboa sont construites de la même pierre, qui se trouve en abondance sur toute la côte, mais principalement dans le labyrinthe d'îlots et d'écueils qu'on nomme les îles Hamªra. C'est la partie la plus intéressante de cette mer, sous le rapport de l'histoire naturelle.

Je soupçonne dans la mer Rouge une différence de niveau qui tend progressivement au desséchement de cette mer. On a regardé comme apocryphe ou erroné le nivellement fait par les anciens géographes, qui trouvèrent le niveau de la mer Rouge plus élevé que celui de la Méditerranée; mais je suis porté à croire que la chose a pu être ainsi à cette époque reculée, et qu'à présent la mer Rouge se trouve déjà au niveau de la Méditerranée, ou peut-être moins élevée encore.

La progression rapide avec laquelle la mer

Rouge opère sa retraite, tandis que la Méditerranée paroît être stationnaire, ou rétrograder plus lentement, m'a depuis long-temps fait croire à cette différence de niveau entre les deux mers, indépendamment de la différence plus générale qui est due à l'accumulation des eaux dans certains points; ce qui fait que la surface des deux mers ne coïncide peut-être pas avec celle qu'on suppose au sphéroïde terrestre. Ce n'est pas ici le lieu de développer une question qui nous meneroit trop loin, et que nous traiterons spécialement dans un autre endroit; nous indiquerons seulement quelques observations remarquables sur ce sujet.

A l'endroit appelé el Wadjih, sur la côte d'Arabie, est un banc dont la surface supérieure est élevée de vingt-quatre à trente pieds au-dessus de la surface actuelle de la mer Rouge; sa largeur moyenne est de deux cents toises sur plusieurs milles de longueur, le long des sinuosités de la côte. Ce banc est adhérent à la terre ferme, qui est plus élevée; sa surface est exactement plane et de niveau; sur le bord de l'eau, il est coupé perpendiculairement, de manière qu'il représente bien la plate-forme d'une fortification.

Après avoir examiné les zoophytes qui composent ce banc, il m'a paru être d'une formation très moderne, relativement aux grandes époques de la nature : il est même évident que ce banc a été formé sous l'eau; et, comme je ne connois pas sur les bords de la Méditerranée un monument d'une retraite aussi récente, je conclus qu'à l'époque de la formation de ce banc la surface de la mer Rouge se trouvoit peut-être plus élevée que celle de la Méditerranée, tandis qu'aujourd'hui elle est au même niveau ou peut-être au-dessous.

La forme longue et étroite de la mer Rouge, coupée par tant de bancs, d'écueils et d'îles, rend nécessairement difficile la propagation des hautes marées, comme l'a fort bien observé le voyageur Niebuhr. Le vent presque continuel du N. et du N. O., pendant neuf mois de l'année, doit contribuer à la sortie des eaux pendant la basse marée, en même temps qu'il est un obstacle de plus à la propagation des hautes marées. Cette propagation devient chaque jour plus difficile en raison de la pétrification active qui semble devoir combler le bassin de la mer Rouge par la formation rapide de nouveaux bancs ou de nouvelles îles, obstacles sans cesse ajoutés à ceux qui déjà s'opposent à la libre circulation des eaux. L'évaporation dans la mer

Rouge doit être beaucoup plus forte que dans la Méditerranée, vu la différence de température et de latitude, et les déserts qui entourent cette mer de toutes parts, et qui, desséchant l'air, le rendent plus propre à pomper les vapeurs. D'un autre côté, la mer Rouge ne reçoit, pour ainsi dire, aucune goutte d'eau des terres voisines, puisqu'il ne sort aucune rivière des côtes d'Arabie et d'Afrique, excepté quelques torrents dans la saison des pluies. Aussi l'on peut assurer que, pendant le cours de l'année, *la mer Rouge perd une quantité d'eau plus grande que celle qu'elle reçoit par les marées de l'Océan.* D'ailleurs les courants les plus forts de cette mer portent ordinairement vers le S. E., c'est-à-dire, vers l'embouchure de *Babelmàndel.* Il faut ajouter à ces causes la différence de la force d'attraction planétaire en raison du mouvement de l'axe de l'écliptique et de la situation de l'orbite de la terre qui est dans son périhélie au solstice d'hiver; ce qui doit produire une accumulation d'eau dans certains endroits. Enfin il est une foule de circonstances qu'il convient de calculer pour la résolution de ce problème, et que nous tâcherons de discuter dans un autre endroit.

Les Arabes font une espèce de secret de leur

navigation sur la mer Rouge; et, dans la crainte que les Européens ne soient tentés de s'en emparer, ils évitent autant que possible d'entrer en relation directe avec eux, pour ne pas exciter la curiosité et l'attention des chrétiens sur les détails et les avantages du commerce de cette mer. Cette crainte est une des causes principales qui attirent tant de désagrémens aux Européens sur les côtes d'Arabie. On a vu déjà comment fut traité le capitaine anglois de M. Petrucci, quoique celui-ci dût être considéré comme un ami du schérif.

Je pense que les nations européennes qui ont des possessions dans la mer des Indes pourroient avoir par la mer Rouge une ligne de communication et de correspondance qui ne seroit pas difficile à établir.

Pour cela, je suppose un agent à Mokha avec un correspondant à Djedda, et un agent au Caire avec son correspondant à Suez. La correspondance, une fois arrivée par mer à Mokha, s'il n'y avoit rien de très pressé, continueroit sa route par le canal jusqu'à Djedda et à Suez, sur les bâtimens qui font journellement le cabotage; et de Suez au Caire, par la voie ordinaire. Dans un cas d'urgence, un Arabe, monté sur un dromadaire, feroit en moins de dix jours la route de

Mokha à Djedda; un autre, celle de Djedda à Suez ou au Caire en autant de jours; enfin les Tartares vont du Caire à Constantinople en trente jours, de sorte que les correspondances extraordinaires pourroient arriver de la mer des Indes ou de Mokha à Constantinople en cinquante jours.

Deux jours après mon arrivée à Suez, une caravane partie pour le Caire fut attaquée en route par les Bédouins. On se battit; il y eut deux hommes de la caravane de blessés, et six chameaux de pris par les Arabes.

Nous attendions l'arrivée du grand scheih, nommé *Scheih Djidid*, qui devoit venir du Caire avec des troupes pour escorter notre caravane, chargée de transporter la cargaison de la flotte. J'avois même reçu avis du Caire qu'il devoit m'amener des chevaux; mais on apprit ensuite qu'une partie des Arnautes, sous le commandement d'Yazinn Bey, s'étant révoltés contre le pacha Mehemed Ali, le scheih Djidid étoit parti pour le Saaïd ou haute Égypte, afin de les faire rentrer dans l'obéissance.

Une autre caravane de sept à huit cents chameaux et d'un nombre pareil d'hommes armés, y compris les pèlerins et les soldats turcs de Djedda, s'étant réunie à Suez, nous résolûmes de partir avec elle, non sans quelque crainte, puisque cette réunion présentoit peu de force, eu égard à la situation actuelle du pays. Les chefs et les employés de Médine, et quelques gros négociants de Djedda et du Caire, devoient partir aussi avec cette caravane.

Voyage au Caire.

Le jeudi 11 juin, à deux heures trois quarts après midi, je sortis de Suez pour me réunir à la caravane qui étoit campée autour du *Bir Suez* ou puits de Suez, à cinq quarts d'heure de chemin au N. O. de la ville; j'y arrivai sur les quatre heures.

Le Bir Suez est un puits creusé en forme d'un parallélogramme, dont les grands côtés ont à-peu-près quinze pieds, et les petits, dix ou onze; sa profondeur est d'environ dix-huit pieds, et ses côtés sont revêtus en maçonnerie. Sur la bouche du puits il y a plusieurs poutres placées en travers horizontalement, et sur lesquelles on monte pour tirer de l'eau, saumâtre à la vérité, mais la seule qui existe dans ce désert.

Autour du puits est un mur en pierre flanqué de tours, qui forme une cour de près de cinquante pieds de diamètre. Ce mur tombe en ruines, et présente des brèches de tous les côtés.

On voit sur un pan de ce mur une plaque de marbre, avec une inscription qui est presque effacée. Au N. O. du puits, il y a un réservoir de trente-six pieds en carré, également ruiné.

Les chameliers tirent l'eau avec des seaux de cuir pour donner à boire aux chameaux. Les hommes de la caravane en avoient fait leur provision à Suez pour toute la traversée jusqu'au Caire.

Le temps avoit été serein, malgré un fort vent du N. très incommode. Au coucher du soleil, le thermomètre dans la tente marquoit trente-sept degrés de Réaumur.

Le pays est une grande plaine, terminée par les montagnes Djebel Attaka au S. O. en Afrique, et par celles d'Arabie qui sont fort éloignées à l'E.

♀ 12.

Il y avoit dans notre caravane un saint marabout, portant un drapeau jaune et rouge, semblable au pavillon espagnol, et tout déchiré. Il passa toute la nuit à invoquer à grands cris le nom de Dieu et du Prophète, à faire des prières, et à courir d'un côté à l'autre du camp; de sorte que personne ne put fermer l'œil.

A quatre heures et demie du matin on se mit en route vers le N. O. quart O. A sept heures on arriva à *Kalaat Ageroud*, alcassaba inhabitée ou forteresse carrée, avec des tours aux angles et au milieu des courtines, et à côté de laquelle est un ermitage également désert. De là, suivant la direction du chemin, qui est plus inclinée à l'O., nous entrâmes une heure après dans une gorge, endroit le plus périlleux de ce désert. C'est là que la caravane précédente avoit été attaquée, et où j'avois trouvé une bande de Bédouins à mon premier voyage à Suez.

Pour passer ce défilé, je me plaçai en tête de la caravane avec ma garde personnelle, composée de dix soldats turcs, soutenus par une cinquantaine d'autres soldats de la même nation, et par quelques Arabes armés; d'autres soldats en tirailleurs protégeoient les flancs de la caravane, qui occupoit une ligne de plus de cinq cents toises; deux agas turcs, avec le reste de la troupe, couvroient l'arrière-garde.

Je passai sans obstacle avec la plus grande partie de la caravane; mais, avant de sortir entièrement du défilé, j'entendis crier derrière moi : *Aux brigands! aux brigands!* J'accours, l'épée à la main, avec ma troupe vers l'arrière-garde d'où partoient les cris : je reconnus en effet que les Bédouins s'étoient présentés pour couper la queue de la caravane ; mais notre bonne contenance, quelques coups de fusil, et la vue de quatre drapeaux que nous avions, firent retirer les brigands, dont une trentaine seulement s'étoient approchés : j'en comptai avec ma lunette encore une soixantaine qui étoient postés plus loin.

Sortie de ce mauvais pas, la caravane continua de marcher par le même désert, mais dans un pays plus ouvert. A cinq heures trois quarts elle s'arrêta pour camper.

La journée avoit été d'une chaleur étouffante et parfaitement calme jusqu'à deux heures après midi, qu'il y eut quelques bouffées d'un vent brûlant. On étoit obligé de boire à chaque instant par l'excès de chaleur, et déjà plusieurs personnes manquoient d'eau ; aussi je n'étois pas moi-même sans inquiétude pour le lendemain, si la chaleur ne diminuoit pas.

L'endroit où nous étions campés, et qui s'appelle *Dar el Hhamara*, est à moitié chemin de Suez au Caire.

Le terrain que je venois de parcourir est par-tout une couche de sable sur un fond calcaire, parsemée à sa surface de quelques échantillons du fond. On y voit rarement des plantes; encore sont-elles sans fleurs et sans fruits. Dans le défilé l'on aperçoit seulement les arbustes épineux desséchés.

Le thermomètre de Réaumur, à huit heures et demie du soir, marquoit 38° 6'.

Plusieurs des passagers, montés sur des dromadaires, partirent dans la nuit, devançant la caravane par un autre chemin qui mène directement au Caire.

♄ 13.

La crainte de manquer d'eau fit partir la caravane à deux heures et demie du matin, dans la direction de l'O., à travers une plaine de sable grossier mêlé de pierres roulées calcaires. A sept heures elle entra dans des collines qui ferment le pays, et à dix heures et demie elle déboucha dans une autre plaine.

Il faisoit une chaleur horrible; pendant plus d'une heure je ressentis l'effet singulier d'un courant continuel de vent d'O., alternativement froid et chaud. Si ce vent eût soufflé par brises ou par bouffées, je n'aurois pas été surpris du phénomène; mais c'étoit un courant égal et continu, avec des intervalles de froid et de chaud si rapides et si violents, que souvent, dans le seul espace d'une minute, il nous faisoit éprouver trois ou quatre fois alternativement la sensation d'un froid vif et d'une chaleur brûlante. Pourquoi le calorique ne se mettoit-il pas en équilibre avec la masse de l'air ambiant?

Je pris alors les devants avec deux domestiques et ma garde montée sur des dromadaires; et, suivant la même plaine, bornée à gauche par une série de collines, et à droite par des dunes ou des montagnes de sable mouvant, j'arrivai à Alberca à une heure et demie après midi : le reste de la caravane n'y arriva que deux heures plus tard.

Alberca, nommé par les Turcs *Birket el Had* ou puits des pélerins, est un village composé d'environ cent familles, et dans une position si délicieuse, qu'à la sortie du désert il me parut plus beau que Versailles ou Aranjuez. L'inondation du Nil y arrive par un canal. Le village est établi sur une colline minée par les eaux, dont la surface n'est qu'à une brasse ou deux de profondeur. La colline et la plaine sont couvertes de palmiers très serrés, mais symétriquement disposés. La montée au village forme une promenade large et délicieuse, rafraichie par les eaux, et ombragée de hauts palmiers et autres arbres. Au pied de la colline est une superbe fontaine dans une ancienne mosquée qui tombe en ruines. Alberca est un véritable oasis au milieu d'un désert de sable complètement aride, et à trois heures de marche du Caire. C'est là que j'eus une bien grande preuve de l'apathie des Turcs : la caravane étoit campée sur le bord de ce jardin délicieux après un voyage qui devoit faire desirer ardemment une jouissance de cette espèce ; cependant personne, excepté moi, ne sortit de sa tente pour en profiter.

Le thermomètre, à cinq heures et demie du soir, marquoit 42° de Réaumur, et à sept heures, 37° 3'.

Mes gens, après le coucher du soleil, s'amusèrent à tirer des fusées.

☉ 14 *juin.*

On partit au lever du soleil. Je ne tardai pas de trouver sur la route des amis qui étoient sortis de la ville pour venir à ma rencontre. Aux deux tiers du chemin j'aperçus Seïd Omar, *Nekib el Ascharàf* ou chef des schérifs, premier personnage du Caire, accompagné de plusieurs grands et des docteurs de la ville, avec une suite de vingt Mamloucks à cheval, d'autant de soldats arnautes à pied, de domestiques, et d'Arabes armés. Nous nous embrassâmes avec l'affection la plus tendre : il me présenta un superbe cheval enharnaché. Nous nous reposâmes à l'ombre d'un arbre touffu, et, après avoir pris du café, on me mena visiter un ermitage situé à côté de l'endroit où nous étions. Remontés ensuite à cheval, nous prîmes ensemble le chemin du Caire, accompagnés de Muley Selema, frère de l'empereur de Maroc, qui étoit aussi venu à ma rencontre.

Pendant la route, les Mamloucks et les Arabes à cheval firent des courses, des escarmouches, et brûlèrent beaucoup de poudre en signe de réjouissance ; Seïd Omar lui-même, ce respectable vieillard, eut la bonté de courir un *Djerid*, en poussant des cris de joie, pour célébrer *l'heureux retour de Seïd Ali Bey*.

Nous entrâmes dans la ville par la porte *Beb el Fatàh* (*voyez pl. LXIX*); ce qui est d'un heureux auspice lorsqu'on revient de la Mecque. Seïd Omar me promena par les places et par les rues principales comme en triomphe au milieu de la foule qui augmentoit à chaque pas.

Enfin nous arrivâmes chez lui, où nous attendoit un magnifique dîner, après lequel tous les grands me conduisirent dans mon logement. Seïd Omar m'envoya un superbe cheval encore plus beau que celui qu'il m'avoit présenté à mon arrivée. C'est ainsi que se termina cette fête et mon voyage à la Mecque : *à Dieu soit la louange et la gloire!*

CHAPITRE V.

Voyage à Jérusalem. — Belbéis. — Gaza. — Jaffa. — Ramlé. — Scène de vieillards. — Entrée dans Jérusalem.

Je repris mon logement chez le même Scheih el Metlouti, qui est le *Scheih el Mogarba*, c'est-à-dire, chef des Mogrebins ou Occidentaux, et en même temps scheih de la grande mosquée *el Azahàr*.

On étoit alors un peu alarmé au Caire à cause du débarquement que les Anglois venoient de faire à Alexandrie, et de deux attaques sur Rosette; mais ces attaques furent malheureuses, et la citadelle du Caire étoit pleine de prisonniers anglois. Je reçus tous les témoignages possibles de l'affection de mes amis pendant les dix-neuf jours que je restai en cette ville. Enfin le vendredi matin, 3 juillet 1807, j'en partis pour me rendre à Jérusalem.

Seïd Omar, Muley Selema, les grands et les scheihs de la ville m'accompagnèrent, de la même manière qu'à mon arrivée, jusqu'à une grande distance. Arrivés à l'endroit où nous devions nous séparer, nous descendîmes de cheval pour prendre du café. La caravane, déjà réunie près d'Alberca, étoit campée depuis le jour précédent; il ne manquoit que le schek ou chef de la caravane, qui devoit se joindre à moi afin de faire ensemble le voyage. Nous l'attendions; mais la nuit approchoit, et il n'arrivoit pas. Alors, impatient de me réunir à la caravane, je pris la résolution de partir seul avec mes domestiques. Seïd Omar me donna son escorte de soldats à pied et de Mamlouks à cheval. Plusieurs scheihs et mes amis, parmi lesquels étoit Muley Selema, ne voulant pas me laisser aller seul, résolurent aussi de m'accompagner.

Ayant fait mes adieux à Seïd Omar et à ceux qui restoient avec lui, je me mis en route, et peu de moments après j'aperçus le *Schek el Errkèb*, qui venoit me chercher avec ses Arabes armés. Je m'arrêtai sur-le-champ; et, après avoir pris congé de mes amis, et remercié mon escorte, je continuai de me diriger, avec le schek, sur Alberca, où nous arrivâmes à midi.

ђ 4.

Il étoit deux heures et demie du matin lorsque la caravane, composée de deux cents chameaux, se mit en route vers le N. quart N. E., par un terrain alternativement de sable mouvant et de sable fixe grossier. Le pays, d'abord plat et uni, devint bientôt inégal et coupé par de petites collines. Sur la gauche on voyoit, à une longue distance, une ligne d'arbres qui bordent le canal de Belbéis, où nous arrivâmes vers les dix heures du matin. On campa auprès de la ville, et j'allai m'établir moi-même dans un ermitage dédié à un saint nommé *Sidi Saadoun*.

Il faisoit une chaleur insupportable. Le *Càpidgi Baschi,* qui avoit apporté, l'année dernière, le firman par lequel le sultan de Constantinople confirmoit Mehemed Ali Pacha dans son gouvernement d'Égypte, étoit dans la caravane. On m'a assuré que le pacha lui avoit fait, à cette occasion, un présent de cinquante mille francs. Nous avions aussi plusieurs autres Turcs de marque.

Belbéis est une ville assez grande, qui renferme plusieurs mosquées. (*Voyez pl. LXX.*) Le Nil y fournit de l'eau en assez grande quantité, par un canal, dans le temps de la crue; ce qui entretient la végétation d'un nombre considérable d'arbres et de palmiers. On y trouve encore de bons melons et des pastèques, mais point de légumes. Cette ville, avec son territoire, est gouvernée par un kiaschef ou officier du pacha du Caire.

☉ 5.

A une heure après midi nous étions en marche à travers le désert, exposés à un soleil ardent et à un vent sec et brûlant, dans la direction exacte de l'E., par une immense plaine, dans laquelle on ne voit pas un seul être organisé, animal ou végétal, et sur un terrain tantôt de sable fin mouvant, tantôt de sable grossier. A six heures trois quarts nous fîmes halte au milieu de la plaine. Un peu avant d'arriver au campement, mon cheval tomba comme mort, et resta sans mouvement : il revint bientôt à la vie; mais il ne put se lever, et resta abandonné à la nature, sans médecin, jusqu'au lendemain matin.

☾ 6.

La caravane partit à quatre heures et demie, se dirigeant vers le N. E., et toujours sur un terrain de sable mouvant. A six heures et demie elle arriva vers un petit monticule nommé *Ziàra*, qu'elle laissa sur la gauche. Une heure après je découvris quelques petits bois. Tournant ensuite un peu plus au N. N. E., on s'arrêta, vers huit heures un quart, auprès de plusieurs bouquets de palmiers et de quelques douars de baraques ou de tentes de Bédouins, où se trouvent divers puits d'une eau excellente.

Cet endroit, qui s'appelle *el Wadi*, renferme beaucoup de monde et de bétail. L'eau du Nil y vient par le canal de Belbéis au temps de la crue.

A une heure trois quarts après midi, continuant de marcher vers le N. E., nous traversâmes le canal de Belbéis, qui étoit alors à sec; et, après avoir parcouru un terrain sablonneux coupé de collines et de petits bois, nous fîmes halte, à sept heures un quart du soir, dans une petite forêt.

A six heures du matin j'avois été forcé d'abandonner mon beau cheval au milieu du désert, après mille efforts inutiles pour le conduire plus loin : sa maladie provenoit, je crois, d'un coup de soleil.

♂ 7.

La caravane se mit en marche à quatre heures trois quarts du matin, dans la direction du N. E., par un terrain de sable, inégal et boisé. A onze heures elle arriva dans un endroit appelé Abouaarouk, et s'y reposa autour d'un misérable puits d'eau amère et puante.

Le jour précédent j'avois ordonné de remplir mes huit grandes outres avec l'excellente eau d'el Wadi. Quand on déchargea les chameaux, je m'aperçus qu'il ne m'en restoit que quatre de pleines, et que les quatre autres étoient vides. Je demandai sur-le-champ au chef de la caravane, qui étoit avec moi, quand et où je pourrois trouver de l'eau potable. Il me répondit que ce ne pourroit être qu'à el Aarisch, c'est-à-dire, à quatre journées de là. Soudain l'accident du 4 août 1805, dans le Sahara ou désert de Maroc, se présente à ma mémoire; et, me voyant de nouveau au milieu d'un désert sans une quantité suffisante d'eau, je ne fus pas maître d'un moment d'emportement; je tirai mon sabre, et me tournai contre mes gens. En me voyant aussi animé, tous les voyageurs, jusqu'au schek de la caravane, se jettent à terre. Ce spectacle désarme ma colère; mais, dans l'agitation où j'étois, en voulant remettre mon sabre dans le fourreau, ma main s'égare, et j'enfonce le fer dans la partie supérieure de ma cuisse gauche, à la profondeur de neuf lignes.

Aussitôt que je sentis la blessure, je remis avec plus de modération le sabre dans le fourreau; j'entrai dans ma tente, et je me trouvai inondé d'un torrent de sang, qui me parut artériel.

Je fis de suite apporter ma pharmacie, et, après avoir laissé dégorger le sang des vaisseaux, je lavai la plaie avec de l'eau froide; puis, ouvrant les lèvres de la blessure, et la remplissant de baume Catholique, je mis dessus une grande compresse de charpie imbibée du même baume, et avec trois bandelettes je formai un appareil qui montoit autour des reins, afin d'assurer la compresse contre tout événement. Je me couchai dans mon lit, pour garder le repos et observer un régime convenable. La caravane s'arrêta jusqu'au lendemain pour me laisser reposer.

Il étoit dit que cette journée seroit entièrement malheureuse; car un de mes chameaux mourut le même jour.

☿ 8.

Ayant assez bien dormi, et ma blessure ne me faisant presque pas ressentir de douleur, je montai à cheval un peu après quatre heures du matin, en prenant toutes les précautions convenables, et je partis avec la caravane dans la direction du N. E.

Cinq heures après on fit halte dans un endroit nommé Aarass. A midi un quart le thermomètre, à l'ombre, marquoit 42° 7′ de Réaumur. C'est là que j'ai pris un échantillon du sable qui compose la partie principale du désert de l'isthme de Suez.

A deux heures un quart après midi on se remit en route vers le N. E. Une demi-heure après on passa par un petit oasis désert, quoique très agréable par la beauté des palmiers qui le couvrent.

A cinq heures du soir nous étions auprès de plusieurs collines de sable mouvant d'une assez grande élévation, et presque perpendiculaires du côté du S., quoique composées d'un sable extrêmement fin et mobile ; la surface perpendiculaire formoit comme des cannelures minces de haut en bas.

On fit halte à cinq heures et demie dans un endroit nommé Barra.

Ma blessure alloit bien, et la scène qui l'avoit occasionée produisit du moins un bon effet : ma provision d'eau fut désormais respectée.

♃ 9.

La caravane se mit en marche à quatre heures

du matin, se dirigeant vers le N. E. par le même terrain.

A huit heures un quart elle s'arrêta à Catieh, village abandonné, où l'on trouve beaucoup de palmiers, et un puits d'eau potable, auprès duquel les François avoient élevé un fort qui n'existe déjà plus.

Elle reprit sa marche, à trois heures et demie, dans la direction de l'E. La nudité du terrain de sable que nous continuions de parcourir étoit de temps en temps coupée par quelques groupes de palmiers.

Un peu avant sept heures on fit halte à un endroit appelé Abounéira, où se trouve un puits.

♀ 10.

La caravane étoit en marche vers l'E. dès trois heures trois quarts du matin, par le même terrain; à neuf heures elle s'arrêta quelques heures à Djenadel, où est un puits de mauvaise eau, comme tous ceux de ce désert. J'y rencontrai une caravane de Gaza.

A deux heures trois quarts après midi on se remit en route dans la même direction. A quatre heures je découvris la mer Méditerranée à peu de distance, ainsi que plusieurs lacs d'eau de la mer, et beaucoup de sable mouvant. A six heures trois quarts on fit halte à Aboudjilbana.

♄ 11.

Comme il y avoit déjà dans la caravane assez de personnes qui manquoient d'eau, et qui commençoient à murmurer, on partit à deux heures trois quarts du matin, toujours dans la même direction, et sur un terrain de la même nature que celui des jours précédents. Un peu après dix heures on s'arrêta pour déjeûner.

Pendant que je prenois quelques instants de sommeil dans ma tente, plusieurs Turcs, qui n'avoient plus d'eau, formèrent le projet de s'emparer de la mienne, que je ne confiois plus à personne. Ma tente étoit ouverte pour donner un passage à l'air. Les Turcs, arrivés à la porte et me voyant endormi, respectèrent mon sommeil, et se retirèrent sans rien toucher. Je ne fus instruit de cela que le lendemain.

Comme le besoin d'eau se faisoit ressentir de plus en plus à chaque instant, on se hâta de se remettre en route à midi trois quarts, d'abord vers l'E. N. E.; et, tournant ensuite presque au N. N. E., nous passâmes auprès de quelques salines naturelles, et à quatre heures trois quarts nous fîmes halte presque sur le bord de la Méditerranée, dans un endroit nommé Messaoudia, où se trouvent plusieurs puits d'eau potable.

☉ 12.

Vers les quatre heures un quart du matin la caravane dirigea sa marche à l'E., en suivant le bord de la mer. Deux heures après elle s'arrêta entre les palmiers d'el Aarisch, à peu de distance du village.

El Aarisch est une alcassaba comme celles de Maroc, à l'exception que le château, malgré le désavantage de sa position, a été mis en bon état par les François, qu'il est garni de tours octogones pour l'artillerie, et qu'il est défendu par douze pièces de canon. L'alcassaba est entourée de quelques maisons, qui contiennent, m'a-t-on dit, deux cents habitants. On y trouve plusieurs puits, des palmiers et quelques potagers.

Ma blessure continuoit d'être en bon état, et promettoit de se cicatriser sans suppuration.

A midi et demi le thermomètre, au soleil, marquoit 53° 7′ de Réaumur, c'est-à-dire que la température s'élevoit aux deux tiers de la chaleur de l'eau bouillante; à midi, à l'ombre, il avoit marqué 43° 5'.

On compte deux mille habitants dans le district d'el Aarisch.

☾ 13.

A deux heures du matin nous étions en marche, toujours dans la direction de l'E. Je commençai bientôt d'apercevoir quelque terre végétale, des terrains labourés, des troupeaux de vaches, et d'autres bestiaux, quoique le terrain fût encore généralement sablonneux. Après sept heures de marche, la caravane se reposa à peu de distance d'un ermitage où l'on révère le tombeau d'un saint nommé Scheih Zouaïl. On y trouve de l'eau, plusieurs villages ou douars tout autour, et des plantations de palmiers. Quelques habitants étoient venus à notre rencontre pour nous vendre des pastèques.

Nous reprîmes notre route, dans la même direction, à onze heures et demie; et, quittant le grand chemin, nous traversâmes plusieurs collines au S. E., dont le sol, composé de terre végétale et de sable, étoit en grande partie ensemencé : on y voyoit quelques troupeaux de bétail. Je remarquai des champs entièrement minés de trous faits par les rats, selon ce qui m'a été rapporté par les gens du pays; mais je pense que ces trous sont plutôt l'ouvrage des djerboas. Tournant ensuite au N. E. et au N., nous descendîmes dans la plaine, et nos tentes furent dressées à Khanyounes un peu après cinq heures du soir.

De Scheih Zouaïl à Khanyounes on compte, en ligne droite, quatre heures de chemin.

Khanyounes est un bourg entouré de murs et de jardins, dans une bonne situation, à peu de distance de la mer, et la première peuplade à l'entrée de la Syrie, du côté du S.

♂ 14.

La caravane partit à quatre heures du matin, suivant généralement la direction du N. E., par des terrains tantôt incultes et tantôt cultivés. Vers sept heures elle traversa un torrent, nommé el Wadi Gaza, qui étoit à sec, et une heure après elle entra dans Gaza, ayant heureusement terminé cette traversée du désert.

Gaza est une ville assez grande, avantageusement située sur une hauteur, et entourée d'un grand nombre de jardins. On y compte à-peu-près cinq mille habitants. Les rues y sont très étroites; les maisons, dont plusieurs ont des jardins, sont presque sans fenêtres. *El Seràya* ou l'habitation du gouverneur paroît être assez considérable, ainsi que le jardin qui en dépend. *El Mehkemè* ou le tribunal, qui est en même temps l'habitation du kadi, est encore un vaste édifice. Le pays abonde en pierres calcaires ou marbres grossiers d'un beau blanc, dont tous les édifices considérables de Gaza sont construits.

Cette ville renferme plusieurs mosquées, dont la plus grande est une ancienne église grecque d'une belle forme, à laquelle les Turcs ont ajouté plusieurs ouvrages d'un mauvais goût, et sans harmonie avec le reste.

Les marchés sont bien approvisionnés, et les comestibles, à bon marché : on y voit un assez grand nombre de marchands d'autres denrées; mais leurs boutiques ne donnent pas une idée avantageuse du commerce de la ville.

L'eau qu'on boit à Gaza est de l'eau de puits, potable et très limpide : on y trouve du bon pain; mais en général il est mauvais, tandis que la viande, la volaille, les herbages et les légumes sont d'une excellente qualité.

Il y a beaucoup de chevaux; mais ils m'ont paru d'une race inférieure : les mules, au contraire, qui sont en plus grande quantité, semblent avoir l'avantage.

Les habitants sont un mélange d'Arabes et de Turcs; et, comme cette ville est sur la frontiere du désert, on y voit des Arabes de toutes les Arabies, de l'Égypte, de la Syrie, des Fellahs, des Bédouins, etc.; chaque peuple conserve son costume particulier.

Je n'ai presque point vu de femmes à Gaza, parcequ'elles y sont bien plus réservées qu'en Égypte et qu'en Arabie; cependant le mal vénérien est commun dans le pays, et plusieurs personnes me demandèrent si je n'avois pas quelque remède pour les guérir de cette cruelle maladie.

La ville est gouvernée par un aga turc, dont l'autorité s'étend à Khanyounes et autres lieux, sous les ordres de l'aga de Jaffa, qui dépend lui-même du pacha de Saint-Jean-d'Acre.

Le gouverneur de Gaza, à l'époque de mon passage, étoit un Turc d'une haute taille et d'un bon caractère, nommé *Moustapha-Aga*. Je reçus de lui mille honnêtetés; il me fit donner un bon logement, avec ordre de me servir et de me fournir tout ce dont je pourrois avoir besoin; et tous les jours il m'envoyoit trois grands repas. Il avoit sous son commandement un certain nombre de soldats turcs, et plus de mille soldats mogrebins.

Le climat de Gaza est chaud; j'ai ordinairement vu le thermomètre, placé à l'ombre, marquer 37° 7' de Réaumur à midi. La mer est à une demi-lieue de la ville, Jérusalem à deux longues journées de distance, et Jaffa à une journée et demie.

Je m'arrêtai quelques jours à Gaza pour achever de guérir ma blessure. Elle étoit fermée, quand, le dimanche 19 juillet, à cinq heures et demie du matin, je sortis de Gaza sans caravane, et, après mille détours entre des jardins et des plantations d'oliviers pendant une heure et demie, je me trouvai en rase campagne, dans la direction de l'E. N. E.

A huit heures du matin, après avoir passé sur un petit pont, je m'arrêtai dans un village pour déjeûner.

Une demi-heure après je partis, suivant la direction de la route tantôt au N. E., et tantôt au N. A dix heures je traversai un hameau, et à une heure et demie je fis halte à Zedoud, village un peu plus grand que les précédents.

Tous les villages de cette route sont situés sur des hauteurs; les maisons y sont extrêmement basses, couvertes en chaume, et entourées de plantations et de beaux jardins potagers.

Combien cette manière de voyager me paroissoit étrange ! Accoutumé depuis si long-temps à parcourir des déserts avec des grandes caravanes, la sensation que j'éprouvai ce jour-là est inexprimable : n'ayant avec moi que trois domestiques, un esclave, trois chameaux, deux mules, mon cheval, et un seul soldat turc d'escorte, je me trouvois enfin sur un terrain cultivé ; je rencontrois de distance en distance des villages, des hameaux habités ; mes yeux, à chaque instant, pouvoient se reposer avec délices sur des plantations variées, et je rencontrois à tous pas sur ma route des êtres à figure humaine, voyageant à pied ou à cheval, et presque tous bien vêtus ; il me sembloit être en Europe ; mais, grand Dieu ! quelle pensée venoit mêler un peu d'amertume à ces douces sensations ! Je l'avouerai, puisque je l'ai éprouvé : en entrant dans ces pays circonscrits par la propriété individuelle, *le cœur de l'homme se rapetisse et se comprime*. Je ne puis tourner les yeux, je ne puis faire un pas sans être arrêté sur-le-champ par une haie qui semble me dire : *Halte là, ne passe pas cette borne;* mon ame est affaissée, mes fibres se relâchent, je m'abandonne mollement au mouvement de mon cheval, et il me semble que je ne suis plus ce même Ali Bey, cet Arabe qui, plein d'énergie et de feu, s'élançoit au milieu des déserts de l'Afrique et de l'Arabie, comme le navigateur hardi qui s'abandonne aux vagues d'une mer orageuse, avec la fibre toujours tendue, et l'esprit préparé à tout événement. Sans doute c'est un grand bien que la société; sans doute le plus grand bonheur de l'homme est de vivre sous un gouvernement bien organisé, qui, par le sage emploi de la force publique, assure à chaque individu la paisible jouissance de sa propriété; mais il me semble aussi que *tout ce que l'on gagne en sûreté ou en tranquillité, on le perd en énergie....*

Le terrain que j'avois parcouru ce jour-là est composé de collines ondoyées, couvertes d'oliviers et de plantations de tabac, dont la plante étoit alors en pleine floraison.

☾ 20.

A une heure et demie du matin je partis, faisant route vers le N. N. E. et le N. E. Peu de temps après je rencontrai une caravane, chargée de savon et de tabac, allant de *Nablous* au Caire.

Un peu avant cinq heures je passai par Yebni, village plus considérable que ceux que j'avois vus la veille. J'aperçus beaucoup de femmes, dont quelques unes étoient très jolies, et qui avoient toutes le visage découvert. Je demandai si elles étoient chrétiennes; on me répondit qu'elles étoient musulmanes, et que les *Fellahis* ou paysannes du pays ne se couvroient pas la figure. Quel relâchement dans les mœurs!

De là je m'enfonçai entre des montagnes boisées, où je m'arrêtai une demi-heure pour déjeûner. Tournant ensuite au N. O., j'entrai à dix heures dans la ville de Jaffa.

Tout le terrain que j'ai vu de la Palestine ou terre promise, depuis Khanyounes jusqu'à Jaffa, est superbe. C'est un pays composé de collines arrondies et ondoyées, et d'une terre grasse presque semblable au limon du Nil, avec la plus riche et la plus belle végétation. Mais il n'y a pas une seule rivière dans tout ce district; on n'y trouve même pas une source. Tous les torrents que j'ai traversés étoient à sec, et les habitants n'ont d'autre eau pour boire que celle qu'ils recueillent dans la saison pluvieuse, et d'autres moyens d'irrigation que l'eau des pluies et celle des puits, qui est en vérité fort bonne. Telle est la cause des famines fréquentes dont fait mention l'histoire de cette contrée. Un terrain où il n'existe aucune source, aucune rivière qui apporte les eaux d'autres pays, et dont la subsistance dépend absolument des pluies locales, est nécessairement exposé à la disette, lorsque ce bienfait du ciel lui manque ou qu'il est insuffisant.

Il est à remarquer que tous les endroits habités que j'avois vus en Arabie sont situés dans des vallons ou des enfoncements, et qu'au contraire toutes les villes, bourgs ou villages de la Palestine sont sur des hauteurs. On pourroit attribuer cette différence à la rareté des pluies en Arabie et à leur abondance dans la Palestine.

En Syrie, on rencontre sur les chemins, de distance en distance, de petits réservoirs ou grands vases remplis d'eau, ayant chacun à côté un pot dont les passants se servent pour boire. Ces monuments sont dus à des fondations pieuses en faveur des voyageurs; mais la plupart tombent en ruines, et la piété ne vient plus à leur secours.

Le gibier abonde dans la Palestine; les perdrix s'y trouvent par bandes, et si grosses, si lourdes, qu'on n'a pas besoin d'autre arme que d'un bâton pour les atteindre. Mais en même temps on y rencontre une quantité effroyable de lézards, de serpents, de vipères, de scorpions et d'autres insectes venimeux. Un de mes domestiques fut piqué au doigt; comme on n'avoit pas vu l'insecte qui avoit fait le mal, et que je ne pouvois par conséquent appliquer le remède convenable avec connoissance de cause; voyant d'ailleurs que la chose étoit urgente, puisque l'inflammation de la main alloit toujours croissant, j'eus recours au remède général, et j'appliquai le feu à la partie blessée.

La multitude des mouches de toute espèce est telle dans cette contrée, que les chevaux, les mules, les chameaux en deviennent presque fous, et que, pour se débarrasser de ces insectes insupportables, ils ruent et se vautrent par terre et contre les arbustes.

Mais que dirai-je des fourmis?... Qu'on se figure une grande fourmilière sur une étendue de trois journées de chemin, c'est absolument l'idée que je puis donner de ce que j'ai vu. La route n'est qu'une fourmilière continuelle, entièrement couverte de paillettes et de dépouilles de ces petits animaux, sur lesquelles on voit des myriades de fourmis courant dans tous les sens pour vaquer à leurs travaux journaliers.

Parmi les différents villages que j'avois aperçus la veille à peu de distance de la route, je ne dois pas oublier de citer le petit bourg d'*Askalàn*, patrie du célèbre Hérode.

Un peu inquiet sur l'état de ma blessure, je crus devoir séjourner le mardi 21. Mais je fus bientôt rassuré; car, la croûte s'étant détachée, je trouvai une nouvelle épiderme bien formée, et je résolus de continuer le lendemain ma route pour Jérusalem, bien fâché du temps que j'avois perdu.

Je sortis donc de Jaffa le mercredi 22 juillet, à deux heures après-midi, faisant route au S. E. et au S. S. E. A trois heures je passai par le village de Nazour, et, laissant plusieurs autres villages à droite et à gauche, j'arrivai à Ramlé à cinq heures du soir.

J'étois monté sur mon cheval, mes domestiques et un guide sur des mules; aussi je reconnus bientôt que notre marche étoit plus accélérée que celle des caravanes: nous faisions, je crois, une lieue par heure.

Le terrain que nous avions parcouru est formé en petites collines ondoyées, et couvert d'oliviers, de plantations de tabac, etc.

Ramlé, que les chrétiens appellent *Ràma*, est une ville qui contient environ deux mille familles. La grande mosquée est une antique église grecque, qui conserve encore une tour très haute et fort belle.

Je fus logé dans une jolie mosquée, auprès de laquelle est le tombeau d'Aayoub Bey, Mamlouck qui s'enfuit de l'Égypte lors de l'expédition des François, et qui mourut à Ramlé. Le tombeau est en beau marbre blanc, avec des bas-reliefs et des inscriptions dorées. L'aga turc, qui vint me rendre visite, me parut un excellent homme.

Le soir du même jour je continuai ma route à neuf heures. En traversant la ville, je trouvai une grande partie des habitants, tant hommes que femmes, réunis sur une place éclairée par beaucoup de lumières et de feux, dansant et chantant au son des instruments. Cette réunion des deux sexes dans une ville musulmane me déplut infiniment.

Au sortir de la ville j'entrai dans des montagnes où je fus obligé de gravir des rochers escarpés, sur lesquels on ne voit aucun chemin tracé. Arrivé sur les plus grandes hauteurs à deux heures et demie du matin, je me trouvai entouré de nuages et de brouillards détachés, qui, avec la clarté de la lune et les affreux précipices qui m'entouroient, formoient un tableau imposant et magnifique.

Précédé de mon guide, et suivi de mes gens à quelque distance, je marchois absorbé dans la contemplation de ce beau spectacle, lorsque tout-à-coup deux vieillards se présentent et arrêtent le guide. Leur apparition soudaine produisit sur moi un effet que je ne saurois définir. Mon guide, qui les connoissoit, leur dit sur-le-champ : *Ce sont des musulmans.* Les vieillards répliquent : *Non, ce sont des chrétiens.* Mon guide répète, en élevant la voix : *Ils sont tous musulmans.* Un des vieillards s'avance, prend la bride de mon cheval, et me dit : *Tu es un chrétien.* Le guide et mes domestiques s'écrient : *Il est musulman; il est fidèle croyant.* Je ne savois que faire, parceque j'ignorois leur intention, et que d'ailleurs leur démarche me paroissoit extravagante. Le premier vieillard recommence, et me dit : *Par Dieu, tu es un chrétien.* Je lui réponds : *Homme, je suis un musulman, nommé Schérif Abbassi ; je viens de faire mon pélerinage à la Mecque.* Alors le vieillard me demanda ma profession de foi; je la fis pour lui complaire; après quoi il nous laissa continuer notre route.... Mais par quelle raison ce vieillard s'obstinoit-il à croire que j'étois chrétien, sans avoir vu ma figure et sans m'avoir entendu parler?... C'est que je portois un bournous bleu, et que dans le pays cette couleur est particulièrement affectée aux habitants chrétiens. Enfin pourquoi cette attaque dans cet endroit et à une heure aussi indue?... C'est que les chrétiens et les juifs qui se rendent à Jérusalem payent en cet endroit un tribut de quinze piastres par tête au profit du sultan de Constantinople : ces vieillards ont affermé ce tribut; et, comme cet endroit, non loin duquel le village est situé, est l'unique gorge de montagnes par laquelle on puisse passer, ils sont perpétuellement aux aguets, afin qu'aucun juif ou chrétien ne puisse se soustraire à ce droit. Ayant une fois le mot de l'énigme, nous eûmes matière à rire, le reste de la nuit, d'une scène aussi burlesque et de la brusque apparition des deux vieillards.

J'arrivai sur les quatre heures du matin à Kariet el Aaneb, petit village sur le penchant des montagnes, entouré d'une infinité de vignes. Après y avoir pris une demi-heure de repos, je poursuivis ma route sur la pente de longues côtes rapides et périlleuses. Arrivé au fond du vallon, je fus encore forcé de gravir d'autres montagnes plus élevées, du sommet desquelles on découvre la ville sainte de Jérusalem, où je fis mon entrée à sept heures trois quarts du matin, le jeudi 23 juillet 1807.

La difficulté du chemin ne m'avoit pas permis de faire plus de deux milles par heure.

On me donna pour logement la mosquée d'un saint nommé *Sidi Abdelkader*, située à côté du Haram ou temple musulman. Je me couchai, et je dormis jusqu'à trois heures de l'après-midi; après quoi je fus conduit au temple.

CHAPITRE VI.

El Haram ou temple musulman sur l'ancien temple de Salomon. — La cour. — El Aksa. — El Sahhara Allah. — Le tribunal de David. — Les Cobbas. — Le trône de Salomon. — Autres mosquées du temple.

Comme jusqu'à présent on n'a fait aucune description détaillée du temple musulman de Jérusalem, parceque les musulmans ne sont pas ordinairement en état de le faire, et que les chrétiens n'y ont jamais pénétré, je vais tâcher de donner une idée de ce magnifique monument d'architecture, qui doit intéresser les savans des cultes de Moïse, de Jésus-Christ et de Mouhhammed. (*Voy. les planches LXXI et LXXII.*)

Toujours ami de la vérité, je dois prévenir que je n'ai pas eu le temps de faire plus de cinq visites au temple, assez longues, il est vrai, et assez bien employées pour que je puisse garantir l'exactitude de mes descriptions et de mes dessins, mais sans répondre d'une précision géométrique dans tous les détails.

El Haràm ou le temple, nommé aussi *Béit el Mok^addés e Scherif* ou la maison sainte principale de Jérusalem, est la réunion de plusieurs bâtiments élevés à différentes époques de l'islamisme, et qui portent avec eux l'empreinte du goût dominant dans les divers siècles de leur construction. Ils forment cependant un ensemble harmonieux.

Ce n'est pas précisément une mosquée, mais plutôt un groupe de mosquées. Son nom arabe *el Haràm* signifie positivement un temple, un lieu consacré par la présence particulière de la divinité, et défendu aux profanes, aux infidèles. La religion musulmane ne reconnoît que deux temples, celui de la Mecque et celui de Jérusalem : tous les deux portent le même nom d'*el Haràm*, tous les deux sont également défendus, *par la loi*, aux chrétiens, aux juifs et à tout homme qui n'est pas musulman. Les mosquées en arabe portent le nom de *el Djamàa* ou lieu de l'assemblée; ce sont, il est vrai, des endroits respectables; mais ils ne sont pas consacrés par une présence spéciale de la divinité. Leur entrée n'est défendue aux infidèles par aucun précepte canonique, quoique le peuple n'aime pas d'y voir des étrangers, qui ne peuvent y entrer qu'en vertu d'un ordre de l'autorité publique; car, à Constantinople même, les chrétiens entrent dans la mosquée de Sainte-Sophie et dans les autres mosquées, quand ils sont porteurs d'un firman du gouvernement. Mais aucun gouverneur musulman n'oseroit permettre à un infidèle de pénétrer sur le territoire de la Mecque ou dans le temple de Jérusalem : une permission pareille seroit regardée comme un sacrilége affreux; elle ne seroit point respectée par le peuple, et l'infidèle qui tenteroit de s'introduire dans ces lieux saints deviendroit la victime de son imprudente hardiesse.

Ce monument forme l'angle S. E. de la ville de Jérusalem, sur le même emplacement où étoit jadis le *temple de Salomon*.

L'histoire musulmane donne à l'ancien temple des juifs une longueur de 750 *pik stambouli* ou coudées de Constantinople, sur 450 de large; c'est-à-dire, 1563 pieds 3 pouces de long, et 938 pieds 3 pouces de large, mesure de Paris. Le nouveau est composé d'une grande cour ou place fermée, dont la longueur est de 1369 pieds, et la largeur de 845.

On y entre par neuf portes, dont voici les noms et les positions :

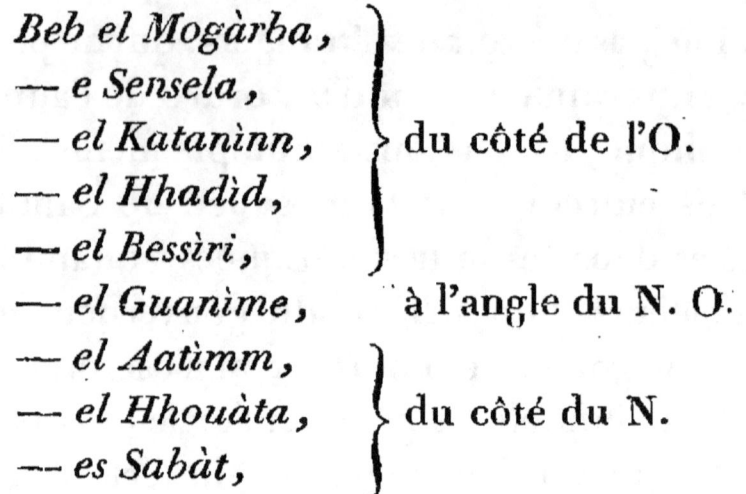

Les portes Sensela et Kataninn ont chacune deux arceaux.

Les côtés de l'E. et du S. n'ont aucune porte, et sont fermés par les murailles de la ville, qui s'élèvent en dehors sur le bord des précipices du torrent de Cédron à l'E., et sur le bord d'un ravin qui sépare le Mont Sion au S.

La partie principale du temple est composée de deux corps d'édifices magnifiques, qu'on pourroit regarder comme deux temples différents l'un de l'autre ; mais, par leur situation respective, ils forment un ensemble symétrique, et véritablement *un*. On les nomme, l'un *el Aksa*, et l'autre *el Sàhhara*.

El Aksa.

El Aksa est composé de sept nefs soutenues par des piliers et des colonnes. A la tête de la nef du centre se trouve une belle coupole ; à droite et à gauche s'ouvrent deux autres nefs perpendiculaires au corps principal de l'édifice.

Ce corps principal se trouve précédé d'un portique de sept arcades de front sur une de profondeur, soutenues par des piliers carrés ; l'arc central qui répond à l'axe de l'édifice a pareillement des colonnes incrustées et adhérentes aux piliers.

La grande nef centrale de l'Aksa peut avoir 162 pieds de long et 32 de large. Elle est soutenue par sept arcs légèrement pointus de chaque côté, et appuyés sur des piliers cylindriques en forme de colonnes, mais sans aucune proportion d'architecture, avec des chapiteaux foliés qui n'appartiennent à aucun ordre. Le quatrième pilier à droite est octogone, et monstrueusement gros; on l'appelle le pilier de Sidi Omar. Les piliers cylindriques ont plus de deux pieds et demi de diamètre, et seize pieds de hauteur, y compris leurs bases et leurs chapiteaux informes. Le pilier octogone, qui est sans chapiteau, a six pieds et demi de diamètre environ, et une hauteur égale aux autres. Les murs s'élèvent de treize pieds au-dessus des arcs, avec deux rangs de vingt-une fenêtres chacun; celles du rang supérieur donnent sur la partie extérieure, parceque la nef centrale est plus haute que les six nefs collatérales; et les fenêtres du rang inférieur donnent sur la partie intérieure des autres nefs. Le toit est une charpente sans voûte.

Les six nefs collatérales sont assises sur des arcs égaux à ceux de la nef centrale, et soutenus par des piliers carrés. Les deux nefs les plus près de celle du centre ont le toit plat, en bois, et un peu plus élevé que celui des quatre nefs des extrémités, dont le toit est en voûtes carrées ou en tortues.

Les trois nefs de gauche, à l'entrée du temple, sont fermées par une enceinte de mur un peu plus haute que la taille de l'homme : c'est l'endroit destiné aux femmes.

La coupole est soutenue par quatre grands arcs, appuyés sur quatre piliers carrés, qui ont de belles colonnes en marbre brun incrustées ou adossées à leurs différents côtés. Cette coupole est sphérique, avec deux rangs de fenêtres, et ornée de peintures et de dorures arabesques très belles. Son diamètre est égal à celui de la nef centrale.

Entre la coupole et le mur du fond il y a un espace de près de huit pieds; c'est là qu'est placé le *Mònbar* ou tribune pour la prédication des vendredis.

Dans le mur du fond on voit le Mehereb, où se place l'iman pour diriger la prière; cette niche est ornée d'un frontispice revêtu de différents marbres très beaux, dont les plus remarquables sont les six petites colonnes de marbre rouge et vert qui en décorent l'entrée.

Les nefs collatérales de la coupole sont supportées par des colonnes d'un beau marbre brun, de la même espèce que celles qui supportent les arcs du milieu. Le bras qui se déploie vers la gauche, perpendiculairement au fond de la nef centrale, se compose d'une simple voûte très basse; on prétend que c'est le lieu où le calife Omar faisoit la prière. Le bras qui se déploie sur la droite est une autre voûte semblable, et à deux nefs. La voûte du calife Omar peut avoir à-peu-près douze pieds de long; l'autre paroît être de la même longueur, mais elle est fermée par une grille en bois; c'est pourquoi je n'y suis pas entré.

Sous la coupole, à droite, en face du Monbar, est l'endroit destiné aux chanteurs : ce chœur est en bois, et soutenu par plusieurs petites colonnes accouplées de différentes espèces de marbre.

A côté du Monbar est une niche dont l'entrée est garnie en bois : on l'appelle le lieu du

Christ; il sert comme de sacristie, et c'est de là que l'iman sort en cérémonie pour faire la prière du vendredi.

Dans la dernière nef du côté gauche, tout près de la nef du calife Omar, se trouve une espèce de chapelle ou niche ornée de marbre, qu'on appelle *Beb Arràhma* ou porte de la Miséricorde.

A la partie extérieure du côté gauche de l'Aksa, sont adossées plusieurs maisons mal construites, qui servent d'habitation aux employés du Haram.

Il y a en face de la porte principale de l'Aksa une chaussée de 284 pieds de long, au milieu de laquelle il existe un beau bassin en marbre avec une fontaine en forme de coquille, qui anciennement donnoit de l'eau. Au bout de cette chaussée, un superbe escalier conduit au Sahhara, qui est l'autre édifice remarquable du Haram.

El Sàhhara.

El Sàhhara est un temple qui, par son harmonie avec el Aksa, peut être considéré comme faisant partie d'un même tout. Il prend son nom d'un rocher fort révéré qui se trouve au centre de cet édifice.

Le Sahhara est situé sur une plate-forme parallélogramme d'environ 460 pieds de long du N. au S., et 399 de large de l'E. à l'O., élevée de seize pieds au-dessus du plan général du Haram : on y monte par huit escaliers, dont deux sur le côté du S., deux au N., un à l'E., et trois à l'O. Presque au milieu de cette plate-forme, qui est très bien pavée en marbre, s'élève le magnifique édifice du Sahhara, temple octogone, dont les côtés, à la partie extérieure, ont chacun soixante-un pieds de long.

On entre au Sahhara par les quatre portes suivantes :

Beb el Kèbla, du côté du sud.

— *el Garb,* à l'occident.

— *e Djènna,* au nord.

— *Davoud,* à l'orient.

Le *Beb el Kèbla* a un fort beau portique, soutenu par huit colonnes corinthiennes en marbre. Les autres portes sont surmontées de belles charpentes suspendues et sans colonnes.

Du centre de l'édifice s'élève une superbe coupole sphérique, avec deux rangs de grandes fenêtres qui donnent sur le dehors, et soutenue par quatre gros piliers et douze colonnes magnifiques placées en cercle.

Ce cercle central est entouré de deux nefs octogones concentriques, séparées entre elles par huit piliers et seize colonnes de la même espèce et de la même grandeur que celles du centre, et composées du plus beau marbre brun. Les toits sont plats; et le tout est couvert d'ornements du goût le plus exquis, et de moulures en marbre, en or, etc. Les chapiteaux des colonnes sont d'ordre composite, et entièrement dorés. Les colonnes qui forment le cercle central ont des bases attiques; celles qui sont entre les nefs octogones sont coupées à la partie inférieure, sans avoir même le listel ou filet qui devroit terminer le fût, et, au lieu de base, elles portent sur un dé ou cube en marbre blanc. La proportion des colonnes paroît tenir de l'ordre corinthien; leur fût est de seize pieds.

Le diamètre de la coupole est d'environ quarante-sept pieds; sa hauteur de quatre-vingt-treize. Le diamètre total de l'édifice est d'à-peu-près cent cinquante-neuf pieds et demi.

Le plan du cercle central, élevé de trois pieds sur celui des nefs qui l'entourent, est fermé par une haute et magnifique grille de fer doré.

Ce cercle central renferme la roche appelée *el Sàhhara Allàh* : c'est l'objet particulier de ce superbe édifice, et en général celui du Haram ou temple de Jérusalem.

El Hàdjera el Sàhhara ou la roche du Sahhara est un rocher qui sort de terre sur un diamètre moyen d'environ trente-trois pieds, en forme de segment de sphère. La surface de la roche est inégale, raboteuse et dans sa forme naturelle. Vers le côté du N. on y voit un creux que la tradition dit avoir été fait par les chrétiens, qui vouloient emporter la partie de la roche qui manque; mais que celle-ci devint alors invisible aux yeux des infidèles, et qu'ensuite les fidèles croyants trouvèrent cette partie divisée en deux morceaux, qui sont en d'autres endroits du Haram, dont il sera fait mention plus loin.

Le musulman croit que le *Sahhàra Allàh* est le lieu où les prières des hommes sont les plus agréables à la divinité, après la maison de Dieu à la Mecque. C'est par cette raison que tous les prophètes, depuis la création du monde jusqu'au prophète Mouhhammed, y sont venus prier; et actuellement encore les prophètes et les anges y viennent en troupes invisibles pour faire leurs prières sur la roche, non compris la garde ordinaire de soixante-dix mille anges qui l'entourent perpétuellement, et qui se relèvent tous les jours.

La nuit que le prophête Mouhhammed fut enlevé de la Mecque par l'ange Gabriel, et transporté, en un moment, par les airs à Jérusalem sur la jument *el Boràk*, qui a la tête et la gorge d'une belle femme, une couronne et des ailes, le Prophête, après avoir laissé el Borak à la porte du temple, vint faire sa prière sur el Sahhara avec les autres prophêtes et les anges, qui, l'ayant salué respectueusement, lui cédèrent la place d'honneur.

Au moment où le Prophête s'arrêta sur el Sahhara, la roche, sensible au bonheur de porter ce saint fardeau, s'affaissa, et, comme une cire molle, reçut l'empreinte de son pied sacré à sa partie supérieure, vers le bord du S. O. On a couvert ensuite cette empreinte d'une espèce de grande cage en fil de métal doré, travaillée de manière qu'on ne voit pas l'empreinte, à cause de l'obscurité intérieure; mais, au moyen d'une ouverture pratiquée à cette cage, on peut toucher l'empreinte avec la main; et on se sanctifie en passant la même main sur la figure et la barbe : preuve manifeste que c'est véritablement l'empreinte du pied du plus grand des prophêtes.

L'intérieur de la roche forme un caveau, dans lequel on descend par un escalier du côté du

S. E. On y trouve une chambre formant un carré irrégulier de dix-huit pieds de surface, et ayant huit pieds de hauteur dans son centre. Le toit est une voûte naturelle irrégulière. Au pied de l'escalier il y a, sur la droite, un petit frontispice en marbre qui porte le nom d'*el Makàm Soulimàn* ou lieu de Salomon ; un autre frontispice semblable, placé sur la gauche, se nomme *el Makàm Davoud* ou lieu de David ; une cavité ou niche dans la roche, au côté du S. O., s'appelle *el Makàm Ibrahim* ou lieu d'Abraham ; un gradin demi-circulaire concave, à l'angle du N. O., se nomme *el Makàm Djibrila* ou lieu de Gabriel ; enfin une espèce de table en pierre à l'angle N. E. s'appelle *el Makàm el Hòder* ou lieu d'Élie.

Au milieu de la chambre, l'épaisseur de la voûte est percée d'un trou presque cylindrique, en forme de lucarne, d'environ trois pieds de diamètre : c'est le lieu du Prophête.

La roche est entourée d'une barrière en bois à hauteur d'appui ; et au-dessus, à cinq ou six pieds d'élévation, est un pavillon en soie, à bandes alternativement rouges et vertes, suspendu sur toute la largeur de la roche par des piliers et des colonnes.

D'après ce que j'ai pu en voir, sur-tout dans

l'intérieur du caveau, cette roche m'a paru un marbre fin, d'une couleur blanche un peu rougeâtre.

Près de là, du côté du N., on distingue dans le pavé un carreau de marbre vert ondé très beau, d'environ quinze pouces en carré, fixé par quatre ou cinq clous dorés : c'est, dit-on, la porte du Paradis. Plusieurs autres trous indiquent qu'il étoit jadis fixé par un plus grand nombre de clous, qu'on suppose avoir été arrachés par le diable lorsqu'il voulut s'introduire dans le Paradis; ce qu'il ne put faire, n'ayant pu arracher les clous qui restent.

Le Sahhara a une tribune en bois pour les chanteurs, soutenue par plusieurs petites colonnes.

J'y ai vu un Coran dont les feuillets ont près de quatre pieds de long et plus de deux pieds et demi de large. La tradition rapporte que ce Coran appartenoit au calife Omar; mais j'en ai vu un semblable à la grande mosquée du Caire, nommée *el Azahàr*, et un autre à la Mecque, auxquels on donne la même origine.

La partie extérieure du Sahhara est incrustée de différentes espèces de marbre jusqu'à la moité de sa hauteur; le reste est revêtu de petites briques ou carreaux de différentes couleurs et fort jolis. Les fenêtres sont garnies de beaux verres peints, formant des arabesques ; il y a cinq grandes fenêtres sur chaque côté de l'octogone.

Le Sahhara est le lieu de prière pour les individus du rit *Haneffi*, suivi par les Turcs ; el Aksa est pour les individus du rit *Schaffi* : les rits *Hànbeli* et *Màleki* ont d'autres endroits qui seront indiqués plus loin.

Hors de l'édifice du Sahhara vers l'E., à trois ou quatre pas de distance, en face de la porte Beb Davoud, on voit un très bel oratoire : c'est un toit undécagone soutenu par onze colonnes antiques, formées d'une brèche calcaire la plus précieuse qu'on puisse se figurer, et dont la pâte générale est d'une couleur grise rougeâtre. Au centre de l'oratoire est une petite coupole, supportée par six colonnes en cercle, égales en tout aux précédentes. Je regarde ces colonnes, ainsi que celles qui sont au Sahhara, comme des restes de l'ancien temple de Salomon. Il y a dans cet oratoire une niche entre deux colonnes, où l'on fait la prière : c'est un lieu spécialement révéré, parceque la tradition rapporte que c'étoit *el Mehkemé Dàvoud* ou le tribunal de David.

Vers le N. O. du Sahhara, à trois ou quatre

pas de distance, se trouve un autre petit oratoire, composé de six colonnes qui supportent une coupole, et appelé *Còbba Djibrila* ou de Gabriel. Il y en a un autre plus grand à l'O. de celui-ci, supporté par huit colonnes, et nommé *Cobbàt em Mearàsch* ou *Cobbàt en Nebì*, c'est-à-dire, du Prophète. Au N. O. de ce dernier on voit la *Cobba Behhìnnbehhìnn*, maisonnette carrée qui renferme un des deux morceaux de la roche du Sahhara coupés par les chrétiens, et rendus invisibles à leurs yeux. A peu de distance au N. de la cobba de Gabriel est une petite coupole sur six colonnes, appelée *Cobbàt el Arouàah* ou de l'Esprit ; enfin, sur un angle qui domine l'escalier du N. O., on a placé une autre coupole plus petite sur six colonnes, à laquelle on a donné le nom de *Cobbàt el Hhòder* ou d'Élie.

Sur l'angle S. O. de la plate-forme du Sahhara, est un édifice composé de trois ou quatre chambres, qui servent de magasin pour tenir l'huile des lampes du Haram.

Entre ce magasin et l'escalier principal du Sahhara qui vient de l'Aksa, se trouve *el Monbar* ou tribune pour la prédication des jours de pâques. Ce monument est intéressant par le grand nombre de petites colonnes antiques qui le décorent.

Entre le Monbar et l'escalier principal est une niche dans laquelle se place l'iman pour diriger la prière les jours de pâques ; enfin entre le même Monbar et le magasin d'huile on aperçoit un petit toit supporté par deux colonnes, et nommé le *lieu de Marie*.

Au côté occidental de la plate-forme du Sahhara sont deux petites chambres où s'asseyent les deux plus savants docteurs de la loi pour donner des consultations publiques.

Du côté du N. se trouvent cinq maisonnettes, qui ont chacune un portique de trois arcs très petits : elles servent d'habitation à de pauvres étudiants qui mènent là une vie retirée, continuellement occupés à lire et à méditer.

Sur le côté oriental on a établi des lieux d'aisances. On aperçoit sur le reste de la plate-forme les margelles de plusieurs citernes.

J'ai déjà fait remarquer que huit escaliers conduisent à la plate-forme du Sahhara. La partie supérieure de chacun des deux escaliers du côté du S. est couronnée d'un frontispice isolé de quatre arcs, portant sur des colonnes et des piliers ; le frontispice de l'escalier oriental est supporté par cinq arcs; les deux escaliers du côté du N. sont couronnés de trois arcs chacun; deux de ceux du côté de l'O. ont aussi chacun quatre arcs; et l'autre escalier du même côté, qui est près du magasin d'huile, n'a point de couronnement.

On croit que le frontispice composé de quatre arcs au-dessus de l'escalier principal qui vient de l'Aksa est l'endroit où se trouve invisiblement placé *el Mizan* ou la balance éternelle, dans laquelle seront pesées les bonnes et les mauvaises actions des hommes au jour du jugement dernier.

Toute la plate-forme du Sahhara est entourée d'un petit garde-fou.

A la partie extérieure, du côté du N. et de l'O., il y a plusieurs maisonnettes adossées à la plate-forme; elles servent d'habitation aux employés du temple.

Autres bâtiments du temple.

Du côté oriental de la grande cour du temple, et adossé au milieu de la muraille de la ville qui lui sert d'enceinte, est un salon d'environ vingt-un pieds de long et quatorze de large, dont le fond est orné de plusieurs toiles de différentes couleurs : on croit que c'est le lieu où étoit établi *le trône de Salomon*.

Le mur septentrional de ce salon, à la partie extérieure, est orné d'un petit frontispice en marbre qui porte le nom de *Beb Arràhma* ou porte de la Miséricorde.

Suivant le mur de l'E., au S. du trône de Salomon, on trouve un escalier étroit adhérent à la muraille, et par lequel on monte jusqu'à une espèce de croisée pratiquée à une certaine hauteur. Là est un morceau de colonne renversé, dont une partie sort en-dehors de la fenêtre, au-dessus du profond précipice du torrent de Cédron, en face du Djebel Tor ou mont Olivet. On croit que c'est l'endroit où est établi *el Sirat* ou le pont invisible, plus tranchant que la lame d'un sabre, et sur lequel les fidèles croyants passeront avec la rapidité de l'éclair pour entrer dans le Paradis ; tandis que les infidèles qui voudront le passer tomberont dans l'abyme profond de l'Enfer, au-dessous du pont Sirat. Il existe au même lieu un autre petit frontispice ou plutôt une niche pour faire la prière.

L'angle S. E. de la grande cour du temple est occupé par une mosquée composée de quatorze arceaux sur deux rangs, supportés par des piliers carrés : c'étoit jadis le lieu de prière pour les individus du rit Hanbeli.

A peu de distance de la plate-forme du Sahhara, vers le N., est une petite chapelle ronde surmontée d'une coupole, dans laquelle se trouve le second morceau de la roche coupée par les chrétiens.

En-dehors de ce côté septentrional du temple se trouve *el Seràïa* ou palais du gouverneur de Jérusalem, adossé à la muraille du temple, et ayant des fenêtres sur la grande cour.

Au côté occidental de cette cour, près de l'angle N. O., s'élève une mosquée d'une seule nef, qui est le lieu de prière des Mogrebins ou musulmans occidentaux : elle est composée d'une simple voûte pointue qui peut avoir quinze pieds de large et trente de longueur.

Vers le S. on voit une longue ligne d'arceaux sur des piliers carrés, et sur les arceaux, des habitations et des galeries, anciennement occupées par les écoles de Jérusalem, qui à présent sont entièrement abandonnées.

Sous ces galeries il y a une autre mosquée composée de voûtes carrées ou en tortues, autour de deux gros piliers qui sont au milieu. Cette mosquée est actuellement le lieu de prière pour les individus du rit *Hànbeli;* et, comme il n'y en avoit pas alors à Jérusalem, l'iman et le mudden se trouvoient seuls aux prières canoniques de chaque jour.

Dans une chapelle à la partie intérieure de cette mosquée, on révère le tombeau d'un saint nommé *Sidi Mohamed el Hhalili*. En suivant le même côté occidental de la place, on trouve un appartement fermé à clef, dans lequel un escalier conduit à une chambre voûtée souterraine d'environ quinze pieds en carré. Ce fut en cet endroit que le Prophète descendit d'el Borak quand il vint de la Mecque en une seule nuit; on y voit encore un anneau de fer fixé à la muraille, où le Prophète attacha la jument céleste avant d'entrer au temple pour faire la prière avec les Anges et les Prophètes.

Ce lieu, qui est actuellement sous terre, étoit anciennement une des portes du temple; car l'on y aperçoit encore la partie supérieure d'une porte magnifique, dont le jambage supérieur est d'une seule pierre de vingt pieds de long. On croyoit cette voûte d'une seule pièce; mais j'ai parfaitement reconnu les jointures des pierres qui la composent.

En-dehors de ce même côté de la cour du temple, en sortant par une grande porte, on aperçoit *el Mehkemé* ou tribunal de Justice, entre la mosquée du rit Hanbeli et l'appartement d'el Borak.

Vers l'extrémité S. du côté occidental de la cour, est une mosquée parallèle et égale en longueur à l'Aksa ; mais, comme elle est composée d'une seule nef ou voûte très basse, elle ressemble assez bien à un long magasin. Cette mosquée est le lieu de prière pour les individus du rit *Maleki*.

Quoique le rit *Hhaneffi* ait pour lieu de prière el Sahhara, le rit *Schaffi* el Aksa, et les autres deux rits les lieux déjà énoncés, la plupart des individus de tous les rits font la prière à l'Aksa ; et c'est encore dans le même lieu qu'on prêche et qu'on fait la prière générale du vendredi.

Dans l'espace intermédiaire entre le côté occidental de la cour, le Sahhara et l'Aksa, il y a plusieurs plate-formes carrées, de deux ou trois pieds d'élévation au-dessus du plan de la cour, bien pavées en marbre, et servant d'oratoires : chacune a une niche pour l'iman qui dirige la prière.

A côté de l'angle S. O. de la grande plate-forme du Sahhara, est une chapelle carrée, nommée *Cobba Moussa* ou de Moïse.

Entre ces plate-formes et dans plusieurs autres

endroits de la grande cour du temple se trouvent des citernes dont les margelles sont plus ou moins ornées de marbres, de colonnes et de coupoles. On y conserve l'eau des pluies, que les porteurs d'eau de la ville viennent ensuite y puiser pour le service public.

On assure que l'Aksa est entièrement miné ; et, à peu de distance de la porte principale, un escalier assez large aboutit aux souterrains.

Le temple a quatre tours ou minarets : un sur l'angle S. O. de la grande cour, un second au milieu du côté occidental, un autre sur l'angle N. O., et le quatrième sur l'angle N. E. de la même cour.

CHAPITRE VII.

Visite au temple. — Voyage au sépulcre de David et à d'autres tombeaux. — Voyage au mont Olivet. — Au sépulcre d'Abraham à Hébron. — A la crèche du Christ à Bethléem. — Au sépulcre de la Vierge. — Au Calvaire et au tombeau du Christ. — Synagogue des Juifs. — Description de Jérusalem.

Lorsqu'un pélerin musulman arrive à Jérusalem, il commence par visiter *el Haràm* ou temple dont on vient de lire la description; ensuite il continue de voir les autres lieux saints dans l'ordre que nous allons indiquer.

Après que le pélerin est entré dans le temple, on le conduit directement à travers la cour vers l'édifice nommé le *trône de Salomon*; arrivé là, il fait une prière devant le petit frontispice appelé *Beb Arràhma* ou porte de la Miséricorde; il donne ensuite une aumône à une personne qui est là pour la recevoir : cette aumône est destinée au *Schéih el Haràm* ou chef du temple. De là le pélerin se rend au lieu appelé *el Sirat*; il monte l'escalier, fait la prière devant le frontispice ; on lui explique la situation du pont miraculeux ; après quoi il distribue une autre aumône.

Après avoir traversé la cour, il entre dans l'Aksa par la porte latérale, où il récite une prière à côté de la niche principale, une autre dans le bras de l'édifice nommé Sidi Omar, et une troisième en face du frontispice appelé, comme le précédent, Beb Arrahma ou porte de la Miséricorde. De là il se dirige par la chaussée vers le Sahhara, monte l'escalier, et arrive aux arcs du couronnement où est *el Mizan* ou la balance universelle, invisible comme le pont Sirat; il dit une courte prière. Ces premiers devoirs remplis, il entre dans le Sahhara, récite une oraison près de la roche, adresse une invocation au Prophète, et se sanctifie en touchant l'empreinte de son pied sacré ; il descend ensuite dans le caveau de la roche, où il fait une prière à chacun des endroits qui portent les noms de Soliman, de David, d'Abraham, de Gabriel et d'Élie.

Sorti du Sahhara, il va dire une oraison à chacun des oratoires appelés le tribunal de David, les Cobbas du Prophète, de Behhinnbehhinn, de l'Esprit et d'Élie; ce qui termine la visite du temple. A la plupart de ces endroits on est obligé de faire des aumônes particulières.

Rien n'est plus incommode que de traverser la cour en plusieurs sens pour se rendre aux stations du trône de Salomon, du Sirat et de l'Aksa : il n'y a point de chemin tracé, et de ce côté la cour est entièrement couverte de chardons et de plantes épineuses serrées les unes contre les autres : ce qui fait de cet acte de dévotion un véritable supplice, puisqu'on est obligé de marcher nu-pieds.

Après avoir accompli toutes ces cérémonies, et satisfait à toutes les aumônes dues au temple, le jour même de mon arrivée à Jérusalem, je fus conduit le lendemain, vendredi, au sépulcre de David.

En sortant de la ville par la porte *Beb Davoud* ou de David, au S.-E. de la ville, on trouve, à 150 toises de distance, un édifice qui a l'apparence d'une ancienne église grecque. Aussitôt qu'on y est entré, on tourne à gauche, et on arrive au sépulcre par une galerie au rez-de-chaussée, fermée de plusieurs portes et de plusieurs grilles en fer; ce monument est une espèce de catafalque, couvert de belles étoffes en soie de différentes couleurs, richement brodées; il occupe tout le mur du fond de la galerie, qui peut avoir treize pieds de large.

Ayant terminé mes prières au sépulcre de David, je fus conduit vers l'E. le long des murs de la ville en dehors; descendant ensuite par une pente très rapide, j'arrivai près de l'unique source qui se trouve à Jérusalem, et que les chrétiens appellent la *fontaine de Néhémie*. Les musulmans croient que l'eau de cette source, par un miracle de la toute-puissance divine, vient du réceptacle du puits de Zemzem de la Mecque; il est vrai que mon palais grossier trouva une différence notable entre les deux eaux; celle-ci me parut très froide, et j'avois trouvé celle de la Mecque très chaude; la première, douce et bonne; et la seconde, saumâtre; mais les œuvres de Dieu sont incompréhensibles. De là je traversai *el Wad* ou torrent de Cédron, d'où, à travers différentes côtes à l'E., j'allai visiter les chapelles et sépulcres de plusieurs saints et prophètes du premier et du second ordre.

Du haut d'une de ces côtes je découvris, à la distance de trois ou quatre lieues en ligne droite, une partie du *Bàhar Lout*, que les chrétiens appellent *Lac Asphaltites* ou *Mer Morte*. A l'aide de ma lunette j'aperçus deux petits havres, et les montagnes qui cachent le lac au S. E. Je voydis aussi les vagues écumantes se briser contre le rivage, et l'agitation des flots sembloit annoncer que cette mer n'est pas entièrement morte, comme le porte son nom. Tout le pays qui l'entoure est montagneux.

Parvenu ensuite sur le sommet de la montagne *Djebel Tor*, nommée par les chrétiens *Mont Olivet*, et dans laquelle on assure qu'il y a soixante-douze mille prophètes d'ensevelis, j'y trouvai une église chrétienne où l'on révère sur un marbre l'empreinte du pied du Christ, qui resta imprimé sur la pierre lorsqu'il monta au ciel après sa résurrection.

De cette montagne, située au levant de Jérusalem, on découvre la ville presqu'à vue d'oiseau, de manière à pouvoir en compter les maisons.

Je descendis ensuite la montagne, et, arrivé au fond du torrent de Cédron, je passai à côté du tombeau de la mère du Christ; puis, après avoir franchi une colline, je rentrai dans la ville par la porte dite de Marie.

Le lendemain, samedi 25 juillet, au lever du soleil, je sortis de Jérusalem pour aller visiter le sépulcre d'Abraham; je marchai entre des montagnes, dans la direction du S. et du S.-S.-O.

A sept heures un quart du matin, arrivé auprès de *Beit el Hàm* ou Bethléem, je rencontrai une bande de bergers chrétiens qui venoient à Jérusalem pour rendre plainte contre des bergers musulmans du *Hhalil* ou d'Hébron, qui leur avoient enlevé une partie de leur bétail; ils avoient avec eux deux chameaux qu'ils leur avoient pris en représailles. Le principal des bergers raconta l'affaire à un des plus respectables schérifs de Jérusalem, qui m'accompagnoit, et il s'expliqua dans des termes si énergiques, que mon imagination me représenta soudain les querelles des bergers d'Abraham et de Loth, la guerre des cinq rois, etc.; ils en conservent encore le caractère, les habitudes, et le costume, qui consiste en une chemise de laine blanche rougeâtre, attachée par une ceinture ou par une courroie; en un pagne noir jeté sur l'épaule, et un morceau de toile blanche autour de la tête.

Ayant congédié les bergers, et continuant ma route vers le S., peu de moments après, ayant Bethléem sur la gauche et Beit Djéla sur la droite, j'eus le spectacle du météore le plus beau qu'on puisse imaginer. Le soleil, élevé sur ma gauche d'environ trente degrés sur l'horizon, étoit extrêmement brillant, parceque l'atmosphère étoit parfaitement transparente; la lune, voisine de son dernier quartier, étoit sur ma droite presqu'à la même hauteur que le soleil, aussi claire et aussi belle qu'il est possible de la voir en pareille circonstance. Je vis paroître, sous la forme d'une étoile, deux ou trois fois plus grande et beaucoup plus lumineuse que Jupiter ou Vénus dans leur plus grand éclat, un météore qui déroula, du côté de l'E., une queue dont la longueur me parut être de deux degrés. Je ne pus m'empêcher de m'écrier: *Kif hàda! Kif hàda!* Qu'est-ce que cela! Qu'est-ce que cela! Mes gens frappés d'étonnement s'écrièrent de leur côté: *Minn Allàh! Minn Allàh!* Dieu! Dieu! Cependant le météore s'avançoit vers l'occident en faisant ondoyer doucement sa queue, par une route horizontale, à une hauteur d'à-peu-près 30 degrés, comme le soleil et la lune. Sa queue, qui se divisa après en plusieurs rayons, réunissoit l'assemblage de toutes les couleurs de l'arc-en-ciel dans leur plus grande vivacité; une demi-minute après, le météore, ayant parcouru dans sa marche paisible près de six degrés vers l'O., disparut sans explosion, sans tonnerre, ni aucune autre circonstance effrayante. Je me jetai à terre, et me prosternai devant le Créateur; tous mes gens suivirent cet exemple.

Je continuai ma route vers le S., absorbé dans la méditation de ce que je venois de voir. L'étoile des pasteurs, l'étoile des mages, tout revenoit à ma mémoire; mais je présume que les vapeurs bitumineuses salines de la mer Morte doivent rendre ces météores assez fréquents dans ce pays. Je laissai sur la droite un ermitage dédié à Élie; et un peu plus loin j'arrivai dans une belle alcassaba, à demi ruinée, à côté de laquelle est une source d'eau excellente, avec un réservoir d'environ 50 pas de long sur 30 de large, accompagné de deux autres réservoirs presque égaux, situés un peu plus bas.

Je continuai de monter et de descendre des montagnes, dans lesquelles je trouvai plusieurs puits d'une eau très belle, mais remplie d'insectes; enfin, après midi, j'arrivai à *el Hhalil*, que les chrétiens appellent Hébron : j'y fus logé dans une hôtellerie.

El Hhalil est une ville qui peut contenir 400 familles arabes. Elle est située sur le penchant d'une montagne avec un château fort; les vivres y sont abondants, et l'on y trouve un assez bon nombre de magasins. Le gouverneur, qui est un Arabe du pays, porte le titre de *Hakim* et de *Scheih el Belèd*.

Les sépulcres d'Abraham et de sa famille sont dans un temple qui étoit jadis une église grecque. Pour y arriver on monte un large et bel escalier, qui conduit à une longue galerie, d'où l'on entre dans une petite cour. (*Voy. pl. LXXIII et pl. LXXIV.*) Vers la gauche est un portique appuyé sur des piliers carrés. Le vestibule du temple a deux chambres, l'une à droite qui contient le sépulcre d'Abraham, et l'autre à gauche qui renferme celui de Sara. Dans le corps de l'église, qui est gothique, entre deux gros piliers à droite, on aperçoit une maisonnette isolée, dans laquelle est le sépulcre d'Isaac, et, dans une autre maisonnette pareille sur la gauche, celui de sa femme. Cette église, convertie en mosquée, a son mehereb, la tribune pour la prédication des vendredis, et une autre tribune pour les muddens ou chanteurs.

De l'autre côté de la cour est un autre vestibule, qui a également une chambre de chaque côté. Dans celle de gauche est le sépulcre de Jacob, et dans celle de droite celui de sa femme.

A l'extrémité du portique du temple, sur la droite, une porte conduit à une espèce de longue galerie qui sert encore de mosquée; de là on passe dans une autre chambre où se trouve le sépulcre de Joseph, mort en Égypte, et dont la cendre fut apportée par le peuple d'Israël. Tous les sépulcres des patriarches sont couverts de riches tapis de soie verte, magnifiquement brodés en or; ceux de leurs femmes sont rouges, également brodés. Les sultans de Constantinople fournissent ces tapis, qu'on renouvelle de temps en temps. J'en comptai neuf, l'un sur l'autre, au sépulcre d'Abraham. Les chambres où sont les tombeaux sont aussi couvertes de riches tapis; l'entrée en est défendue par des grilles en fer et des portes en bois, plaquées en argent, avec des serrures et des cadenas du même métal. Pour le service du temple, on compte plus de cent employés et domestiques; par conséquent il est facile de se figurer combien il y a d'aumônes à faire.

Les *planches déjà citées* donnent une idée de cet édifice : elles sont sans échelle, parcequ'il me fut impossible de mesurer aucune partie. Cependant la grandeur des sépulcres peut servir d'échelle approximative, et je regarde les proportions du plan et des profils comme assez exactes.

Ayant terminé ma visite aux sépulcres, le lendemain, dimanche 26 juillet, après la pointe du jour, je repris le chemin de Jérusalem. A peu de distance d'Hébron, je laissai sur la droite un ermitage consacré au prophète *Younes* ou Jonas. Je m'arrêtai pour déjeûner auprès de la belle source d'eau qui est à l'alcassaba dont il a été fait mention; puis je me dirigeai sur Bethléem, où j'arrivai à dix heures et demie du matin. Après un instant de repos, je me rendis en droiture au couvent des chrétiens, où l'on révère le lieu de la naissance du Christ.

Ce couvent, par sa construction et ses fortes murailles, ressemble assez bien à une forteresse; la seule porte qui lui sert d'entrée est si basse, qu'il faut plier la moitié du corps pour pouvoir y passer. Le monastère renferme une vingtaine de moines. Les Européens sont catholiques romains; les autres sont grecs et arméniens. Presque tous les habitants de Bethléem professent la religion chrétienne. J'oubliois de dire que cette ville, située sur une montagne entièrement couverte d'oliviers, contient environ cinq cents familles.

Les habitants, qui se méfient continuellement des musulmans, nous voyant arriver avec des armes et des chevaux, conçurent des soupçons, et plusieurs d'entre eux s'empressèrent d'accourir à la porte du couvent, qui étoit fermée; mais, rassurés par nos bonnes manières, ils frappèrent eux-mêmes à la porte; et, après plusieurs pourparlers à haute voix et tout bas avec ceux qui étoient en-dedans, on finit par ouvrir.

Introduit dans un petit vestibule obscur, j'y trouvai réunis plusieurs hommes fortement constitués et armés, qui avoient l'apparence d'une garde.

Tous les lieux saints des chrétiens ont été décrits si souvent que j'avois envie de les passer sous silence; néanmoins j'en donnerai une idée suffisante pour ceux qui n'auront pas d'autres descriptions à leur portée.

De ce vestibule j'entrai dans un superbe salon, dont le toit est supporté par quarante colonnes de marbre d'environ quinze pieds de fût, avec des bases et des chapiteaux d'ordre corinthien; la proportion du fût me parut appartenir à l'ordre dorique.

Dans ce salon, une porte à gauche communique au département des moines romains; une porte à droite conduit à celui des Arméniens, et une troisième porte, en face, mène à celui des Grecs.

Après avoir attendu quelque temps dans ce lieu, un moine grec ouvrit la porte de son département. Je passai dans une autre salle, à l'extrémité de laquelle, sur la gauche, un escalier descend dans une espèce de grotte, qui est le lieu sacré de la naissance du Christ.

Parvenu dans la grotte, je vis, sur la droite,

une niche presque semi-sphérique pratiquée dans le mur. Le moine conducteur m'assura que c'étoit là que le Christ avoit reçu le jour. J'aperçus sur la gauche une espèce de petit bassin en marbre, qu'on dit avoir été la crèche où la vierge Marie déposa son fils. En face de la crèche est un autel, avec un beau tableau représentant l'adoration des rois mages, qui vinrent, dit-on, dans ce lieu même rendre leurs hommages au nouveau-né. La crèche et le lieu de la naissance sont enrichis de superbes ornemens, et d'un grand nombre de lampes en cristal et en argent. Je vis devant la crèche une lampe d'argent en forme de cœur, renfermant le cœur d'un dévot, dont le nom (Antonio Camilo de Celis, je pense) y est gravé, avec une belle inscription latine, et le millésime de 1700. Cette lampe est dotée pour brûler perpétuellement. La grotte a la forme d'un parallélogramme.

Au sortir de la grotte, le Grec me conduisit à son église, qui est au-dessus de la grotte même, et qui n'a rien de remarquable, excepté un superbe lustre de cristal à quatre corps.

Je fis mon compliment au Grec de ce que les religieux de son culte étoient les dépositaires d'un trésor aussi précieux que le lieu sacré de la naissance de Jésus-Christ, à l'exclusion des Romains et des Arméniens. Il me répondit : *Vous voyez que nous sommes les plus anciens, et que les autres.....* Il acheva sa pensée par un geste de mépris. C'est ainsi que la discorde règne même au milieu des sociétés que toutes les considérations physiques et morales devroient le plus intimement unir.

Après avoir remercié le saint personnage grec de sa complaisance, et lui avoir laissé des preuves de ma gratitude, je sortis du couvent, et je repris le chemin de Jérusalem, où j'arrivai à midi et demi.

Le lendemain, lundi 27, j'allai visiter le sépulcre de la vierge Marie, mère du Christ.

Presque au fond du torrent de Cédron, il faut descendre dans une grotte par un bel escalier, à la moitié duquel on trouve, sur la droite, les sépulcres de Joachim et d'Anne, et dans une autre cavité, sur la gauche, celui de Joseph, époux de Marie.

Au fond de l'escalier, à droite, on entre dans une église grecque, dont le *sancta sanctorum* contient le sépulcre de la Vierge. Il y a sur chaque sépulcre un autel, mais sans le moindre ornement. J'entendis dans l'église un chœur harmonieux de moines, pendant que le célébrant, revêtu du costume sacré, se tenoit dans le sanctuaire.

Lorsque je fus sorti de ce temple, je demandai au moine grec qui m'accompagnoit *s'il y avoit parmi ces religieux des moines latins ou européens.* Le Grec, rempli d'une sainte fureur, me répondit : *Il y en avoit anciennement, mais on les a chassés : les Européens ne sont pas bons.* Édifié de la réponse charitable du saint personnage, je me retirai pour aller visiter les tombeaux d'un nombre considérable de saints qui sont en plus ou moins grande vénération.

Je me rendis dans l'après-midi au tombeau du Christ; mais la porte du couvent, qui ne s'ouvre qu'à des jours marqués, étoit alors fermée, selon l'usage, en dehors par les Turcs, et en dedans par les moines.

A travers la grille de la porte, je m'entretins avec un moine espagnol, natif d'Ocaña, nommé *Ramirez d'Arellano,* homme d'une humeur enjouée; après quelques plaisanteries, il m'adressa au procureur général, qui étoit aussi Espagnol, afin d'obtenir la permission d'ouvrir la porte.

Nous allâmes ensemble voir le procureur général, logé dans un autre couvent. Il étoit malade, et ce fut son lieutenant qui nous reçut de la manière la plus obligeante. Mais notre entretien ayant été interrompu par l'arrivée du gouverneur et du cadi de la ville, je me retirai, après avoir reçu la permission d'être introduit le lendemain dans le sépulcre du Christ.

En effet, je m'y rendis le mardi, 28 juillet 1807, au lever du soleil. La *planche LXXV* est la copie d'un plan de ce temple, qui me fut donné par les moines.

Au fond d'une grande église gothique est une superbe coupole ou rotonde (1), dont le centre est occupé par une maisonnette isolée, où les chrétiens révèrent le tombeau de Jésus-Christ.

Pour entrer dans cette maisonnette il faut descendre quelques marches : le tombeau est placé sur la droite dans une petite chambre qui peut avoir six pieds et demi de long et quatre de large. Ce monument est une espèce de bassin d'environ six pieds de long et vingt-sept pouces de large; il me parut être en marbre blanc rougeâtre; et le couvercle, formé de deux pierres; le sarcophage est élevé de manière qu'il forme une espèce d'autel sur lequel les moines célè-

---

(1) Cette coupole a été brûlée depuis par une intrigue des Arméniens, qui, par ce moyen, cherchoient à s'emparer du temple. (*Note de l'Éditeur.*)

brent la messe. La chambre qui renferme le tombeau est petite, inférieure au plan de l'église, et sans aucune fenêtre pour la circulation de l'air; ce qui, joint au grand nombre de lampes qu'on y allume toutes les fois qu'on ouvre la maisonnette, produit une chaleur horrible. Le sarcophage est simple et sans aucun ornement, mais la chambre est bien décorée.

Les musulmans font des prières dans tous les lieux saints consacrés à la mémoire de Jésus-Christ et de la Vierge, excepté à ce tombeau, qu'ils ne reconnoissent point; ils croient que le Christ ne mourut pas, qu'il monta vivant au ciel, laissant l'empreinte de sa figure à Judas, condamné à mourir pour lui; qu'en conséquence, Judas ayant été crucifié, ce sépulcre peut bien avoir contenu son corps, mais non celui de Jésus-Christ. C'est pour cela qu'ils ne font aucun acte de dévotion à ce monument, et qu'ils se moquent des chrétiens qui viennent le révérer.

La clef de la maisonnette où l'on voit le tombeau du Christ est conservée par les moines latins, mais il leur est défendu de l'ouvrir, sans être assistés d'un moine grec, qui reste à côté du sépulcre tant que la maisonnette est ouverte.

La rotonde où se trouve la chapelle du tombeau est soutenue par des colonnes informes et sans proportions d'architecture; au premier plan est une galerie avec des colonnes accouplées. Tous les chapiteaux sont d'ordre corinthien ou composite. Le sommet de la coupole est vide, et forme une ouverture de treize pieds de diamètre; c'est l'unique endroit par lequel la lumière pénètre dans l'édifice.

En entrant on a l'église des catholiques romains sur la droite de la rotonde, celle des Arméniens sur la gauche, et celle des Syriens derrière. Les Cophtes ont également leur petite église adossée à la maisonnette du sépulcre; enfin le corps central ou principal du temple forme l'église des Grecs. Les Abyssins ont encore leur église; mais le bruit couroit qu'elle devoit être supprimée, parcequ'il n'y restoit plus que deux moines.

Les Arméniens, à une certaine époque, s'étoient réunis aux catholiques; mais les discussions qui se sont élevées depuis entre eux les ont fait séparer. Il paroît que les Grecs tirent vanité d'une espèce de supériorité qu'ils ont sur les autres rits, soit par la place qu'ils occupent dans l'édifice, qui, à la vérité, est la place d'honneur, soit par la magnificence qui décore leur chœur et leur *sancta sanctorum*, soit par leur respectable chapitre, dans lequel on compte trois ou quatre évêques, soit enfin par la nombreuse population grecque qui habite le pays. En général, les moines des différents rits sont désunis, parceque chaque rit se regarde comme le seul orthodoxe, et croit les autres schismatiques. On prétendoit que le nombre de moines des différents rits ne s'élevoit guère alors au-dessus de quarante.

Les religieux catholiques se trouvoient, à cette époque, dans la misère, parceque depuis trois ans ils ne recevoient aucun secours d'Europe, à cause de la guerre. Ils avoient souffert de fortes avanies de la part de l'ancien cadi de Jérusalem, qui, ayant été déposé par le gouvernement, s'étoit mis en insurrection dans la maison du sépulcre de David, où il rassembloit des Bédouins, et d'où il menaçoit la ville.

Devant la seule porte par laquelle on entre dans le temple est un espace quadrilatère entouré d'une petite balustrade, où les chrétiens prétendent que le corps du Christ fut embaumé avant d'être placé dans le sépulcre.

Près du *sancta sanctorum* de l'église grecque un escalier conduit à une chapelle. On voit à gauche, en montant, un autel formé de la roche native, au milieu duquel est un trou de trois à quatre pouces de diamètre; c'est, dit-on, l'endroit où la croix fut fixée; environ trois pieds plus loin, sur la droite, il y a dans la roche une fente naturelle perpendiculaire; le moine qui me conduisoit m'assura qu'elle s'étoit ouverte à la mort de Jésus-Christ, et que cette ouverture aboutit à l'enfer.

A trois ou quatre pas de distance, vers la droite, on voit un autel, et devant cet autel un espace carré qu'on révère comme le lieu où le Christ fut crucifié. Le mont du Calvaire, jadis hors des murs de la ville, se trouve donc presque au centre de la Jérusalem moderne.

A côté du temple qui renferme le tombeau de Jésus-Christ est une maison habitée par une espèce de communauté de moines musulmans: ce bâtiment a des fenêtres qui donnent dans l'intérieur du temple; ce qui a quelquefois attiré des désagrémens aux moines chrétiens.

Après une visite de quelques minutes dans ce temple, je passai à la synagogue des juifs : les pauvres gens! Une misérable masure, ou plutôt une baraque composée de trois ou quatre petites chambres dont on peut toucher le toit avec la main, et une basse-cour plus petite encore, le tout rempli de toiles d'araignées et de saletés : tel est aujourd'hui le temple des enfans de

Jacob, héritiers et descendants de Salomon. Je trouvai quelques Juifs qui récitoient des prières dans les coins de ce galetas; mais c'étoit si misérable, si triste, si sale, si repoussant, que je me retirai à la hâte.

Je ne me suis jamais vu aussi importuné et obsédé que pendant mon séjour à Jérusalem. Comme il n'y avoit alors que moi de pélerin, j'étois toujours entouré des employés du temple, qui n'avoient rien à faire. Les administrateurs de la chapelle et de la maison de *Sidi Abdelkader*, où j'étois logé, qui sont des schérifs fort respectés à Jérusalem, se faisoient un devoir de m'accompagner par-tout; le beau jardin attenant à mon domicile étoit presque toujours rempli de ces personnes, et de leurs amis, qui, me faisant une cour assidue, ne me laissoient que peu de moments libres. Ces circonstances m'ont empêché de donner à mes remarques sur Jérusalem l'étendue que j'aurois voulu leur consacrer; mais, comme cette ville a été si souvent décrite, je me bornerai à présenter ici quelques renseignements.

Jérusalem, connue par les musulmans sous le nom d'*el Kods* ou la sainte, et par celui d'*el Kods e Schérif*, est située, selon les tables françoises, par le 31° 46′ 34″ de latitude N., et le

33° de longitude E. de l'Observatoire de Paris. Je n'ai pu y faire aucune observation astronomique, parceque j'avois laissé mes instruments en Egypte.

La forme de Jérusalem, quoique irrégulière, ne l'est pas autant que celle de la Mecque; et si l'on fait abstraction d'*el Kalàa* ou citadelle, adossée à la partie occidentale de la ville, la ligne magistrale des murailles approche assez de la forme d'un carré.

Bâtie à la partie méridionale du plan supérieur d'une montagne, avec quelque inclinaison vers le S. E., la ville est entourée de précipices bordés par les murailles du côté du S. E., de l'E. et de l'O., n'ayant qu'un petit plan vers le S., par où l'on va au sépulcre de David, et un autre plus grand au N., qui est la partie supérieure de la montagne, par où passe le chemin de Jaffa.

Les rues de Jérusalem sont assez régulières, droites, bien pavées, plusieurs avec des trottoirs, mais tristes, étroites, et presque toutes offrent des plans plus ou moins inclinés. Les maisons ont ordinairement deux ou trois étages, et peu de fenêtres, avec des portes extrêmement basses, des façades tout unies, simplement construites en pierre sans le moindre ornement, en sorte que, lorsqu'on parcourt les rues, on croit marcher dans les corridors ou les galeries d'une vaste prison. On y reconnoît, en un mot, la vérité des tableaux de Jérém'e. Quel contraste avec les rues de la Mecque qui sont si bien ornées et si gaies! Je ne me serois pas attendu à trouver ce désavantage dans une ville peuplée de chrétiens depuis tant de siècles; mais *facta est quasi vidua domina gentium.*

En général, les édifices sont bien construits, presque tous en belle pierre de taille; mais, par une singularité bizarre, les portes ont si peu d'élévation, qu'il faut ordinairement plier la moitié du corps pour entrer. Quelques maisons possèdent des petits jardins; et une chose assez digne de remarque, c'est que l'on ne trouve aucun vide considérable dans la ville, de sorte que Jérusalem, dont le terrain est bien moins étendu que celui de la Mecque, contient, selon ce qui m'a été rapporté, près de trente mille ames, non compris la population de quelques petits faubourgs hors la ville.

Je n'ai vu à Jérusalem aucune place proprement dite : les marchés publics et les boutiques sont dans les rues, comme à la Mecque. Les vivres y sont abondants et à bon marché: une demi-douzaine de poules, par exemple, coûte une piastre espagnole. Le pain ordinaire est une espèce de mauvais gâteau; cependant on y trouve aussi du bon pain, de bons légumes, des herbages, des fruits en abondance; mais toutes les productions y sont tardives. La viande est d'une qualité excellente. Quant à l'eau, les habitants sont réduits à boire celle des pluies, que l'on conserve dans les citernes du Haram et des maisons particulières. La source qui est presque au fond du torrent de Cédron sert pour abreuver les animaux et pour arroser les terres; mais on y recourt aussi pour l'usage de la ville, quand la rareté des pluies ne permet pas de remplir les citernes.

Cette capitale, formant une espèce de centre entre l'Arabie, l'Égypte et la Syrie, est un point de réunion pour les Arabes de ces trois pays, qui viennent y faire leur commerce d'échange. La branche principale du commerce dans la Palestine consiste dans l'exportation de l'huile; mais, d'un autre côté, comme le riz est la principale nourriture des habitants, et qu'il ne peut être cultivé dans le pays, à cause du manque d'eau, ils sont forcés de le faire venir de l'Égypte; et cette importation balance les avantages de l'exportation de leurs huiles.

Les poids, mesures et monnoies sont les mêmes que dans la Turquie; la piastre espagnole vaut quatre piastres turques et demie ou cent quatre-vingts paras.

Les chevaux sont rares et d'une race inférieure; mais il y a quantité de mules, petites de taille, à la vérité, mais d'un bon service. Les ânes m'ont paru moins bons que ceux de l'Arabie et de l'Égypte, et ils sont également petits. On y voit peu de chameaux.

La diversité des costumes est extrême, parceque chacun adopte celui qui lui plaît : arabe, syriaque ou turc; mais en général le bas peuple porte la capote à larges bandes blanches, noires ou brunes, comme en Arabie; et les personnes aisées, les employés du Haram, etc. font usage du costume turc, avec le *kàouk* ou le haut casque du turban. Les femmes sont couvertes d'un grand voile ou manteau blanc.

Quoique peu avancés, les arts s'y trouvent en meilleur état qu'à la Mecque. J'ai vu quelques ouvrages bien finis; on y fait parfaitement les belles pantoufles jaunes; il y a plusieurs métiers de tisserands en activité; mais il est remarquable que je n'ai pas aperçu une seule clef ou serrure en fer.

Comme à la Mecque, les sciences ont entièrement disparu à Jérusalem. Il existoit anciennement de grandes écoles au Haram, mais il n'en reste presque plus de traces; on ne trouve plus maintenant que des petites écoles, où les enfants de chaque culte apprennent à écrire et à lire le code de leur religion respective. Il règne une ignorance grossière parmi les personnes même d'un haut rang, qui, au premier abord, paroissent avoir reçu une éducation distinguée.

La langue arabe est généralement parlée à Jérusalem; on y fait aussi usage de la langue turque; mais l'arabe qu'on y parle diffère un peu de celui de l'Arabie, à cause de la prononciation, qui imite trop l'accent turc.

On compte à Jérusalem plus de sept mille musulmans, dont deux mille en état de porter les armes, et plus de vingt mille chrétiens de différents rits : maronites, grecs réunis, grecs schismatiques, catholiques romains ou latins, arméniens, etc. Les juifs sont en petit nombre.

Toute cette foule d'individus de différents cultes se traitent de schismatiques et d'infidèles; chaque rit, croyant fermement posséder seul la véritable lumière du ciel, et avoir un droit exclusif au paradis, envoie charitablement aux enfers le reste des hommes qui ne partagent pas son opinion.

Les chrétiens et les juifs ont pour signe distinctif le turban bleu; quelques uns cependant en portent d'une autre couleur; les villageois et les bergers en ont aussi de blancs ou rayés, comme les musulmans, sans aucune marque distinctive. De même qu'en Europe, les femmes des non musulmans vont le visage découvert.

On rencontre peu de belles figures parmi les femmes; on remarque au contraire en elles cet air chlorotique si commun dans le Levant, une couleur pâle ou citrine, quelquefois un blanc mat comme le plâtre ou le papier, et rarement de belles couleurs. La circonférence de leur visage est ordinairement ceinte d'une bandelette blanche, à la manière des religieuses; ce qui leur donne un air de *cadavres ambulants;* elles ont les joues bouffies, le nez effilé, et communément la lèvre inférieure plus grosse et plus saillante que la lèvre supérieure; les yeux réguliers, mais éteints : bien différents en cela de ceux des femmes arabes, qui petillent de feu; elles sont d'ailleurs sans grace, et généralement mélancoliques. Tel est le portrait malheureusement trop ressemblant des femmes de Jérusalem.

Quant à leur costume, je n'ai aperçu que le grand voile blanc qui les couvre de haut en bas; et j'ignore de quoi se compose le reste de leur habillement. Les enfants y sont néanmoins beaucoup mieux portants et bien plus polis que ceux d'Arabie et d'Égypte.

Je ne sais si les juifs ont plus d'une synagogue; mais je suis certain que les chrétiens ont plusieurs églises, avec des communautés de moines. Les catholiques romains, outre les couvents du mont Calvaire et du Tombeau, ont un monastère nommé de *Saint-Sauveur,* et un autre nommé de *Saint-Jean.*

Les musulmans révèrent à Jérusalem les restes ou les tombeaux de plusieurs saints; ce qui forme une branche de spéculation pour un grand nombre d'individus, tant par l'administration des fonds ou des fondations pieuses annexées à chaque tombeau, que par la collecte des aumônes qui doivent indispensablement accompagner chaque visite.

Quoique les habitants de Jérusalem soient un composé d'hommes de nations différentes et de cultes divers, qui se méprisent intérieurement les uns les autres par rapport aux opinions religieuses, cependant, comme les chrétiens y sont les plus nombreux, il y règne assez d'égalité dans les relations sociales, dans les affaires et dans les amusements. Les sectateurs de Jésus-Christ y sont indistinctement mêlés avec les disciples de Mahomet; et cet amalgame produit une liberté beaucoup plus étendue à Jérusalem que dans aucun autre pays soumis à l'islamisme. J'ai vu fréquemment des respectables musulmans qui ne se faisoient aucun scrupule de regarder une femme en face, de s'arrêter même pour parler publiquement avec elle; ce qui seroit un sujet de scandale dans toute autre ville mahométane.

Le gouvernement de Jérusalem est entre les mains d'une personne du pays, qui porte le nom de *Scheih el Belèd* ou de *Hhàkim*. Le gouverneur actuel est nommé depuis peu en remplacement de son cousin, qu'il est venu à bout de culbuter, et qui étoit alors aux arrêts.

Le *kadi* ou juge civil est un Turc envoyé de Constantinople, et renouvelé tous les ans, comme tous les kadis de l'empire ottoman.

Il y a, en outre, le gouverneur de la citadelle ou château, le Scheih el Haram ou chef du temple, le moufti ou chef de la loi, qui ont chacun leurs attributions particulières.

A l'exception d'un petit nombre de soldats turcs, Jérusalem n'a d'autres défenseurs que les habitants musulmans, dont le nombre peut s'élever à près de deux mille hommes en état de porter les armes, comme il a été dit précédemment.

La ville est entourée d'une enceinte de murailles d'une hauteur considérable, couronnées de créneaux avec des tours carrées : le tout entièrement et bien construit en pierres de taille, mais incapable de résister au canon, à cause du peu d'épaisseur.

Ces murailles ont six portes, dont voici les noms, à partir du côté du S. (1).

Beb en Nebi Davoùd,
— *el Mogàrba,* } au sud.
— *Sètta Merìa,*
— *ez Zahri,* } à l'est.
— *el Aamoutz,*
— *el Hhalìl,* } au nord.

Du côté de l'O., comme la citadelle est adossée à la muraille, il n'existe aucune porte à l'extérieur.

J'ai déjà fait remarquer que la plus grande

---

(1) Il faut remarquer que les noms de ces portes sont ceux qui leur ont été donnés par les Arabes. Les chrétiens les appellent autrement. (*Note de l'Éditeur.*)

partie de l'enceinte de Jérusalem est entourée de précipices ; sur les autres points, on a suppléé à cette espèce de retranchement naturel par un fossé creusé au pied des murs.

Lorsqu'au premier abord on voit cette place entourée de précipices et de hautes murailles en pierres de taille et en bon état, couronnées d'un grand nombre de pièces d'artillerie, avec une citadelle d'une belle et solide construction, entourée de fossés, bien pourvue de moyens de défense ; et dans l'intérieur de la ville, une population qui semble présenter un grand nombre de défenseurs, on est tenté de regarder cette ville comme une place presque inexpugnable ; mais lorsqu'on examine sérieusement sa position, l'illusion première se dissipe, et l'on demeure convaincu que c'est un poste incapable d'une résistance soutenue, puisque, d'après la topographie du terrain, il n'a aucun moyen d'arrêter les approches de l'ennemi ; et que d'ailleurs il est dominé presqu'à vol d'oiseau et à la portée du fusil par le Djebel Tor ou Mont des Olives.

La montagne sur laquelle se trouve située la ville de Jérusalem est entièrement privée de végétation, et composée d'une roche cornée ou basaltique, faisant transition au trapp, comme presque toutes les montagnes d'alentour.

La situation de Jérusalem, à une hauteur considérable au-dessus de la mer, quoique très proche du tropique, y rend le climat froid. Pendant mon séjour, dans le mois de juillet, le thermomètre, exposé au midi, n'a jamais passé 23° 5′ de Réaumur, et il est descendu jusqu'à 17° 3′ dans la matinée. Le vent a toujours été de l'O., et l'atmosphère variable. On m'a assuré qu'en hiver il tomboit beaucoup de neige, et que les pluies étoient ordinairement abondantes.

Je n'ai pas vu beaucoup de vieillards à Jérusalem ; il y en a cependant plus qu'à la Mecque.

Les gens du pays ont observé que les années les plus abondantes en neiges sont aussi les plus abondantes en olives.

J'ai remarqué moi-même que le vent y devient d'une rapidité extraordinaire.

CHAPITRE VIII.

Retour à Jaffa. — Traversée à Acre, et description de cette ville. — Le mont Carmel. — Voyage à Nazareth. — Renseignements sur les moines de la Terre Sainte.

Le mercredi 29 juillet 1807, je sortis de Jérusalem à huit heures trois quarts du matin par la porte *Beb el Aamoutz* pour retourner à Jaffa ; j'avois déjà fait cette route en venant à Jérusalem, mais c'étoit pendant la nuit, et je n'avois pu en donner une description complète.

Après avoir descendu des côtes très prolongées, j'arrivai vers dix heures au fond du vallon, où je trouvai une petite source, et un pont de deux arches; je laissai à peu de distance sur la droite le village Halioune, situé sur une hauteur, et les ruines d'un temple antique bâti sur le bord du chemin.

Arrivé de là sur le sommet d'autres montagnes, je passai, un peu avant onze heures, près des maisons de Kaskali; d'où, après avoir descendu une côte, j'en gravis une autre, et je me trouvai vers midi au village de Kariet el Aaneb, qui renferme une belle église ancienne à trois nefs, bien construite, mais actuellement abandonnée et convertie en écurie.

Continuant de monter, j'arrivai à une heure moins un quart sur le sommet des montagnes, à l'endroit nommé Saariz, où j'avois rencontré les deux vieillards qui sont sans cesse aux aguets pour exiger la contribution imposée sur les chrétiens et les juifs.

On avoit dit à ces vieillards que j'étois fils de l'empereur de Maroc; je laisse à penser quelle étoit leur confusion de m'avoir traité de chrétien! Aussi m'attendoient-ils pour me faire leurs très humbles excuses. Instruits de mon retour, ils s'empressèrent de venir au-devant de moi, me baisèrent les mains, les pieds et la tête, en pleurant; et, après avoir demandé mille fois pardon à moi et à mes domestiques même, ils me prièrent avec instance de descendre de cheval, et d'accepter un magnifique repas qu'ils avoient fait préparer à côté d'une belle source d'eau, où je dînai avec eux.

J'appris de ces bonnes gens qu'il y avoit trois postes placés aux avenues de Jérusalem pour la perception du tribut, qui est, si je ne me trompe, de trente paras pour le juif du pays, de six piastres pour le juif étranger, de cinquante paras pour le chrétien du pays, et de deux piastres pour celui qui n'en est pas.

Du haut de ces montagnes on découvre la mer.

Après avoir pris amicalement congé de ces deux vieillards, je me remis en marche, à une heure trois quarts, à travers les montagnes. Cette route pénible dura jusqu'à trois heures, que je me trouvai dans un pays plus ouvert, nommé Abougos, où est un douar de baraques : on y battoit alors les grains. En cet endroit le chemin commence à devenir plus large et la pente beaucoup plus douce. A trois heures un quart je m'arrêtai pendant quelques minutes auprès d'un des quatre puits qui portent le nom de *Biar Aayoub*, et qui renferment une eau verdâtre et fétide.

Je traversai, vers les quatre heures, le village de Latroun, situé sur une hauteur, d'où je débouchai dans la plaine ; et, après avoir passé près du village de Kobab, bâti sur une petite colline, j'arrivai à Ramlé à six heures un quart.

Les montagnes que je venois de parcourir sont de roche presque sans végétation, depuis Jérusalem jusqu'à la montagne de Kariet el Aaneb, qui est couverte de vignes. Depuis cet endroit elles offrent des plantations d'oliviers et de superbes bois de haute-futaie, jusqu'à Abougos. La plaine étoit alors couverte de champs de blé déjà desséché, et de plantations de tabac et de *dourra* ou blé de Guinée.

Je fus logé à Ramlé dans la même mosquée où j'avois demeuré la première fois. L'aga turc, gouverneur de la ville, me fit sa visite. Je reçus aussi celle d'un schérif de Tafilet, nommé Muley Mohamed, parent de Muley Soliman. Il m'apprit que le schérif *Muley Hazèn*, parent de Soliman comme lui, avec lequel j'avois fait, l'année dernière, la traversée de Tripoly en Chypre, étoit venu à Jérusalem, où il avoit terminé sa vie; et que lui, Muley Mohamed, établi alors à Ramlé, avoit hérité des femmes et des biens du défunt.

Le lendemain, jeudi 30, je partis à cinq heures trois quarts du matin. Environ une heure après, je laissai sur la gauche le village de Far. A sept heures trois quarts je traversai Nazour, et un peu avant neuf heures j'arrivai à Jaffa.

Jaffa est une petite ville entourée de fortifications assez régulières, située sur une hauteur, et susceptible d'une défense en règle : elle a un grand bastion sur le côté du S., avec plusieurs tours; le tout couronné de pièces d'artillerie qui flanquent la ligne des murailles; mais les murs n'ont pas assez d'épaisseur.

Il y a beaucoup de troupes turques et de Mogrebins en garnison. Le service militaire s'y fait maintenant assez bien, parceque le gouverneur est un bon soldat.

Le port ne peut recevoir que les petits bateaux qui font le cabotage de la Syrie. Les grands bâtiments mouillent en dehors sur une seule ancre, et toujours prêts à filer le câble au premier vent, parceque la côte est très ouverte et fort dangereuse.

Le jour de mon arrivée je m'embarquai, après le soleil couché, dans un bateau qui mit à la voile à neuf heures du soir par des vents et sur une mer variables. Le lendemain, vendredi 31 juillet, après trois heures du soir, arrivé dans le port de Saint-Jean d'Acre, je descendis de suite à terre.

Saint-Jean d'Acre, que les musulmans appellent *Akka*, est une petite ville qui, par son port et sa situation géographique, avoit acquis une certaine renommée à l'époque des croisades : elle s'est distinguée dernièrement, sous le commandement de Djezzar Pacha, par sa vigoureuse résistance contre les François, et a justifié la haute opinion qu'on avoit de ce point militaire.

Depuis ce dernier siége, les fortifications ont été considérablement augmentées; il n'y avoit auparavant que le château ou palais de Djezzar dans la ville, à peu de distance du mur, du côté de terre, et les remparts extérieurs; on y a ajouté une nouvelle enceinte de murs d'une épaisseur considérable, dans la forme des constructions européennes, et qui embrassent les lignes antérieurement tracées. Les bastions nouvellement construits ont les flancs très courts; leur projection est entièrement découverte au feu de l'ennemi, parceque les angles du dos ou du flanc avec la courtine sont trop obtus. Les murs sont défendus par une escarpe, un fossé, une contrescarpe revêtue, et un petit glacis ou esplanade dont l'élévation n'est pas proportionnée à la hauteur de la muraille; d'où il résulte que les feux des remparts battront de champ ou raseront peu le glacis. Outre ce vice dans les dispositions défensives de la ville, le système des nouvelles fortifications est encore incomplet : il n'y a point de chemin couvert, ni de palissade, et aucun ouvrage extérieur; la moitié seulement de la nouvelle enceinte, du côté de l'E., étoit terminée; l'autre partie, du côté du N., étoit encore réduite aux anciennes fortifications. L'O. et le S. de la place sont protégés par la mer.

Le port est extrêmement étroit, avec peu de fond; mais la rade, au voisinage de Caïffa, offre un vaste mouillage qui peut contenir des flottes considérables; il est malheureusement exposé à tous les vents.

Acre renferme une mosquée construite par Djezzar, et si jolie, qu'elle ressemble plus à un *casino* ou à une maison de plaisance, qu'à un temple.

La cour, entourée de portiques ou galeries, avec des petites coupoles supportées par des colonnes, forme un jardin agréable, avec une belle fontaine au milieu, alimentée par les eaux d'une citerne.

Vis-à-vis est le corps de la mosquée, en forme carrée, dont la façade principale présente un beau portique soutenu par des colonnes. L'intérieur est aussi entouré de colonnes supportant une galerie élevée qui règne tout le long du pourtour, excepté à la façade intérieure du fond, où se trouve le mehreb avec la tribune du prédicateur. Du centre s'élève une superbe coupole.

L'édifice est revêtu de marbres et d'arabesques ; les colonnes sont en marbres les plus rares et les plus précieux ; mais il n'y a point de *grandiose*, rien qui réponde à la majesté d'un temple qui n'est consacré ni à Vénus, ni à Pomone, ni à Flore. Dans le jardin de la cour, de jeunes gazelles folâtrent et sautent çà et là en toute liberté.

La ville manque d'eau, et par conséquent de jardins potagers : les légumes, les verdures et les fruits y sont apportés de Jaffa et des autres lieux circonvoisins.

On y buvoit jadis de l'eau excellente, qui y étoit amenée, par un conduit, d'une source à une lieue et demie de distance. Lorsque les François, dans leur dernière expédition d'Égypte, eurent investi la ville, ils coupèrent l'aquéduc, que le gouvernement turc ne s'est plus occupé de rétablir. Les habitants sont réduits, depuis lors, à boire de l'eau des puits, chargée de sélénite et pesante comme du plomb.

D'après tout ce que j'ai vu et ce qui m'a été dit de Djezzar Pacha, il paroît que la nature l'avoit doué d'une tête forte; mais il étoit Mamlouk, sans autre éducation que celle des armes, et livré entièrement à ses passions, dont les oscillations le portoient alternativement aux extrêmes du mal ou du bien, sans lui permettre de s'arrêter jamais dans un juste milieu.

Le pacha actuel, nommé Soliman, qui avoit été Mamlouk de Djezzar, me parut au contraire homme juste, d'un cœur excellent, plein de modération, d'un commerce agréable, d'une figure douce, avec des manières aimables. Son premier ministre est un juif qui passe pour un homme du plus grand mérite.

L'administrateur de la douane est aussi un juif qui s'est fait musulman, et qui venoit d'être le plastron d'une singulière mystification.

Quelques jours avant mon arrivée, on s'étoit aperçu que toutes les nuits il tomboit des pierres sur le toit de la maison du douanier, sans qu'on pût découvrir d'où elles partoient. On plaça plusieurs sentinelles sur les toits et autour de la maison, et les pierres continuoient à tomber, sans qu'on fût plus instruit de la cause de leur chute.

J'étois précisément logé à côté de la maison de cet administrateur. Je questionnai plusieurs sentinelles, qui me présentèrent quelques unes de ces pierres : c'étoient tout simplement des pierres calcaires communes. Il ne me fut pas difficile de juger que c'étoit un tour joué à l'administrateur, que la peur tenoit étroitement resserré chez lui. La nuit suivante, un des gardes m'apporta une pierre qui pesoit à-peu-près trois livres, en me disant qu'elle lui étoit tombée brûlante sur le dos. Convaincu alors que les sentinelles étoient eux-mêmes complices du prétendu prodige, je leur parlai sérieusement; et la pluie de pierres cessa d'inquiéter le nouveau disciple de Mahomet.

Les Européens jouissent, dans la ville d'Acre, d'une extrême liberté et d'une grande considération, tant de la part du gouvernement que de la part du peuple, qui est un mélange de Turcs et d'Arabes.

La ville est située à la partie septentrionale d'une grande baie, faisant face au S. A l'époque de mon séjour, la température y étoit d'une chaleur insupportable.

A l'extrémité S. de la baie, on découvre le *Mont Carmel*, montagne peu élevée qui se prolonge, dans la direction E. O., jusqu'à la mer. (*Voyez la planche LXXVI.*)

Le sommet de la montagne, à l'extrémité occidentale qui est sur la mer, est occupé par un monastère grec dédié à S. Élie. A peu de distance, vers l'E., il y a un grand couvent de catholiques, sous la même invocation; et à moitié côte de la montagne, au-dessous du monastère grec, on voit une mosquée également dédiée au prophète Élie, sous le nom d'*el Hoder*.

Au N. E. des couvents et au pied de la montagne, sur le bord de la mer, est situé le village de Kaïffa, auprès duquel est le mouillage pour les grands bâtiments.

Décidé d'aller à Nazareth le jeudi 6 août, j'envoyai d'abord mon petit équipage en avant, comptant partir moi-même deux heures après, accompagné de quelques amis; mais, au moment où j'allois me mettre en route, je fus attaqué de spasmes et de vomissements violents. Ce contretemps étoit d'autant plus fâcheux, que ma petite pharmacie étoit en avant avec mes bagages. Mais, comme j'avois toujours de l'émétique avec moi, je m'empressai d'en faire usage; ce qui dégagea une grande quantité de bile; je pris ensuite un calmant, et enfin des toniques. Au moyen de ce traitement, je me trouvai soulagé pendant la nuit. C'étoit la troisième attaque de bile que j'avois éprouvée en trente-huit jours; la première au Caire, et la seconde à Jérusalem.

Je sortis d'Acre le 7 août, à six heures du matin, accompagné de quelques amis, me dirigeant vers l'E. à travers une plaine.

Deux heures après, je parcourus un terrain montagneux, et je me trouvai bientôt dans un bois de haute-futaie, resserré entre des montagnes. Cependant cette route n'est pas isolée; on y trouve plusieurs villages ou hameaux, beaucoup de bétail et des champs labourés; mais point d'eau, excepté celle des puits.

Comme je me trouvois encore très foible, nous marchions doucement, et nous faisions halte toutes les deux heures.

Après la première halte, la route étoit généralement plus inclinée à l'E. S. E.

Peu avant d'arriver à Nazareth, je passai auprès d'un ermitage situé sur une hauteur. Ce fut, m'a-t-on dit, la maison des parents de la vierge Marie.

Je n'arrivai à Nazareth que vers les quatre heures du soir, après avoir resté dix heures en route, à cause des haltes fréquentes que j'étois obligé de faire : au pas ordinaire, il n'y a de Saint-Jean d'Acre à Nazareth que six heures de marche.

J'allai sur-le-champ me loger au couvent des moines franciscains, bâti sur l'emplacement de la maison où la vierge Marie avoit reçu la visite de l'ange Gabriel.

Nazareth, en Galilée, est une ville ouverte et sans défense, située sur le penchant d'une montagne qui fait face au levant : elle paroît avoir une population de huit cents familles. D'après les rapports qui m'ont été faits à cet égard, on y compte à-peu-près mille musulmans et autant de chrétiens. Les maisons y sont sans apparence, et construites sur le penchant de la montagne. Les habitants profitent de cette circonstance pour creuser des habitations dans le corps de la montagne, en sorte que toutes les maisons ont une partie souterraine.

Le nombre des catholiques romains parmi les chrétiens surpasse de beaucoup celui des autres rits ; cependant l'harmonie la plus parfaite règne entre les individus de tous les cultes. Les femmes musulmanes vont à visage découvert ; les fêtes, les jeux et les réjouissances sont communes aux deux sexes et aux individus de toutes les religions.

La viande, les légumes, les fruits sont d'une bonne qualité ; on y fait du très bon pain, dans le couvent sur-tout, et on y boit une eau excellente, qui vient d'une source située à l'extrémité N. E. de la ville. Le couvent renferme aussi de grandes et belles citernes d'eau de pluie, avec un petit jardin.

Les religieux y possèdent autant de liberté qu'ils pourroient en avoir dans les contrées d'Europe : ils portent publiquement les sacrements aux malades, et sont infiniment respectés par les individus des autres cultes ; il faut dire aussi que, selon tous les renseignements que j'ai pu recueillir, la conduite de ces hommes respectables est véritablement exemplaire, et bien digne de la haute estime dont ils jouissent.

Le couvent est un bel et grand édifice bien distribué, solidement construit, et assez fort pour faire une bonne défense militaire dans ce pays. Au milieu de l'église, dont la forme est pittoresque et très jolie, un large et superbe escalier en marbre conduit dans la grotte où se réalisa le grand mystère de l'incarnation ; par deux escaliers étroits, qui sont aux deux côtés, on monte au maître-autel, placé sur la roche qui forme la voûte de la grotte ; derrière est le chœur des moines ; de sorte que cette église est composée de trois plans, celui de la grotte au fond, celui du corps principal de l'église au milieu, et celui du maître-autel et du chœur en haut. Au-dessus du chœur il y a encore un quatrième plan, en forme de tribune, où l'on a placé un excellent orgue ; on y monte par un escalier dont l'entrée est dans le chœur. Tous ces différents plans sont sur la roche. On trouve dans la grotte une pièce carrée, magnifiquement ornée, au milieu de laquelle est un tabernacle d'un beau marbre blanc, sur quatre petites colonnes, avec un autel par derrière. Un escalier très étroit, creusé dans le roc, conduit dans une autre grotte, qu'on croit avoir été la cuisine de l'habitation de la Vierge, à cause d'une espèce de foyer ou cheminée qui s'y trouve dans un angle. Un second escalier, aussi étroit que le premier, communique à la partie intérieure du couvent.

Cette communauté est composée de treize religieux, dont neuf, y compris le prélat, sont Espagnols.

Les musulmans reconnoissent la virginité de Marie, et la miraculeuse incarnation de Jésus, Esprit de Dieu, *Rouh Oullàh*, par l'entremise de l'ange Gabriel. Le lieu, sanctifié par ce grand mystère, est également vénéré des musulmans, qui viennent fréquemment y faire leurs prières. Je vis un jour une grande quantité de montagnards mahométans qui venoient en cérémonie, accompagnés de leur musique, pour présenter un enfant à la Vierge, et lui couper les cheveux pour la première fois dans ce temple.

A une demi-lieue de distance au S. S. E. de la ville est un endroit nommé *le Précipice*. C'est le débouché ou la gorge des montagnes de Nazareth sur la *vallée d'Estrelòn*. On y remarque une montagne coupée presque perpendiculairement depuis le sommet jusqu'au fond de la vallée. (*Voyez pl. LXXVII.*) La tradition rapporte que ce fut en ce lieu que les juifs de Nazareth conduisirent Jésus-Christ, afin de le précipiter, mais qu'il se rendit invisible. Dans le même précipice, un peu au-dessous du sommet, est un autel creusé dans la roche, où les moines viennent de temps en temps dire la messe. Une fois chaque année toute la communauté s'y rend, avec les habitants, pour assister à une messe solennelle : c'est pour cela qu'on a pratiqué un chemin au milieu du précipice.

La vallée d'Estrelon est vaste et peuplée de villages. C'est là que se donna la célèbre bataille de Nazareth.

Des nouvelles venues de Jérusalem annonçoient que l'ancien moufti, qui s'étoit retiré au sépulcre de David, avoit rassemblé des Bédouins, et qu'il étoit entré dans la ville ; on ajoutoit qu'il avoit bloqué la citadelle, où s'étoient réfugiés le nouveau moufti et le gouverneur, et attaqué en même temps le couvent de

Saint-Sauveur ou de la terre sainte, pour se venger des moines et les mettre à contribution.

D'après des renseignements de la plus grande exactitude, je puis donner les notions suivantes sur les moines catholiques romains de la terre sainte. Leur nombre dans les couvents respectifs, à cette époque, étoit :

A Jérusalem, { 40 à Saint-Sauveur, dont 25 Espagn.
11 au Saint-Sépulcre, dont 8 Espagn.
10 à Saint-Jean, tous Espagnols.

A Ramlé ou Rama, } 3, tous Espagnols.

A Bethléem, 10, dont 7 Espagnols.
A Jaffa, 4, tous Espagnols.
A Acre, 4, dont 1 Espagnol.
A Nazareth, 13, dont 9 Espagnols.
A Damas, 9, tous Espagnols.
A Alep, 9, tous Italiens.
A Tripoly, Ariza et Latakia, 3, Italiens.
A Larnaca en Chypre, 5, Italiens.
A Nicosia *id.*, 3, Espagnols.

Total . . 124 moines, dont 79 Espagnols.

On voit, d'après ce tableau, que presque les deux tiers des moines de la terre sainte étoient natifs d'Espagne.

A Seïde il y a un couvent pour des moines françois; mais il n'y en avoit alors aucun.

Il existe en outre, au levant, quatre autres maisons religieuses qui sont séparées du corps de la terre sainte; savoir :

Celle de Constantinople, de	4 moines espagnols.
Celle du Caire, de	8 moines italiens.
Celle d'Alexandrie, de . . .	2 *idem.*
Celle de Rosette, de	1 *idem.*
Total.	15, dont 4 espagnols.

On donne ordinairement au chef des moines de la terre sainte la qualité de *très révérend;* ses titres sont ceux de *nonce apostolique, custode de la terre sainte, et gardien de la montagne de Sion et du très saint sépulcre.* Il confère les ordres sacrés, et jouit des droits et des honneurs épiscopaux, sans être évêque. C'est toujours un Italien, qui est remplacé tous les trois ans. Cette dignité étoit alors occupée par un Napolitain, nommé *Bonaventure de Nola.*

Le second chef des moines s'appelle *vicaire,* et doit toujours être un François. Il y a en outre un conseil, nommé le *discrétoire,* qui se compose de quatre membres; savoir : un François, un Espagnol, un Allemand et un Italien.

Les fonds qui proviennent de l'Espagne sont administrés par le *procureur général*, qui a sous ses ordres un vice-procureur : ces deux administrateurs doivent être Espagnols. Les fonds qui viennent des autres pays sont administrés par le discrétoire.

Selon la constitution, la moitié des dépenses des couvents et des églises de la terre sainte doit être payée sur les fonds de l'Espagne, et l'autre moitié sur les fonds envoyés par les autres nations. Mais comme à cette époque les autres peuples de l'Europe ne fournissoient plus rien, les fonds de l'Espagne faisoient face à tout, et ils étoient déjà en avance avec les autres caisses de plus *d'un million de piastres*. Malheureusement il y avoit alors trois ans que l'Espagne ne faisoit plus d'envois; et le pauvre procureur général se trouvoit dans un embarras extrême, augmenté par les vexations et les avanies des Turcs.

Les couvents envoient tous les mois leurs comptes au procureur général, certifiés et signés par tous les moines de chaque communauté. Le procureur général présente les siens au discrétoire tous les quatre mois. Ce système maintient le bon ordre et la pureté dans l'administration financière.

Les moines sont bien traités, bien nourris et bien vêtus ; leur organisation est excellente, leur gouvernement prudent et sage, et leur conduite strictement réglée : c'est pour cela qu'ils sont très bien vus par le peuple musulman; mais ils sont abhorrés des Grecs et des autres chrétiens dissidents, parceque ceux-ci voudroient rester seuls possesseurs des lieux saints, et qu'ils ne cessent d'intriguer contre les Latins.

On envoie les moines espagnols pour six ans dans la terre sainte ; les italiens, pour trois.

Les contributions fixes qu'ils payent annuellement, en vertu des traités, au gouvernement turc, sont réglées comme il suit :

Au pacha de Damas.	7,000 piastres.
Au même, le couvent de Damas	1,000
Au pacha d'Acre	10,000
Total.	18,000

Outre ces contributions fixes, ils sont encore obligés de payer des impositions extraordinaires, des gratifications aux gouverneurs, des avanies particulières, etc. Le seul moufti de

Jérusalem a exigé d'eux, dans le courant de huit années, *quarante mille piastres.*

Les couvents de la terre sainte doivent chacun fournir des moines pour le service du monastère du Saint-Sépulcre. A cet effet, les religieux se relayent alternativement tous les six mois, temps que chaque religieux doit passer dans la maison du Saint-Sépulcre; quelques uns d'entre eux y demeurent par dévotion pendant plusieurs années : le prélat de Nazareth y a passé six ans entiers.

J'avoue que cette demeure, malgré sa triste obscurité et le manque d'air, seroit supportable, sans le voisinage des moines musulmans, qui de leurs fenêtres dominent l'intérieur du temple et du couvent, et qui, accoutumés à tirer des moines chrétiens des gratifications et des présents, et aspirant sans cesse à augmenter ces exactions, ne négligent aucun moyen pour y parvenir. Toutes les fois qu'il est besoin de monter sur le toit pour quelque réparation, il faut leur en demander la permission. Les enfants même jettent des pierres contre les religieux. Enfin on ne leur épargne aucun genre d'insulte pour les obliger à acheter la tranquillité. C'est pour les inquiéter jusque dans l'enceinte de leur couvent que le cloître et l'église sont remplis de gouttières, qui, dans les temps de pluie, inondent l'édifice à demi ruiné, et entretiennent une humidité dangereuse dans des lieux où l'air manque de circulation.

Le drap dont s'habillent les moines vient en grande partie de l'Espagne et de l'Italie. Leurs sandales sont faites dans le pays avec des cuirs qu'on y apporte également de l'Espagne. Enfin on peut dire en général que les chrétiens latins, qui dans d'autres temps bouleversèrent le monde pour s'emparer des lieux saints, les ont tellement abandonnés aujourd'hui, que, sans l'Espagne, il n'existeroit aucun établissement de leur rite dans toute la terre sainte. La France coopère aussi à leur entretien par la protection de son ambassadeur à Constantinople; mais cela n'empêche pas que les gouvernants turcs ne tiennent presque toujours l'épée sur la gorge des moines de Jérusalem, pour leur arracher de l'argent; de manière que leur vie se passe dans un état de torture continuelle, et qu'ils sont de véritables martyrs de leur zèle. Le nonce custode, chef de la terre sainte, a la prérogative de conférer l'ordre du Saint-Sépulcre.

Puisque l'établissement des religieux catholiques romains dans la terre sainte produit de grands avantages aux habitants de ces contrées, je ne crains pas de le recommander aux gouvernements de l'Europe. La différence des cultes doit disparoître devant les yeux du philosophe qui desire le bien de l'humanité; c'est le sentiment qui m'a toujours conduit et qui dirige ma plume; il seroit facile d'améliorer le sort de ces malheureuses victimes du zèle religieux, sans faire de plus grands sacrifices.

CHAPITRE IX.

Voyage à Damas. — Mont Thabor. — Mer de Galilée. — Fleuve du Jourdain. — Pays volcanisé. — Description de Damas. — Constructions singulières. — Population. — Grande mosquée. — Bazards ou marchés, fabriques.

L'état de ma santé s'étant amélioré pendant mon séjour à Nazareth, je partis pour Damas, à cheval, ainsi que ma suite, le mercredi 19 août 1807, à une heure après midi, faisant route au nord.

A deux heures un quart je passai par un petit village, où je fis mes adieux à différents amis qui m'avoient accompagné jusque-là; et, après plusieurs détours entre les montagnes, j'arrivai à Canaa, lieu célèbre par le changement miraculeux de l'eau en vin. Cette ville, placée sur le penchant O. S. O. d'une montagne, peut renfermer cinq cents familles. Les maisons sont mal bâties; il y a une belle fontaine, dont l'eau est excellente.

De là, tournant au N. E., je descendis dans

une vallée, de laquelle s'élève le mont Thabor, que je laissai sur la droite. Cette montagne, célèbre par le miracle de la transfiguration du Christ, est assez haute, et son sommet paroît s'étendre un peu horizontalement lorsqu'on le regarde du côté où j'étois. La célèbre bataille du mont Thabor fut, je pense, donnée en cet endroit.

Au sortir de la vallée, je montai plusieurs côtes; et, laissant le village de Loubi sur la droite, je découvris l'extrémité nord du *Bahar Tabarie* ou mer de Galilée. (*Voyez la planche LXXVIII.*)

Descendu de ces hauteurs vers l'est, je passai près d'une belle source; et, après avoir traversé Hhettinn, petit village entouré de jardins, et situé sur le penchant rapide de la montagne, du côté qui regarde au N. N. E., je fis dresser les tentes au milieu de quelques aires où les habitants ont coutume de battre leurs grains. On compte quatre heures de chemin de Nazareth à ce village.

Je trouvai dans ma tente un superbe scorpion.

♃ 20.

A cinq heures un quart du matin, je me mis

en marche avec ma suite dans la direction de l'est ; arrivé au bas d'une côte rapide, il me fallut passer par une gorge très étroite, couverte de bois et coupée par un ruisseau que je fus obligé de traverser dix ou douze fois. Sur la droite, au sommet de la montagne, qui est taillée à pic, comme celle de Gibraltar, étoit anciennement un château fort, avantageusement situé : il n'existe plus aujourd'hui.

Au sortir de ce défilé, j'étois presque sur le bord de la mer de Galilée, qui a six ou sept lieues de longueur du nord au sud, et deux lieues de large. Cette belle nappe d'eau, entourée de hautes montagnes; l'atmosphère chargée de gros nuages amoncelés qui laissoient à peine échapper quelques rayons du soleil de distance en distance; la célèbre ville de Tibériade, en arabe *Tabarie*, au bord occidental de la mer, renommée par ses eaux thermales, extrêmement chaudes et sulfureuses; enfin le mont Thabor, qui domine les montagnes d'alentour, présentoient à mes yeux une perspective intéressante, animée par les nombreux troupeaux qui paissoient de toutes parts.

La côte du nord de cette mer est entièrement couverte de basaltes, de laves et d'autres produits volcaniques. Si les autres rivages sont composés des mêmes matières, on pourroit avancer que la mer de Galilée fut jadis le cratère d'un volcan.

Au milieu de la côte du nord il y a un *khan* ou grande maison déja ruinée qui servoit au logement des voyageurs; ses débris attestent encore qu'elle avoit été construite avec des laves noires poreuses comme celles qui couvrent ce rivage. Les environs offroient plusieurs plantations de riz.

A peine avions-nous commencé à monter vers le N. N. E. que nous vîmes paroître quelques Bédouins à cheval: pendant une demi-heure ils rôdèrent autour de nous, tantôt de loin, tantôt de près, faisant mine de vouloir nous attaquer; je fis prendre les armes, pour nous mettre en mesure de nous défendre; ils se décidèrent alors à se retirer, quoique ma suite ne fût composée que d'un domestique, d'un esclave et de quatre fusiliers.

A neuf heures un quart du matin, je fis faire halte dans un autre *khan*, nommé *en nebi Joussouf*, c'est-à-dire, du prophète Joseph, où je trouvai un détachement de soldats mogrebins d'Acre, et une belle citerne contenant une excellente eau de pluie.

A quarante pas de distance à l'ouest de ce

khan sont les ruines d'une ancienne citerne, où la tradition rapporte que les fils de Jacob déposèrent leur frère *Joseph* avant de le vendre aux marchands qui devoient l'emmener en Egypte.

Je me remis en route à dix heures, par une pénible montée pleine de roches, dans la direction N. N. E. Parvenu au sommet, on découvre un nouvel horizon, le *lac de Houle* au N. N. E., et le lit profond du *Jourdain*.

Le terrain, plus découvert sur le revers de la montée, descend par une pente douce à travers des champs labourés. A une heure après midi j'arrivai au pont de Jacob, *Cantara Yacoub*, sur le *Wad Yourdan* ou fleuve du Jourdain.

Ce pont, bien conservé encore malgré son antiquité, est construit en pierres, sur trois arches pointues, avec une ancienne forteresse à son extrémité occidentale, alors occupée par un détachement des gardes du pacha d'Acre, dont le gouvernement s'étend jusque-là. (*Voyez la planche LXXIX.*) A soixante pas environ de la tête orientale du pont, il y a un khan gardé par un détachement des troupes du pacha de Damas; ces deux garnisons, quoique uniquement composées de Turcs, ne sont pas plus unies entre elles que si elles appartenoient à deux nations ou à deux souverains différents : tel est l'état d'indépendance des pachas et l'anarchie qui règne dans l'empire ottoman.

Le fleuve du Jourdain, dont la direction est au sud, peut avoir dans cet endroit soixante-quatre pieds de largeur; il ne paroît pas très profond; son cours est rapide et bruyant, l'eau bonne, mais chaude; et les deux rives, couvertes de joncs et d'autres plantes marécageuses, sont encaissées par des montagnes. Comme nous autres musulmans nous avons un respect particulier pour ce fleuve, je ne manquai pas de m'y baigner et de boire de son eau jusqu'à satiété. Une autre caravane assez considérable se réunit à nous pour continuer la route à l'entrée de la nuit.

En déployant ma tente pour camper sur la rive gauche du Jourdain, on trouva dans le lit un autre scorpion aussi beau que celui du jour précédent.

La nouvelle que le pacha de Damas étoit sorti avec des troupes pour se rendre à Jérusalem détermina notre caravane à s'arrêter, dans la crainte de rencontrer ce pacha, qui infailliblement eût mis nos chameaux en réquisition pour ses transports.

♀ 21.

A quatre heures et demie du matin, tous

ceux qui étoient montés sur des chevaux résolurent d'aller en avant et de laisser les chameaux avec le gros de la caravane. Nous partîmes donc, au nombre de trente cavaliers, faisant route à l'est, par une montée fatigante, dont le sommet forme un pays plat, assez élevé, et couvert d'yeuses et autres arbres clair-semés : à mesure qu'on avance sur ce plateau, le bois devient plus serré. A huit heures et demie, après avoir laissé sur la gauche une haute montagne, en faisant un petit détour à droite, nous nous trouvions dans une grande plaine aride, et à neuf heures un quart je fis halte pour déjeûner dans un khan à demi ruiné, appelé *Kinitri*, où l'on trouve de l'eau fort bonne.

Nous poursuivîmes notre marche, à dix heures et demie, par la même plaine, dans laquelle, malgré l'assurance qu'on nous avoit donnée de la sûreté du pays, nous fûmes deux fois alarmés par l'apparition des Bédouins.

Il étoit une heure quand la caravane entra dans un autre petit bois, à l'issue duquel un chemin difficile et dangereux nous conduisit jusqu'au pied d'un village nommé Sassa, placé sur une hauteur, où j'arrivai à quatre heures et demie, pour y passer la nuit dans un khan.

Les *champs phlégéens* et tout ce qui peut

donner une idée de la destruction volcanique, ne sont qu'une bien foible image du pays affreux que je traversai ce jour-là. Depuis le pont de Jacob jusqu'à Sassa, le terrain n'est composé que de laves, de basaltes et autres productions volcaniques; tout est noir, poreux ou carié : on croit voyager dans une région infernale.

Outre ces produits qui composent le pays, soit en masses détachées, soit en grandes couches, la surface du terrain est entièrement couverte de pierres volcaniques détachées, depuis la grosseur de trois ou quatre pouces jusqu'à celle d'un pied de diamètre, toutes également noires, poreuses ou cariées, comme si elles venoient de sortir du cratère : mais c'est sur-tout aux approches de Sassa qu'on rencontre des crevasses et des entassements volcaniques si affreux, qu'on est saisi d'horreur, sur-tout lorsque l'imagination se transporte à l'époque où ces matières étoient lancées avec fracas du sein de la terre. Les creux et les crevasses qu'on trouve çà et là contiennent de l'eau noire comme de l'encre, et presque toujours fétide.

Il résulte visiblement que tout ce pays fut jadis peuplé de volcans; car on y reconnoît encore plusieurs petits cratères en traversant la plaine.

Par un contraste singulier, cette plaine est bordée au N. par une montagne dont le sommet, élevé jusqu'à la ligne des neiges perpétuelles, présente le signe d'un hiver éternel au-dessus des crevasses supérieures des anciens volcans. Il est vrai qu'à l'époque de l'année où nous étions alors, et sur le penchant méridional de la montagne, on n'y voyoit que très peu de neige.

♄ 22.

Je partis à cinq heures du matin, faisant route au N. E., à travers une plaine calcaire d'une pente presque insensible, et par un chemin agréable le long d'une petite rivière.

Deux heures et demie après j'entrai dans un khan appelé khan Scheih, pour y déjeûner. Depuis cet endroit, on commence à reconnoître le voisinage d'une grande capitale, au grand nombre de bourgs et de villages qu'on aperçoit de tous côtés. A huit heures et demie, étant monté sur quelques collines qui bornent l'horizon, je découvris une immense plaine à l'E., avec des montagnes au N.; j'en remarquai particulièrement une, isolée des autres, d'une forme pyramidale gigantesque, au pied de laquelle, entre une infinité de jardins, s'élèvent les minarets des mosquées de Damas. La plaine est aussi parsemée de villages entourés d'arbres et de vergers.

Après avoir pris quelques moments de repos au village de Daria, situé dans les jardins de Damas, et où j'étois entré à dix heures trois quarts, j'arrivai à midi et demi aux premières maisons de cette ville, nommée *Scham* par les Arabes.

Le voyageur qui approche de Damas croit voir devant lui un vaste camp de tentes coniques, élevées de dix ou douze pieds sur le plan du terrain ; mais, en approchant davantage, il reconnoît que ces tentes ne sont autre chose qu'une infinité de coupoles, servant de toiture à presque toutes les chambres des maisons dans les faubourgs extérieurs de la ville. Ces coupoles, entièrement blanches, sont presque exactement de la même forme et de la même grandeur que les colombiers d'Égypte, dont on a lu la description dans le second tome.

Quel est le but de cette étrange construction ? En examinant la chose, on sent bientôt qu'elle est utile et même indispensable. Les maisons sont construites en terre, ou en briques composées d'une mauvaise argile mêlée de paille et cuite au soleil. Comme l'hiver est très pluvieux dans le pays, si les maisons avoient des toits plats ou simplement couverts de tuiles de la même espèce de briques, il faudroit chaque année réédifier les habitations ; au lieu que, moyennant cette forme de cônes élevés qu'on leur donne, l'eau des pluies, coulant sur des surfaces presque perpendiculaires, ne peut causer aucun dégât. Ces coupoles, comme le reste du bâtiment, sont revêtues d'une couche de marne blanche rougeâtre bien polie, qui leur donne une belle apparence.

Les maisons, dans l'intérieur de la ville, construites avec des matériaux plus solides, ont ordinairement deux étages, et les toits plats comme dans les villes de l'Afrique ; elles ont aussi peu de fenêtres, des portes fort petites, et des façades sans ornement ; ce qui, joint au silence qui règne dans les rues, donne à la ville un aspect triste et monotone.

Les rues sont bien pavées, avec des trottoirs un peu élevés de chaque côté, d'une largeur régulière, mais sans alignement.

On croit communément dans le pays que la ville de Damas renferme quatre cent mille ames. Ce calcul est exagéré, sans doute ; cependant je suis persuadé que la population de la ville, y compris celle des faubourgs et des jardins, s'élève à environ deux cent mille habitants, parmi lesquels on compte à-peu-près vingt mille chrétiens catholiques, cinq mille schismatiques et un millier de familles juives. C'est le contraire de presque toutes les villes du Levant, qui ordinairement contiennent beaucoup plus de schismatiques que de catholiques.

La grande mosquée est magnifique par son étendue ; avant d'y entrer, on remarque un superbe château d'eau, avec une fontaine dont le jet s'élève à plus de vingt pieds. Autour de cette fontaine est un café sans cesse rempli des oisifs de la ville.

Dans l'intérieur de la mosquée on trouve une grande cour entourée de galeries et d'arcs reposant sur des colonnes et des piliers carrés. Au milieu de la cour est une autre fontaine, avec un berceau de chaque côté.

De cette cour on passe dans le corps principal de la mosquée, qui contient trois nefs immenses dans la direction E. O., et composées d'arcs légèrement pointus, appuyés sur de grandes colonnes et des piliers. On compte sur chaque rang quarante-quatre colonnes, qui ne sont pas exactement égales. Ces nefs ont près de quatre cents pieds de longueur.

Au milieu de la nef du centre, qui est la plus

large, quatre énormes piliers supportent une grande coupole en pierre. Le reste de la mosquée est couvert en charpente.

Ces nefs sont transversales, c'est-à-dire, que leur longueur est dans le sens perpendiculaire à la ligne qui regarde le fond de la mosquée.

Au milieu de la nef du fond est un espace carré, fermé de jalousies qui ne sont ouvertes qu'aux heures de la prière. C'est dans cette espèce de presbytère que se trouvent le *meherèb*, le *monbar*, deux petites tribunes basses, avec des grands corans pour les lecteurs, et au-dessus, un chœur pour les chantres. Cet endroit est particulièrement affecté aux individus du rit *hhanèffi*, qui est celui des Turcs. Le sol est décoré des plus beaux tapis; le reste du pavé est nu en partie et en partie couvert de grands tapis déjà usés. Dans cette nef du fond, vers la droite, est placé le mehereb pour l'iman du rit schaffi.

La nef du centre a sur la gauche une maisonnette en bois, avec des jalousies, des moulures et des ornements en or, et des peintures arabesques : elle renferme le sépulcre du prophête *Jean*, fils de *Zacharie*.

Il y a dans toute l'étendue de la mosquée un

grand nombre de carcasses de fer et de bois en forme de cages, suspendues au toit, et destinées à porter des lampions pendant les nuits d'illumination.

Les autres mosquées ne valent pas la peine d'être décrites.

Damas, comme les autres villes musulmanes, ne renferme aucune place publique.

L'usage de laisser de grands espaces vides au milieu des villes, pour les aérer et les embellir, est entièrement inconnu aux musulmans; le besoin plus urgent de se garantir des rayons d'un soleil toujours embrasé leur inspira l'idée de ne pas donner beaucoup de largeur aux rues, afin de pouvoir les couvrir plus facilement avec des feuillées. Cependant on compte à Damas quelques rues assez larges, principalement dans le quartier où est situé le seraya ou palais du pacha. Ce bâtiment est complètement caché par les maisons environnantes, qui ne laissent apercevoir qu'une grande porte.

En face de la maison du pacha on trouve *el Kaala* ou château, qui peut tenir en respect le peuple, mais qui seroit inutile pour se défendre contre un ennemi étranger, parcequ'il est situé au milieu de la ville, et qu'il n'a qu'une enceinte de murs un peu plus hauts que les maisons qui l'entourent de tous les côtés.

La vente des comestibles, comme celle des marchandises, se fait dans les boutiques placées sur les deux côtés des rues. Ces marchés, qu'on appelle *bazar* ou *zok*, sont abondamment fournis ; quelques magasins présentent des assortiments considérables d'objets de commerce. Quelle différence avec la pauvreté et la petitesse des boutiques du Caire, de Fez et autres lieux, où le négociant semble étaler à regret les objets dont il veut se défaire !

A Damas, les boutiques sont, pour ainsi dire, encombrées de marchandises, sur-tout les magasins de soieries, qui sont en très grand nombre, et qui renferment des dépôts immenses ; on y trouve les belles toiles de l'Inde et de la Perse, mais la plus grande partie des toiles se fabrique sur les lieux ; ces articles y sont même en si grande abondance, qu'il y a plusieurs rues dont les magasins en sont pleins des deux côtés sur toute la longueur.

On compte à Damas plus de quatre mille fabricants d'étoffes de soie et de coton ; mais on n'y travaille pas le lin, qui n'est pas même cultivé dans le pays.

Les bazars sont en général couverts de charpentes en bois percées de lucarnes à la partie supérieure. On vient d'en construire un très beau en face du seraya : j'y ai aperçu l'atelier d'un horloger arabe, qui travailloit à une pendule.

Après les magasins d'étoffes de soie ou de coton, je crois que les boutiques des selliers sont les plus nombreuses et occupent le second rang, car j'en ai remarqué une grande quantité, où il m'a semblé que l'on travailloit fort bien. Ces deux branches de commerce sont extrêmement étendues à Damas, parceque la Turquie, l'Égypte, l'Afrique et l'Arabie, consomment les étoffes de soie; et, quant aux objets en cuir, les Arabes qui peuplent les vastes déserts voisins jusqu'à Bagdad et jusqu'à Médine n'ont d'autre marché de prédilection que celui de cette ville.

Les armuriers forment aussi une branche considérable de l'industrie du pays, quoique la manufacture célèbre des sabres damasquinés n'existe plus. Ceux qu'on y fabrique maintenant n'ont plus une trempe supérieure à celle des autres sabres de la Turquie; on y fait également des couteaux communs. Les sabres de l'ancienne fabrique passent de main en main, et sont regardés comme une chose très précieuse : aussi le prix en est exorbitant, et dépend entièrement du caprice. Après ces sabres anciens, ceux de la fabrique de Khorassan, en Perse, jouissent de la plus grande estime.

Les fabricants de savon, les forgerons, les cordonniers, etc., occupent aussi un grand nombre de rues ; il n'existe qu'une seule verrerie où l'on ne fabrique que du verre vert grossier. Mais ce qui fait voir sur-tout l'immense activité du commerce, c'est la multitude de charpentiers occupés toute l'année à la construction des caisses pour emballer les produits du sol et de l'industrie. Qu'on se figure combien l'on peut construire de ces caisses dans chaque atelier pendant l'espace d'un an, puisqu'elles sont composées seulement de morceaux de planches brutes attachées avec des clous, et qu'il y a un vaste quartier de la ville entièrement occupé par ces layetiers ; cela suffira pour donner une idée de l'énorme quantité de caisses construites dans cet espace de temps, et par conséquent de la masse des productions de la nature et de l'art exportées de ce riche pays, indépendamment des objets qui n'ont pas besoin d'être encaissés.

La foule qui remplit les bazars contraste singulièrement avec la solitude des autres rues de la ville où il n'existe ni boutiques ni ateliers apparents. Dans tous ces bazars il y a des fours où l'on fait cuire continuellement des petits pains, des gâteaux et diverses pâtisseries. Les boutiques des barbiers, établies près des bazars, sont ornées de peintures arabesques, de miroirs ou de petites glaces, d'inscriptions dorées, etc., afin d'attirer les pratiques. On y trouve aussi des cafés remplis de monde à toutes les heures du jour. Blancs, noirs, mulâtres, de quelque caste, de quelque nation, de quelque religion qu'ils soient, les Européens exceptés, y jouissent d'une égalité parfaite et d'une liberté entière; on les voit dans les cafés, les uns avec leur nerguilé ou pipe persane à la bouche, les autres jouant aux échecs ou à d'autres jeux.

Les bazars renferment aussi des bains qui ont une apparence magnifique; le premier salon, qui est vaste et éclairé par de grandes croisées sur la rue, est surmonté d'une belle coupole en bois ornée d'arabesques. Autour du salon règne une galerie élevée où sont placés des matelas, sur lesquels les personnes qui sortent du bain vont s'asseoir, gravement enveloppées dans des serviettes; ce qui forme un spectacle assez plaisant. Il existe ordinairement au milieu du salon une fontaine en marbre; à une certaine hauteur sont tendues des ficelles pour y placer les serviettes qu'on veut faire sécher.

Dans plusieurs boutiques on vend aussi des liqueurs faites avec du sucre, des raisins secs, des abricots et autres fruits.

Le moment où l'on rencontre le plus de monde aux bazars, c'est depuis le matin jusqu'à une ou deux heures après midi; à compter de cet instant, la plupart des marchands ferment les magasins et se retirent; mais les ateliers restent ordinairement ouverts, et les ouvriers travaillent toute la journée: on y voit beaucoup d'enfants et de jeunes apprentis.

Les marchés de comestibles égalent et surpassent même l'abondance des bazars consacrés à la vente des marchandises. Les denrées qu'on y vend sont d'une qualité supérieure, et je ne crois pas qu'il existe aucun pays au monde où les vivres soient meilleurs: on y trouve des viandes grasses et délicates; des légumes, des verdures d'une tendreté extrême; des fruits succulents, doux, et d'une grosseur monstrueuse; du gibier abondant de toutes les espèces; du miel et des laitages délicieux; du pain plus blanc et meilleur qu'en Europe; en un mot, on peut assurer que c'est le meilleur endroit du monde pour la vie animale. Les Arabes y apportent le charbon végétal; le bois à brûler qu'on tire des jardins et des plantations est commun et à bon compte: on n'en fait pas venir des forêts, parcequ'elles sont trop éloignées.

CHAPITRE X.

Eaux de Damas. — Lac Hhotaïbe. — Chrétiens. — Commerce. — Productions. — Climat. — Races de chevaux. — Costumes. — Femmes. — Santé. — Écoles. — Fêtes publiques. — Gouvernement. — Fortifications. — Bédouins d'Anaze. — Salakhie.

L'EAU abonde tellement à Damas, que toutes les maisons ont plusieurs fontaines; celles qui coulent sur la voie publique ne servent qu'à l'arrosement des rues. Ces eaux forment une multitude de canaux dont la ramification est une chose curieuse : on me l'a expliquée de la manière suivante.

Les eaux de Damas sont fournies par deux rivières qui, après s'être réunies, se divisent en sept branches, au moyen desquelles se fait la distribution dans tous les quartiers de la ville.

A huit heures de distance, vers l'occident, la première rivière prend sa source dans un endroit désert appelé *Barrada*, nom moderne substitué à l'ancienne dénomination d'*Arfana*. La source est abondante, mais l'eau est de mauvaise qualité, et ne seroit pas potable, si elle n'étoit mélangée avec l'eau d'une autre rivière appelée *Fichée*, anciennement dite *Farcana*, et qui prend naissance auprès d'un village de ce nom, à cinq heures de distance au nord de Damas; sa source n'est pas aussi abondante que celle du Barrada, mais son eau est excellente, et peut-être la meilleure de toute la Syrie. Le confluent de ces deux rivières se trouve à une demi-lieue de la source de la Fichée.

Les deux rivières réunies sous le nom de *Barrada* viennent jusqu'auprès de *Maksàn*, bourg assez considérable, à deux heures de distance de Damas, où elles se partagent en sept bras. Cet endroit, que j'ai visité, est pittoresque et l'un des plus beaux sites romantiques que l'on puisse voir. La division de l'eau se fait dans une gorge de montagnes coupées presque à pic. Le troisième bras, nommé *Banias*, se rend au fond du vallon par le lit naturel de la rivière; les autres six bras se déploient par échelons à différentes hauteurs aux deux côtés du Banias.

Le premier bras, nommé *Djazzie*, le plus élevé de tous et le plus au septentrion, va se rendre au joli bourg de *Salakhie*, lieu de délices, à une demi-heure de chemin de Damas, dont il est regardé comme un faubourg, et où toutes les personnes riches possèdent des maisons de plaisance.

Le deuxième bras, dit *Tora*, et le plus considérable de tous, baigne l'espace entre Salakhie et Damas.

Le *Banias* ou troisième bras fournit de l'eau au plus beau quartier de la ville, c'est-à-dire, au *Nouveau Faubourg*, où j'étois logé.

Le quatrième bras, qui conserve le nom de *Barrada*, baigne au nord les murailles de Damas. C'est dans ses eaux que les teinturiers lavent la soie et le coton, prétendant qu'elles rendent ces matières plus propres à recevoir l'impression de la teinture.

Le cinquième bras, appelé *Canavat*, fournit de l'eau à la partie principale de la ville par des milliers de conduits qui la distribuent dans les différents quartiers aux fontaines publiques, aux mosquées, aux bains, aux khans ou hôtelleries, et aux maisons particulières. Après le *Tora*, c'est la branche la plus considérable.

Le sixième bras, nommé *Akrabani*, donne de l'eau à la partie méridionale de la ville et à une partie du grand faubourg de *Meidan*.

Le septième bras, dont le nom est *Darari*,

a près d'une demi-lieue de long : c'est celui qui est le plus au midi ; il fournit de l'eau au reste du grand faubourg de Meidan.

Toutes ces eaux sont limpides et transparentes, et ne se troublent que momentanément pendant les grandes bourrasques.

Après avoir arrosé les campagnes voisines, chaque bras revient par différents points rejoindre le Barrada, et se perdre avec lui dans un lac à sept heures de chemin de la ville.

Ce lac, que l'on nomme *Hhotaïbe* ou *Behirat el Merdj*, peut avoir de sept à huit lieues de circonférence ; il n'a aucune issue apparente ; ce qui doit faire présumer qu'il y existe un écoulement souterrain, puisqu'il n'augmente point dans la saison des pluies, et qu'il ne diminue pas dans les temps de sécheresse ; il conserve également le même niveau à la fonte des neiges, qui a lieu en mars ou avril, époque à laquelle les rivières qu'il reçoit sont considérablement grossies. Son eau est potable comme celle des rivières qui s'y jettent ; on rencontre dans son voisinage beaucoup de gazelles et de sangliers, ainsi que des oiseaux aquatiques.

Quoique l'eau de tous ces bras du Barrada soit potable et assez bonne, les personnes aisées font usage d'une source particulière qui provient des infiltrations du *Tora*, et dont l'eau est extraordinairement claire, légère, et délicate ; c'est l'eau dont je buvois ordinairement, quoique j'eusse une belle fontaine en marbre au milieu de mon salon, deux dans mon jardin, trois dans l'office, et d'autres dans l'intérieur de la maison.

La rivière Barrada baigne au S. les murs du logement que j'occupois, et forme en cet endroit une nappe d'eau de cinquante-sept pieds de largeur, à cause d'un grand moulin à neuf meules qui y est établi; mais sa profondeur n'a pas plus d'un pied.

Damas renferme plus de cinq cents grandes maisons magnifiques, que l'on pourroit appeler des palais; mais, comme toute leur magnificence est dans l'intérieur, et que leurs façades ne sont nullement distinguées des autres maisons, elles ne contribuent en rien à l'embellissement de la ville.

Les différentes communions chrétiennes y ont des temples particuliers : on y voit une église grecque, une église maronite, une église syriaque, une église arménienne, et trois couvents de moines Franciscains, l'un composé d'Observantins espagnols, et les deux autres de Capucins italiens. Tous ces moines portent le titre de missionnaires. Les Grecs réunis ou catholiques n'ont point de temples particuliers, ils célèbrent les offices dans les églises des trois couvents.

Les prêtres grecs catholiques vivent d'une manière assez singulière. Ils vont chez les habitants, qui leur donnent à souper et à coucher. Le matin ils disent la messe dans la maison où ils ont passé la nuit; on les fait ensuite déjeûner, et ils se retirent après avoir reçu une pièce de monnoie qui vaut deux piastres et demie. C'est en allant ainsi de maison en maison qu'ils sont entretenus et défrayés par les ames dévotes. Les moines espagnols séjournent à Damas pendant douze années; ils en passent trois ou quatre à apprendre l'arabe, parcequ'ils confessent et font leurs prédications dans cette langue. Ils étoient assez bien traités à cette époque, quoiqu'ils eussent quelquefois beaucoup à souffrir.

Le patriarche grec d'Antioche a son siége à Damas; il perçoit des rétributions fixes sur les baptêmes, les mariages et les enterrements des chrétiens de tous les rits, qui sont obligés de se marier par-devant le ministre délégué par lui à cet effet.

On compte huit synagogues pour les juifs, qui, m'a-t-on assuré, étoient alors assez bien traités. Cependant j'ai cru remarquer que le fanatisme du peuple de Damas surpasse celui des peuples de l'Égypte, puisqu'un Européen ne peut, sans risque, s'y présenter habillé avec le costume de sa patrie, et qu'il est obligé d'adopter celui du Levant. Un chrétien ou un juif ne peut non plus aller à cheval dans la ville; il ne lui est pas même permis d'avoir un âne pour monture.

Le nombre des mosquées et des chapelles est vraiment inconcevable; mais on n'y trouve rien de beau, excepté la mosquée *Zekìe*, qui est au N. O. de la ville, et qui contient aussi un hospice pour les pauvres. On y remarque une superbe coupole dans le milieu, entourée de plusieurs autres moins grandes, et accompagnée de deux minarets élevés, minces et pointus comme des aiguilles. Cette mosquée renferme toujours une grande quantité de pauvres malades ou estropiés, qui sont logés et nourris aux frais de l'établissement.

Damas a deux cents négociants solidement établis : les deux qui passent pour les plus riches se nomment *Schatti* et *Mehemed Sua*; on estime à quatre mille bourses ou cinq millions de francs les capitaux qu'ils ont chacun en circulation.

Le commerce se fait ordinairement par caravanes : les plus considérables sont, 1° celle de la Mecque, qui surpasse toutes les autres, et dont le voyage avoit lieu une fois par an, quand les circonstances le permettoient ; on sait qu'elle est suspendue en ce moment à cause de l'envahissement des Wehhabis (1) ; 2° les caravanes de Bagdad, qui font le voyage trois ou quatre fois par an, avec plus de deux mille cinq cents hommes d'armes chacune ; leur traversée dure trente jours ; mais un courrier monté sur un dromadaire la fait en moins de douze ; 3° les caravanes d'Alep, qui partent ordinairement deux ou trois fois par mois, et emploient douze jours pour le voyage, tandis qu'un courrier le fait en trois. On compte encore plusieurs petites caravanes qui journellement arrivent ou partent pour se rendre à Berut, à Tripoly de Syrie, à Acre et autres lieux.

Malgré leur excessive abondance, les vivres sont toujours à un prix fort élevé. Cela provient

---

(1) Depuis que les Turcs ont repris la Mecque et Médine, les caravanes dites du pélerinage se rétablissent insensiblement. (*Note de l'Éditeur.*)

de l'accumulation du numéraire, produite par la grande activité de commerce qui règne dans cette ville. Voici le taux des comestibles en 1807:

L'artal de viande	72 paras.
L'oka de pain supérieur	12
— de pain inférieur	8
L'artal d'huile	100
Une poule	50
Un poulet	25

L'artal de beurre, 4 à 5 piastres.

Les mesures et les poids sont les mêmes que dans toute la Turquie. L'artal contient 600 dragmes, l'oka 400, et l'once 50.

Les monnoies sont également les mêmes qu'en Turquie. La piastre d'Espagne ou le thaler d'Allemagne vaut 180 paras; mais l'argent de Constantinople y gagne, puisque la piastre turque vaut 45 paras, et les autres espèces en proportion. Le sequin de Venise vaut 410 paras.

On y trouve de très gros bœufs, mais ils ne sont point employés aux travaux de l'agriculture; on fait cependant travailler quelques buffles.

Les récoltes principales du pays sont le froment, l'orge, le chanvre, le raisin, les *mesch-*

mèsch, espèce d'abricots qu'on fait sécher, les pistaches et tous les autres fruits. Le peu de soie qu'on y recueille est d'une belle qualité; le surplus, qui manque pour la consommation des fabriques, se tire des pays voisins, ainsi que tout le coton, parcequ'on ne le cultive pas à Damas. La récolte de miel est abondante; mais les habitants ne savent pas travailler la cire; ils ne font que des bougies jaunes et mauvaises. Le sucre vient de l'Égypte et de l'Europe, et le riz est entièrement tiré de l'Égypte.

La fertilité du terroir est si constante, que les habitants ne se souviennent pas d'avoir vu une année de pénurie.

Les laboureurs ou les villageois en général sont dans l'aisance, quoiqu'ils soient grevés d'énormes tailles par le gouvernement, et en butte à mille avanies; on les oblige à loger et à nourrir la troupe, etc. Si, malgré ces charges, les cultivateurs sont riches, combien le deviendroient-ils sous un gouvernement juste et libéral!

Le climat de Damas est doux en général; il n'est pas trop froid en hiver; et quoique en été il fasse de grandes chaleurs, elles sont modifiées par la fraîcheur des eaux, par l'ombre des arbres, par la disposition des maisons, etc. Il y a des années où il tombe de la neige dans la ville; mais sur les montagnes il en tombe tous les ans. Les vents soufflent ordinairement de l'E. ou de l'O., sans période fixe, et rarement des autres points. Depuis le mois d'avril jusqu'à celui de novembre, il pleut rarement; dans les autres mois, les pluies sont régulières, mais modérées, et toujours par le vent d'O. La fonte des neiges des montagnes a lieu ordinairement au mois d'avril, et quelquefois vers la fin de mars. Nous avons déjà dit que les sommets les plus élevés en sont toujours couverts. Cela donne à la ville de Damas l'avantage d'avoir toujours de la glace à un prix modéré, sans le secours des glacières artificielles. Les marchands tiennent aussi des boissons composées, et rafraîchies avec de la neige; mais ils ignorent l'art de faire des glaces.

Le thermomètre marquoit ordinairement $17°\ 3'$ à $20°$ de Réaumur dans le période journalier de la plus petite à la plus grande chaleur.

On m'avoit assuré qu'il se trouvoit dans cette ville une quantité énorme de mouches, de punaises, de puces et de cousins; mais je n'en ai presque point aperçu; il paroît seulement qu'il y a une espèce de taon dont la piqûre est extrêmement douloureuse.

Les serpents et les scorpions y sont rares et peu venimeux.

Les mules y sont fort bonnes, et les ânes excellents, comme ceux d'Égypte.

Je me suis procuré les renseignements suivants sur les chevaux, dont on compte six races différentes.

La première, nommée *djelfé*, tire son origine de l'Arabie heureuse ou du Yémen. Les individus qui en proviennent sont rares à Damas, mais on en trouve assez communément chez les Arabes voisins d'*Anaze*. Le cheval djelfé est admirable pour la course; c'est le véritable cheval de bataille; très agile, plein de feu, il ne paroît jamais fatigué, et supporte pendant long-temps la soif et la faim; il est cependant doux comme un agneau, ne se met point en colère, ne mord pas et ne rue jamais. Mais il faut lui donner toujours beaucoup d'exercice et peu de nourriture. Il a la taille et la croupe fort élevées, l'encolure effilée, les oreilles un peu longues. Ce n'est pas le plus beau des chevaux de race, mais il est incontestablement le meilleur. Un cheval parfait de cette race, comme ils le sont presque tous à l'âge de deux à trois ans, revient au moins à deux mille piastres turques.

La seconde, nommée *seclàoui*, se tire de la partie orientale du désert. Ce que j'ai dit de la race *djelfé* peut être attribué également à celle-ci, qui diffère de l'autre seulement par le lieu de la naissance; car les grands connoisseurs peuvent à peine les distinguer. Leur prix est presque aussi élevé; cependant on préfère les djelfé.

Les chevaux de la troisième race, appelée *oœl mefki*, sont de toute beauté; ils n'égalent pas ceux des deux premières par leur vitesse à la course, mais ils les surpassent par leurs formes, qui présentent les belles proportions du cheval andalous, auquel ils ressemblent beaucoup. Ce sont de véritables chevaux de parade très communs à Damas. Ils viennent des déserts voisins, et coûtent ordinairement de mille à quinze cents piastres.

La quatrième race, qu'on distingue sous le nom d'*oœl sabi*, est, relativement à la précédente, ce que la race *seclaoui* est à la race *djelfé*, c'est-à-dire, que ces deux races sont presque égales en beauté, et qu'il faut être habile vétérinaire pour pouvoir les reconnoître. Par conséquent le prix des chevaux de cette race est toujours de mille à douze cents piastres, quand ils sont sans défaut et dans l'âge de trois ou quatre ans.

La cinquième race, connue sous le nom d'*oœl treidi*, est très commune : elle vient des environs de la ville, et fournit de beaux et bons chevaux ; mais il faut les bien essayer et savoir les connoître, parcequ'on en trouve beaucoup de vicieux. Ils n'ont pas les excellentes qualités qui distinguent les races précédentes ; mais ceux qui sont reconnus bons, et de l'âge de trois ou quatre ans, se vendent ordinairement de six cents à huit cents piastres.

La sixième race, qui vient des environs de Bassora, se nomme *oœl nagdi*, et passe pour être excellente ; elle égale, si elle ne surpasse pas, les races *djelfé* et *seclaoui*. On connoît peu les chevaux oœl nagdi à Damas, et les amateurs assurent qu'ils sont incomparables ; aussi leur valeur est arbitraire, et excède toujours deux mille piastres.

Il y a peu de chevaux arabes de couleur noire ; la plupart sont gris-pommelés ou bais-bruns.

L'habillement des habitants de Damas est un mélange du costume arabe et du costume turc : on fait communément usage de la capote arabe à grandes bandes ou à larges raies ; le *kaouk* ou le haut bonnet turc est seulement porté par les Turcs, et rarement par les Arabes. Ceux-ci se couvrent la tête avec un bonnet rouge d'une grandeur démesurée et d'une largeur à-peu-près semblable, qui pend en arrière de plus d'un demi-pied, en sorte qu'il couvre le derrière du cou; un schall en mousseline ou en soie rayée leur entoure la tête au-dessous de la partie pendante du bonnet; ce qui forme une parure bizarre et sans grace.

On fait pareillement usage d'une espèce de chemise ou capote à raies étroites blanches et noires, exactement semblables aux *djilabias* de Maroc, avec la seule différence qu'elles sont chargées de broderies de différentes couleurs par derrière.

Les femmes se couvrent, de la tête aux pieds, avec des grands voiles de coton blanc, et d'énormes pantalons, que quelques unes font sortir par-dessous le voile. Celles d'un rang élevé sont sages et modestes; elles conservent avec grace et délicatesse la dignité qui convient à leur rang; mais celles du peuple sont très libres et même dissolues. Toutes portent un mouchoir de soie transparent, ordinairement jaune à fleurs peintes, qui leur couvre en entier le visage; ce qui, avec leurs immenses voiles blancs, leur donne l'apparence de spectres ambulants;

mais plusieurs d'entre elles jettent le mouchoir par-dessus la tête, et leur figure ne reste couverte, comme celle des Africaines, qu'avec le voile, qu'elles entr'ouvrent ou ferment à volonté. Cette liberté m'a procuré le moyen de m'assurer que les femmes de Damas sont en général jolies, et qu'il y en a de véritablement belles : la plupart ont la peau blanche et fine, et de belles couleurs.

Le sang est bien plus beau qu'il ne l'étoit jadis. On ne rencontre pas à Damas de ces femmes chlorotiques, comme à Jérusalem et dans l'Arabie, ni ces Bohémiennes à teint hâlé des autres pays d'Afrique, ni ces enfants sales, chassieux et dégoûtants d'Alexandrie et de tant d'autres pays musulmans, ni enfin ces hommes secs, cuivrés ou noircis de l'Afrique et de l'Arabie. Parmi les femmes et les enfants on aperçoit des figures célestes. Les hommes ont l'aspect mâle, un beau teint et les proportions agréables ; ils sont généralement assez robustes et très blancs (1). Enfin c'est un monde bien dif-

---

(1) Dans cette description de Damas, comme dans plusieurs autres articles de mon voyage, je dois faire des excuses aux auteurs qui parlent d'une toute autre manière : je rapporte ce que j'ai vu de mes yeux.

fèrent de l'Afrique et de l'Arabie, à l'exception du peuple de Fez, qui en diffère le moins. Parmi les femmes, j'en ai remarqué quelques unes qui savoient ménager adroitement la draperie de leurs enveloppes disgracieuses, et marchoient avec toute la grace des Européennes.

On ne rencontre à Damas que très peu d'individus de l'un et de l'autre sexe noircis, secs et véritablement laids, à l'exception de quelques Arabes des déserts, qui y viennent accidentellement pour leurs affaires, et dont les formes et le costume sont exactement ceux des malheureux habitants du Hedjaz.

On jouit communément à Damas d'une bonne santé; les femmes sur-tout y sont rarement malades. Je crois que l'aisance générale, qu'une conduite régulière, une vie tranquille et modérément occupée, enfin l'usage des bains chauds, produisent ces heureux effets. L'unique maladie endémique du pays est la fièvre tierce double maligne, qui, mal guérie, dégénère en obstruction, en hydropisie ou en fièvre quarte. La durée ordinaire de la vie à Damas est de soixante-dix à quatre-vingts ans; on y compte aussi quelques centenaires.

La peste s'y introduit difficilement; dans l'espace de vingt-quatre ans on ne l'a éprouvée que quatre ou cinq fois, encore très foiblement, et depuis dix ans elle n'a pas reparu. Quand la peste vient du côté de la mer, elle est moins désastreuse, et ne tue que peu de personnes; mais quand elle vient d'Alep, elle est alors plus meurtrière, et emporte bien des victimes. Cependant les habitants ne prennent point de précautions; et j'étois étonné de les voir à l'abri de ce fléau, tandis qu'il venoit d'exercer ses ravages à Alep. Les caravanes, les passagers, les effets étoient expédiés ou reçus journellement sans aucune mesure sanitaire; et Damas avoit échappé à ce fléau destructeur. Cela prouve que la communication de la peste ne dépend pas uniquement du contact, mais qu'il faut encore un ensemble de dispositions personnelles et locales.

J'ai trouvé dans cette ville deux médecins francs ou européens, six du pays, et une infinité d'aventuriers empiriques, mâles ou femelles, de même que dans les autres contrées musulmanes.

Comme le pays est peuplé de gens laborieux et de négocians actifs, les fainéants ne peuvent y faire fortune; aussi on y trouve peu de mages ou de devins, et si par hasard il en vient quelqu'un, il s'aperçoit bientôt que le pays ne lui offrira pas de grands avantages.

Damas renferme une vingtaine de grandes écoles et beaucoup plus de petites, pour les enfants.

Les hautes études se font dans cinq écoles; mais ces études, comme dans tout le reste de la Turquie, se réduisent à la science de la religion, qui est en même temps un cours de législation ou de jurisprudence.

On fait en outre des lectures journalières et des explications publiques sur ces sciences à la grande mosquée et dans d'autres. Il y a pour cela une vingtaine de docteurs de la loi, respectables par leurs qualités et par leur savoir; et dans ce nombre il en est peut-être deux ou trois de véritablement savants dans leur genre.

Le bas peuple jouit d'une aisance honnête; on voit peu de pauvres, et rarement des mendiants. Si l'on rencontre peu d'aveugles, on trouve en revanche, et comme par une espèce de compensation, assez de saints ou autres, qui se donnent pour fous ou pour imbécilles, afin de s'attirer la vénération publique.

Dans les mariages, les circoncisions et les enterrements, le peuple met peu d'apparat; les riches n'en mettent point du tout. Les chrétiens célèbrent ordinairement leurs mariages avec plus de pompe que les musulmans.

Pendant les nuits du Ramadan les mosquées et les rues sont illuminées; le peuple va et vient, mais il est tranquille, et ne fait pas le moindre bruit. A l'exception de cette solennité, je crois que les habitants de Damas n'ont aucune fête publique de quelque importance.

Malgré l'avancement de la civilisation de cette ville, et quoique la subsistance de la plus grande partie des habitants soit fondée sur la fabrique et le commerce des toiles et des étoffes de soie, dont ils sont presque tous habillés, cependant il y existe un parti nombreux qui desire l'arrivée des Wehhabis (1). Ils n'ignorent point cependant que ces sectaires défendent l'usage de la soie, du tabac, etc., qu'ils regardent comme un péché, et que, par leurs principes religieux, ils opposent des obstacles insurmontables aux manufactures et au commerce.

Le gouvernement de la ville de Damas et d'une vaste étendue de pays au S. jusqu'à

---

(1) Cependant lorsque les Wehhabis se sont approchés de la ville postérieurement à ces notes d'Ali Bey, ils se sont bien défendus. (*Note de l'Editeur.*)

Halil ou Hébron au-delà de Jérusalem, et au N. jusqu'au voisinage d'Alep, est entre les mains d'un pacha du Grand-Seigneur. Cet homme, tant par l'étendue de son gouvernement que par la noble charge de conduire tous les ans la grande caravane à la Mecque, sous le titre d'*Emir el Hadj* ou prince du pélerinage, jouit de la plus haute considération à la cour, et il est regardé comme l'un des premiers dignitaires de l'empire ottoman.

Les revenus fixes de ce pachalik sont estimés à quatre mille bourses ou cinq millions de francs; mais les avanies, les présents, les concussions augmentent de beaucoup cette somme. Le sultan venoit alors de confier à ce pacha le gouvernement de *Tàraboulous* ou Tripoly de Syrie, qui n'est pas d'une moindre importance.

Dans toute l'étendue de son gouvernement le pacha peut avoir sous ses ordres cinq à six mille soldats, turcs, mogrebins et autres; mais à cette époque, qu'il étoit en tournée pour percevoir les tributs de la partie du S., et pour apaiser les troubles de Jérusalem, il avoit, m'a-t-on dit, une armée de dix mille hommes.

Pendant l'absence du pacha, la ville est gouvernée par le *Mutselimm*, employé du premier ordre.

Les autres employés sont le *mollah*, chef du tribunal civil; le *kadi*, juge ecclésiastique; le *moufti*, chef interprête de la loi; l'*aga des janissaires*, le *capicoul aga* ou gouverneur de la citadelle, et le *kiahia bey* ou lieutenant du pacha.

Damas est entouré de murailles, avec des tours et quelques fossés; mais ces ouvrages sont à demi ruinés, et hors d'état de tenir contre une attaque en règle; d'ailleurs les faubourgs extérieurs bordent le pied de la muraille de tous les côtés.

La véritable défense de la ville consiste dans ses jardins, qui forment une forêt d'arbres, et un labyrinthe de haies, de murs et de fossés, de plus de sept lieues de circonférence; ce qui n'est pas un petit obstacle pour un ennemi musulman qui voudroit l'attaquer.

Entre les tribus de Bédouins qui habitent les déserts voisins de Damas, la plus considérable est celle d'*Anaze*, dont le prince ou le grand scheik s'appelle *Fadde*. Cette tribu habite le désert à la partie orientale de la ville, et s'étend jusqu'au voisinage de Bagdad. On assure que tous ces Arabes ont admis la réforme d'Abdoulwehhab.

J'ai visité le village de *Salakhie,* qui est le lieu de plaisance des habitants de Damas. C'est un bourg assez étendu, avec deux grands marchés publics, et une infinité de maisons et de jardins dans toute la campagne qui l'entoure. Il est situé au pied des montagnes, vers le N. de Damas. C'est véritablement un lieu de délices.

CHAPITRE XI.

Voyage à Alep. — Description des khans. — Caravane. — Tadmor ou Palmyre. — Ville de Homs. — Rivière Orontes. — Ville de Hama. — Liberté de mœurs. — Rencontre nocturne. — Arrivée à Alep. — Remarque sur cette ville.

Voulant profiter d'une caravane qui partoit pour Alep, je sortis de Damas, le samedi 29 août, à quatre heures de l'après-midi. Après avoir marché pendant plus d'une heure entre les jardins, je suivis une plaine vers le N. E., sur laquelle on rencontre quelques villages, et vers sept heures trois quarts j'arrivai à un khan nommé *Khossèir*, où je me réunis à la caravane pour continuer mon voyage.

Dimanche 30.

A trois heures un quart du matin je me dirigeai, vers l'E. N. E., par la grande plaine de Damas. Deux heures après j'entrai dans une gorge, qu'on disoit périlleuse, et qui est terminée par les ruines d'un ancien ouvrage, et une citerne où l'on trouve de l'eau.

Après avoir franchi les montagnes, je parcourus, dans la direction du N. N. E., une autre plaine, dans laquelle est situé le village de Cotaïfa, où j'arrivai à huit heures un quart du matin. Ce village a quelques jardins et une jolie mosquée, quoique petite. Je restai à Cotaïfa, logé dans cette mosquée, jusqu'à dix heures du soir, que je repris ma route vers le N.

☾ 31.

Après avoir monté plusieurs petites côtes en différentes directions, j'arrivai, un peu avant minuit, au *khan Aarons*, qui tombe en ruines. Une lieue à l'O. de ce khan est le village Maloula.

De là, continuant de marcher au N. N. E., à travers un pays plat, entrecoupé de collines et de déserts, j'entrai, à sept heures trois quarts du matin, à *Nèbka*, bourg bien situé, qui peut renfermer un millier de familles, et où l'on trouve des jardins et de l'eau excellente.

Tout le pays en-deçà de Khan Kosseir est entièrement calcaire, semé de pierres roulées calcaires, et presque dépourvu de végétation, à l'exception de quelques graminées.

Les naturels répandoient la nouvelle que les Arabes d'Anaze ayant marché contre les Wehhabis, leur avoient pris un certain nombre de femmes, de filles et d'enfants, et qu'ils les avoient amenés dans ce pays pour les vendre comme des esclaves, les traitant en infidèles indignes d'être musulmans. On m'avoit dit à Damas que les Anazis étoient des amis des Wehhabis; ce qui me fit présumer que cette guerre se faisoit avec une autre tribu ou canton des Anazis, nation considérable, ou que c'étoit peut-être une nouvelle guerre survenue entre les deux peuples.

♂ 1er *septembre.*

A quatre heures et demie du matin je repris ma route, vers le N. N. E., par un bon chemin plat, et à sept heures un quart j'arrivai, avec la caravane, à Kara, lieu bien situé sur une hauteur, avec des jardins; on n'y compte aujourd'hui que trois cents familles; mais il étoit beaucoup plus peuplé anciennement : le mauvais gouvernement est cause, dit-on, de sa dépopulation actuelle; la moitié des maisons tombent en ruines.

Le terrain que nous venions de parcourir est

entièrement désert comme celui de la veille.

Les caravanes s'arrêtent toujours dans les khans que l'on rencontre près des villes et villages. Pour moi, j'avois logé, le jour précédent, chez un laboureur chrétien, et ce jour-ci je logeai chez un laboureur musulman. Il y a chez ces habitants un caractère de candeur et de bonté qui me plaît infiniment : leurs maisons sont remarquables par une extrême propreté; ils sont dans l'aisance, bien habillés, et ne manquent d'aucun meuble et d'aucun ustensile nécessaire au service du ménage. J'ai remarqué qu'ils ont particulièrement une grande quantité de jolis petits matelas et de coussins à la turque; il paroît même que c'est en quoi consiste leur principal luxe.

Comme j'ai beaucoup parlé des *khans*, il me semble nécessaire de donner la description des monuments de ce genre que j'ai vus dans la Turquie.

Le *khan* est un bâtiment quadrangulaire, quelquefois avec des tourelles aux angles, et couronné de meurtrières, à la manière d'une forteresse. Ces édifices sont plus ou moins considérables; leur grandeur moyenne peut être de cent trente-trois pieds de côté : l'intérieur est ordinairement composé d'une ou de deux cours entourées d'écuries; quelques uns ont une mosquée ou simplement une chapelle pour faire la prière; il y en a même qui renferment des habitations. Je crois qu'ils ont tous été construits par ordre du gouvernement.

Ces établissements sont toujours ouverts; les caravanes et les passagers entrent et sortent librement et sans gêne, sans demander permission ou congé; chacun y loge tout le temps qu'il veut, sans payer la plus légère rétribution à personne.

Une aussi belle institution dans l'empire turc est un effet du principe de la morale religieuse, qui établit, comme l'une des obligations indispensables de tout musulman, l'*hospitalité* envers le passager, quels que soient sa nation et son culte. En conséquence de ce principe, il y a des khans dans tous les endroits peuplés ou déserts où les voyageurs doivent faire halte. Ceux que j'ai visités sont bien construits en pierre, quelques uns même avec le luxe de l'architecture; mais, comme ils sont déjà fort anciens, plusieurs tombent en ruines, et je pense qu'on ne les rétablira pas; ce qui fortifie mon sentiment, c'est que l'époque de la gloire musulmane est entièrement passée.

La caravane étoit composée d'à-peu-près trois cents bêtes de charge, tant mules et chevaux que chameaux et ânes; la plupart cependant étoient des mules; et presque tous ces animaux venoient d'Alep. Les mules, sans être d'une haute taille, sont fortes, courageuses et d'une grande vivacité. Les ânes sont d'une espèce intéressante; ils ont les jambes très longues, et le corps aussi gros que celui des mules; vifs et courageux comme elles, on auroit peine à les en distinguer, s'ils n'avoient de grandes oreilles, qu'ils portent toujours droites. Les mules et les ânes sont ordinairement noirs; ils cherchent à se surpasser dans leur course.

Il y avoit avec nous un grand nombre de passagers, de femmes et d'enfants des deux sexes.

D'après les informations que j'ai prises, Taraboulous ou Tripoly est presque exactement à l'O. de Kara; ce qui coïncide avec mon estime géodésique. A une journée de là, vers l'O. S. O., est située *Baàlbek*, ville grande, mais ruinée. A une heure de distance, vers l'O., se trouve la rivière Caffara, qui se perd dans un lac. A vingt-deux heures de chemin, ou trois journées de distance vers l'E., est *Tàdmor* ou *Palmyre*. Cette ville si fameuse est actuellement de moitié plus grande que Kara, c'est-à-dire, qu'elle peut renfermer cinq cents familles. En allant à Palmyre, on arrive le premier jour au village de *Haouarinn*, et le second à *Karitèinn*. Les Arabes d'Anaze, éloignés de Kara de deux journées vers le S. E., étendent leur domination et leurs incursions jusqu'à Palmyre. Entre eux et Kara il n'existe aucune autre tribu de Bédouins. Un homme, sur un dromadaire, se rend à Palmyre en moins d'un jour.

☿ 2.

La caravane partit à trois heures et demie du matin, à travers des montagnes, dans la direction du N. et du presque N. quart N. O. A six heures elle passa entre un groupe de maisons, regardé comme une forteresse, et nommé *Kalaat el Bridj*; il contient quelques habitants et du bétail.

Deux heures après, elle arriva dans un endroit regardé comme dangereux : c'est une gorge dominée par des hauteurs, sur lesquelles il y a différents monceaux de pierres, en forme de parapets, qu'on croit avoir été entassées par les brigands. Tous les hommes d'armes de la caravane montèrent sur les hauteurs qui bordent le chemin, et y restèrent sous les armes jusqu'à ce que la caravane eût entièrement défilé. De là on découvre, à une grande distance au N., le village de *Hàssia*. Au sortir de la gorge, et après avoir passé auprès d'un khan qui tombe en ruines à peu de distance de Hassia, nous entrâmes dans ce village à neuf heures trois quarts du matin.

Tout le pays, depuis Damas, est un désert aride, au milieu duquel est situé Hassia, misérable village qui renferme cependant quelques petits jardins.

♃ 3.

Nous étions en marche un peu avant une heure du matin, faisant route au N. Trois heures après je passai par un hameau; d'où, continuant vers le N. quart N. O., j'arrivai à Homs à huit heures et demie.

Nous venions de parcourir une montagne arrondie, dont le penchant est très doux à l'E.: de cette hauteur, bordée à l'O. par la chaîne des hautes montagnes du Liban, on découvre un vaste horizon. Tout le pays est désert; mais nous commencions à apercevoir une terre rouge pâteuse, d'une autre qualité que celle que j'avois remarquée les jours précédents, et couverte de petites plantes desséchées à cette époque. Le terrain paroît susceptible d'une bonne culture.

Au lever du soleil nous fûmes tout-à-coup enveloppés d'un brouillard épais; mais dix minutes après, il s'éleva aussi promptement qu'il étoit descendu.

Dans ces régions, les femmes, à l'imitation des hommes, sont communément munies d'une longue pipe. J'en vis ce jour-là une de celles qui faisoient partie de la caravane fumer gravement sur son cheval avec une pipe de quatre pieds de longueur, la figure entièrement découverte: c'étoit une fille de dix-huit à vingt ans, belle comme un ange; mais l'usage de la pipe la rendoit bien difforme à mes yeux.

Homs est une ville assez considérable : on y compte de vingt-cinq à trente mille musulmans, et trois cents chrétiens, mais point de juifs. Elle contient un grand nombre de mosquées, avec de hauts minarets déliés à la turque; deux églises chrétiennes grecques schismatiques, et une église syrienne; des bazars ou marchés bien fournis et très fréquentés; des cafés non moins achalandés; une *alcaïsseria* ou marché considérable pour les étoffes de soie; un grand khan et d'autres plus petits. Les rues sont bien pavées ; les maisons, quoique construites en pierre, offrent un aspect lugubre par leur couleur noire, parceque tout est construit en basalte ou en trapp. Enfin Homs présente tous les caractères d'une grande ville.

Les habitants paroissent exercer un commerce actif. On récolte dans le pays beaucoup de grains; mais l'huile y vient des côtes, et le riz de l'Égypte. Les vivres et l'eau sont bons; le pain a la forme des gâteaux arabes. L'eau qu'on y boit vient d'une fontaine : celle des puits n'est pas potable. A une demi-lieue vers l'O. de la ville coule la rivière *Wad el Aàssi*, qui est l'antique et célèbre *Oròntes*. Ses eaux alimentent un grand nombre de canaux qui servent à l'arrosement des jardins de la ville.

Le gouverneur, le kadi et les autres employés du gouvernement, sont tous des Arabes du pays, à l'exclusion des Turcs. La ville dépend du pacha de Damas, qui nomme le scheih el beled ou gouverneur parmi les naturels de la ville ou du territoire, conformément à la constitution du lieu.

Les murs sont entourés d'une enceinte formée par d'innombrables cimetières, qui attestent la nombreuse population de cette ville. Vers le S., sur une montagne isolée qui a le même aspect que celles des décombres à Alexandrie, on remarque une vaste forteresse très ancienne, avec plusieurs tours, avantageusement située, mais à demi ruinée aujourd'hui.

La position de la ville est également bonne; elle est un peu élevée, bien aérée et par conséquent salubre. Aussi depuis quinze ans la peste n'y a pas exercé ses ravages; et pendant que ce fléau désoloit naguère la ville d'Alep, les habitants de Homs n'en ont pas été atteints, malgré l'activité de leur commerce avec ceux d'Alep, et leur défaut de précaution pour éviter la contagion. Quand on est témoin de choses pareilles, on est tenté d'excuser un peu le fatalisme des Turcs et des Arabes, cause de leur insouciance extrême à cet égard.

Il existe à Homs une porte, quelques pans de murailles, et deux tours, qui sont des restes du séjour des anciens Grecs.

Taraboulous se trouve à trois journées de Homs du côté de l'O. S. O.: la première journée on se rend à Hadidi, et la seconde à Scheih-Aaïaschi.

Pour aller à Palmyre, on se rend d'abord à Hassia, d'où l'on suit la route que nous avons énoncée plus haut.

On compte quatre journées de Homs à Latakia.

♀ 4.

La caravane se mit en marche à deux heures et demie du matin, en direction vers le nord, et après avoir laissé sur la droite le petit village de *Deàa et Teille* à cinq heures, elle fit son entrée à Rastan deux heures après.

Le sol que nous venions de parcourir est aussi élevé que celui de la veille; le plan en est seulement plus vaste; il est, pour ainsi dire, à perte de vue vers l'est, et terminé à l'ouest par la chaîne du Liban, qui commence à s'élever à deux lieues et demie de distance du chemin, et dont le second rang de montagnes et en même temps le plus élevé est couvert de neige.

Quoique inculte en grande partie, le terrain est composé d'une bonne terre végétale, et couvert des mêmes plantes desséchées que j'avois déjà observées la veille.

Rastan est un pauvre village de laboureurs, situé sur le bord d'un précipice affreux, dont le pied est baigné par le Wad el Aass : vue de la hauteur, cette rivière paroît peu large; elle fait en cet endroit un circuit de l'ouest au nord-est à travers un vallon étroit et profond. Le village est assis sur la rive droite du fleuve. Les maisons y sont construites en trapp noirâtre comme à Homs. Les charrues sont en bois sans ferrure. Il a sans doute été une époque où ce village a joui d'une sorte de grandeur. J'en trouve la preuve dans les nombreux débris de colonnes en marbre, dans des morceaux énormes de granit, et dans des ruines qui annoncent le dernier période de la décomposition; le tout paroît appartenir à une époque très reculée. Ces ruines ne seroient-elles pas du même temps que celles de Palmyre? la position importante de ce point auroit-elle servi anciennement de place de guerre? C'est ce que je ne puis décider, faute de matériaux pour pouvoir me livrer à des recherches.

Au coucher du soleil je descendis au bord de la rivière, où la caravane étoit campée. J'allai visiter un khan qui est d'une bonne construction; un moulin; puis un pont composé de huit ou dix arches. La rivière est coupée par de grandes digues bien construites, qui servent pour le moulin, et d'où l'eau se précipite avec fracas. Cette eau est bonne, mais trouble. Je présume que la largeur moyenne de la rivière est d'environ cinquante pieds; le courant est rapide, et les bords sont marécageux. Son lit est tellement profond, que les eaux ne peuvent être d'aucune utilité pour les terres voisines, qui demeurent incultes et arides faute d'irrigation.

♄ 5.

A minuit, laissant la rivière sur la droite, et remontant sur le plan supérieur, on se dirigea au nord, sauf quelques légères déviations. Descendus par une pente douce, nous entrâmes, à cinq heures un quart du matin, dans la ville de Hama, située au bas d'une petite côte que nous venions de franchir, et nous traversâmes une seconde fois l'Oronte, qui passe au milieu de la ville.

Hama est une cité considérable; on assure que sa population est le double de celle de Homs; ce qui supposeroit quatre-vingt mille ames; je la crois peuplée d'environ cent mille. Sa situation est charmante, particulièrement du côté de la partie principale, située à la rive droite de l'Oronte sur le plan supérieur du terrain;

le reste de la ville descend en amphithéâtre jusqu'au bord de l'eau, et remonte également de l'autre côté sur la rive gauche, où elle occupe un vaste espace, et renferme une montagne assez haute dans son enceinte. Enfin l'étendue et l'aspect de Hama annoncent une ville du premier ordre; et je ne puis m'empêcher d'être surpris qu'elle ait aussi peu attiré l'attention des voyageurs et des géographes, dont les descriptions et les cartes m'avoient fait croire jusqu'alors que ces deux villes (Homs et Hama) n'étoient que des bourgs un peu plus considérables que les autres.

Il y a beaucoup de maisons entièrement construites en pierre à Hama; mais le plus grand nombre n'ont que la partie inférieure en pierre, tandis que la partie supérieure est en maçonnerie ou en brique, revêtue de marne blanche. Plusieurs maisons des faubourgs extérieurs sont couronnées de coupoles coniques comme à Damas.

Les rues sont en général étroites et irrégulières; mais les principales, qui forment les bazars, ont assez d'alignement et de largeur, et plusieurs sont entièrement couvertes.

Hama renferme un grand nombre de bazars abondamment fournis de marchandises et de vivres, et dans lesquels la foule se presse de tous côtés. On y compte plusieurs beaux cafés bien fréquentés, et beaucoup de mosquées, avec de hauts minarets; mais toutes celles que j'ai visitées sont petites, et composées seulement d'une cour étroite, avec une fontaine ou un réservoir d'eau au milieu; un rang ou deux d'arcades reposant sur des piliers, où se trouve le mehereb ou niche de l'iman, ainsi que le monbar ou tribune des vendredis.

La rivière, sur laquelle on a élevé deux ponts, forme le tableau le plus intéressant. Elle est encaissée entre des maisons et des jardins charmants; son eau jaillit en cascades pardessus les digues placées les unes au-dessous des autres en échelons. L'objet de ces digues est de diriger l'eau pour donner le mouvement à une infinité de roues hydrauliques, dont quelques unes ont jusqu'à trente-deux pieds de diamètre. Ces roues servent à faire monter l'eau de la rivière; elles sont si bien construites qu'au lieu de produire le bruit ou le craquement incommode qui résulte des machines de cette espèce, elles rendent au contraire des sons graves extrêmement doux. L'eau élevée par le moyen de ces roues est conduite à différentes destinations par des aquéducs supportés par des arcades; j'en ai particulièrement examiné un qui m'a paru fort beau. Sans doute que ces travaux sont un reste de l'ancienne époque; mais il est louable de les avoir conservés malgré le génie destructeur qui règne dans le pays.

Ces aquéducs distribuent l'eau aux différentes mosquées et aux autres endroits de la ville, et fournissent à l'irrigation de nombreux jardins, situés dans les faubourgs sur la rive gauche de l'Oronte.

Presque tous les habitants de Hama sont Arabes; il y a peu de Turcs. J'y ai bien vu des chrétiens et des juifs, mais j'ignore quel en est le nombre. On y rencontre aussi une grande quantité d'Arabes du désert avec le costume du hedjaz.

Les vivres y sont bons; les légumes et les fruits, abondants; mais la viande n'y est pas d'aussi bonne qualité, et le pain est sous la forme des gâteaux arabes. L'eau de la rivière, la seule du pays, quoique trouble ou blanchâtre, n'en est pas moins bonne.

On remarque dans les habitants le même penchant pour les relations commerciales que parmi ceux de Homs et de Damas. Il y a des fabriques de tous côtés; à l'alcaïsseria, qui sert de bazar pour les ouvrages en soie, on trouve des assortiments considérables.

Hama renferme quelques édifices construits à la manière d'Europe et avec de grandes croisées.

A mon arrivée dans la ville, je croyois entrer dans un vaste hôpital : les hommes, les femmes, les enfants, pendant les mois de chaleur, dorment presque tous dans les rues, sur les terrasses et devant les portes des maisons. Comme il étoit de fort bonne heure, la plupart dormoient encore en toute sécurité : d'autres, déjà éveillés, me regardoient passer sans donner le moindre signe d'inquiétude ; d'autres s'habilloient tranquillement, et les femmes vaquoient à leur toilette avec la même liberté que si elles eussent été dans un cabinet bien clos. Ce jour-là j'eus l'occasion de distinguer parmi elles des figures célestes. En réfléchissant sur cette coutume, dira-t-on que les mœurs sont extrêmement dépravées ou entièrement innocentes ?...... Je n'ose décider la question, vu le peu de temps que j'ai séjourné à Hama. Dans la maison où j'étois logé il y avoit plusieurs femmes laides, à la vérité, qui entroient et sortoient librement, et venoient même sans voile dans mon appartement, pour faire le service, comme les servantes d'Europe. Une d'elles, qui faisoit la petite maîtresse, portoit un grand anneau d'or de trois pouces de diamètre à travers le cartilage droit du nez. Le costume de ces femmes est une grande chemise de coton, bleue ou blanche, surmontée d'un cafetan ouvert sans ceinture, et peu large. Elles ajoutent à ces vêtements les anneaux, les bagues, les bracelets, les maniotes, les pendants d'oreille, les colliers, les clinquants aux cheveux par derrière et par devant, enfin une quantité de bijoux telle, que, lorsqu'une femme élégante marche, elle fait autant de bruit que ces mulets du midi de l'Europe qui vont constamment chargés de sonnettes et de grelots.

Cette ville, qui ressort du pachalik de Damas, est gouvernée par un Arabe du pays, nommé par le pacha.

J'y ai remarqué une école d'une espèce nouvelle. Dans une mosquée se tenoient deux vieux docteurs assis l'un vis-à-vis de l'autre, ayant chacun un papier à la main; un troisième vieillard, placé entre eux, remplissoit les fonctions de modérateur. Les deux antagonistes s'attaquoient mutuellement avec des arguments scolastiques sur la loi ; et, quand ils s'échauffoient trop, le troisième imposoit silence. Cette discussion servoit de leçon à un cercle nombreux d'auditeurs.

Comme les eaux de la rivière ne peuvent monter jusqu'au plan supérieur du pays, l'aridité de ce désert fait un singulier contraste avec la verdure et la beauté des plans inférieurs où l'arrosage est praticable.

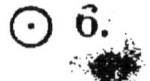

A deux heures et demie du matin je me dirigeai vers le N. N. O., à travers plusieurs collines. Au lever du soleil je laissai une mosquée sur la droite ; et, tournant au N. N. E., je passai à huit heures près des derniers restes d'une ville ancienne que la tradition du pays nomme *Letminn*. Parmi un monceau de ruines je distinguai un beau fragment de corniche en granit rouge, plusieurs morceaux de colonnes, et les restes d'un grand aquéduc. Enfin, sur les onze heures, j'entrai à Khan Scheikhoun, village situé sur le penchant d'une colline, avec un grand khan au pied.

Le pays parcouru ce jour-là est une continuation du désert aride dont j'ai déjà parlé. Le village ressemble à un groupe de ruches, à cause des coupoles coniques qui couvrent les maisons. On y boit de l'eau d'un puits, qui est fort bonne.

☾ 7.

Je partis à quatre heures du matin, faisant route au N. par un pays composé de collines ondoyées, d'où on aperçoit encore dans l'éloignement les hautes montagnes de l'O., dont je m'écartois chaque jour.

Je passai auprès de quelques anciens débris qui étoient dans leur dernier degré de décomposition; je vis aussi plusieurs puits, dont l'eau est excellente, et au fond desquels on descend par un bel escalier en pierre. Quoique le pays soit désert, le terrain est composé d'une bonne terre rouge végétale et de roches calcaires.

A neuf heures et demie j'arrivai à *Màrra*, bourg que je crois composé de deux mille familles. J'aperçus à l'entrée plusieurs tombeaux construits en pierre, formant chacun comme un catafalque élevé, et entouré de cinq ou six gradins.

Marra est la dernière ville du gouvernement de Damas, qui s'étend encore à trois lieues plus loin vers le N.; en sorte que ce pachalik peut être considéré comme un royaume, depuis le désert d'Égypte jusqu'aux portes d'Alep.

Je logeai dans une chapelle, où mon lit fut placé à côté du tombeau du saint que l'on y révère.

♂ 8.

A trois heures et demie du soir je me mis en route vers le N. et le N. N. E.

Pour se rendre de Marra à Alep il existe deux chemins : le principal, qui est le plus fréquenté, étoit alors occupé par les troupes d'un ancien pacha d'Alep; et comme mes Arabes craignoient de le rencontrer, nous prîmes l'autre route qui va sur la droite, et qui est déserte.

Au coucher du soleil je passai dans un hameau, qui avoit un khan et un puits, où je fis tirer de l'eau.

A huit heures et demie du soir la route tourna au N. E. et à l'E. N. E. A neuf heures je traversai un grand douar, composé de tentes, de baraques et de quelques maisons.

☿ 9 *septembre.*

La nuit étoit obscure; le terrain, mouillé par la rosée, étoit également noir, en sorte qu'on ne pouvoit rien distinguer à dix pas de distance. J'étois à la tête de la caravane, avec huit ou dix Arabes armés et à cheval, ayant devant moi la mule qui portoit mes papiers, et dont je ne confiois la garde à personne pendant la nuit. Nous marchions dans cet ordre, lorsque, vers les deux heures et demie du matin, nous aperçûmes devant nous, à une vingtaine de pas de distance seulement, une troupe d'hommes à cheval. Il n'étoit plus temps de reculer et d'arrêter. Sur-le-champ je m'écrie: *Hors d'ici, hors d'ici.* Les Bédouins répondent par le même cri; nous continuons notre marche, le sabre à la main. La mule chargée de mes papiers étoit déjà au milieu de la troupe ennemie; plusieurs hommes armés de ma caravane accourent vers moi: l'un d'eux, qui étoit encore à dix ou douze pas derrière, tire son coup de fusil au hasard; la balle siffle à mon oreille droite. Tout cela fut l'ouvrage de moins d'une minute. Les Bédouins, voyant notre bonne contenance, jugèrent à propos de se retirer. Après nous avoir salués, ils continuèrent leur route, respectant nos forces, parcequ'ils n'étoient qu'environ une vingtaine d'hommes à cheval, seulement armés de lances.

Suivant la route vers l'E. N. E., à quatre heures et demie du matin je fis halte sur le bord d'un canal, auprès de quelques métairies, où l'on battoit le grain.

Nous reprîmes notre marche à dix heures du matin, vers l'E. N. E., à travers des collines de roche calcaire, où se trouvent des plantations d'oliviers. A trois heures après midi nous entrâmes dans Alep.

Cette ville, nommée *Hàleb* par les Arabes, a été l'objet de tant de descriptions, que presque tout ce qu'on pourroit en dire ne seroit que pure répétition : continuellement fréquentée par une foule d'Européens et d'étrangers de toutes les nations qu'y attire son grand commerce, elle est presque aussi connue qu'une ville d'Europe ; je dirai seulement qu'elle renferme plusieurs beaux édifices, et quantité de marbres de toute espèce ; que la grande mosquée est belle, sans être magnifique ; que les rues sont bien pavées, les bazars couverts en voûte, avec des lucarnes ; mais que ceux de Damas sont beaucoup plus riches et bien mieux fournis ; qu'il y a fait une chaleur insoutenable pendant les vingt premiers jours de septembre, jusqu'à la veille de l'équinoxe; et qu'il y eut à cette époque une forte tempête sur les montagnes de l'O., après laquelle l'atmosphère devint tempérée. On voit, parmi les chrétiens et les juifs, la combinaison bizarre du chapeau à trois cornes avec la robe longue orientale.

Pendant tout le temps de ma résidence à Alep je fus malade, et presque dans l'impossibilité de pouvoir me livrer à la moindre occupation.

CHAPITRE XII.

Voyage à Constantinople. — Antioche. — Tarsus. — Mont Taurus. — Arc de triomphe. — Hordes de bergers turkomans. — Manière de voyager en Turquie. — Ville de Konia. — Assiom Karaïssar. — Kutaïeh. — Chaîne du Mont Olympe. — Scutari. — Entrée dans Constantinople.

Le samedi 26 septembre, à cinq heures du matin, je sortis d'Alep, accompagné seulement d'un esclave, d'un *tatàr*, de quelques muletiers et de cinq fusiliers d'escorte.

Faisant route vers l'O., avec une légère inclinaison au N., je montai un pays désert, entièrement composé de roche calcaire. A huit heures et demie je me trouvai auprès d'un hameau, où les soldats d'escorte nous quittèrent pour retourner chez eux, parcequ'à une certaine distance d'Alep on ne craint plus d'être pillé par les Bédouins ou par les voleurs qui rôdent autour de la ville.

Il y a dans cet endroit, à côté du chemin, une excavation perpendiculaire de forme presque elliptique, qui a plus de cent pieds de diamètre moyen, et quarante de profondeur. A la moitié de sa hauteur on voit une galerie qui en fait le tour, et les ouvertures de différentes cavernes. Les musulmans pensent que ce sont les restes d'une ville engloutie. Les chrétiens d'Alep assurent que c'étoit jadis un amphithéâtre pour les combats de bêtes féroces ; ce qui paroît assez probable. Il est aussi possible que ce monument ait servi de prison ou de catacombes; peut-être encore étoit-ce une immense citerne. Je n'ose absolument rien décider à cet égard.

De là le chemin tourne davantage au S. O., à travers des rochers qu'il me fallut monter et descendre jusqu'à dix heures trois quarts, que je m'arrêtai pour déjeûner dans un hameau nommé Tadil.

Continuant de marcher à onze heures et demie, je passai, vers une heure, dans un autre hameau nommé Téreb, d'où, après une halte de deux heures, j'entrai dans une grande et belle plaine peuplée de villages; à trois heures et demie, m'étant rapproché de la direction S. O. en passant par un village ruiné, je traversai le grand village Hazéni, au coucher du soleil, et j'allai coucher, à six heures, dans un hameau nommé *Mortahoua*.

Cette grande plaine, dont le terrain est d'une belle terre végétale, est fort peuplée; malheureusement elle ne possède ni rivière ni source, et les habitants n'ont d'autre eau que celle des puits et des citernes.

Tous ces villages offrent beaucoup de vestiges et de restes d'anciens monuments; je présume que les citernes qui existent datent de la même époque. On rencontre à chaque pas des fragments de corniches et d'autres ornements d'architecture, amoncelés avec des pierres brutes, qui servent à présent de clôtures aux terres, ainsi que des fragments de colonnes employés à couvrir les puits. C'est ainsi que la main du temps, toujours plus puissante que les vains efforts de l'homme, restitue à la nature ce que l'art lui avoit enlevé.

☉ 27.

Faisant route à l'O. à cinq heures et demie du matin, je sortis peu après de cette grande plaine pour entrer dans un vallon bien cultivé, dont les collines étoient couronnées d'oliviers.

Vers sept heures j'eus à traverser une gorge difficile; puis, montant et descendant des côtes, je débouchai à neuf heures dans une grande vallée, dans laquelle est situé le bourg d'*Armana*. Une heure après je fis halte auprès d'une fontaine située à côté d'un jardin, et dont l'eau est excellente. Ces montagnes, de roche aride, ont exactement le même aspect que celles de Jérusalem.

Tandis que nous déjeûnions, six jeunes filles se présentèrent à la partie intérieure de l'enclos du jardin : on eût dit que c'étoit l'élite du pays, tant elles étoient belles ; leurs figures, d'une blancheur éblouissante, étoient encore embellies par les plus beaux yeux du monde. Une haie d'épines qui les séparoit de nous sembloit les rendre plus hardies ; aussi elles se couvroient et se découvroient le visage à leur gré. Je remarquai qu'elles n'étoient point barbouillées comme les femmes d'Afrique ; elles n'avoient qu'un peu de noir autour des yeux. Je leur envoyai un cornet de sucreries : elles me jetèrent un bouquet (voilà un bien joli commencement de roman) ; mais il me fut impossible de pouvoir découvrir entièrement leur costume, qui étoit la chose que je desirois le plus de connoître. A onze heures nous nous séparâmes les meilleurs amis du monde, et je continuai mon voyage.

Il me fallut d'abord gravir une côte très rude,

environnée de précipices. A midi je parvins au sommet, d'où l'on découvre le *lac Caramort*, à environ trois lieues et demie de distance vers le N. N. O. Arrivés au pied de la montagne à une heure, au milieu de plantations d'oliviers, nous préparâmes nos armes, parceque les Turcomans et les troupes de *Kouchouk Ali*, pacha rebelle, qui se trouve près de Scandroun ou Alexandrette, faisoient des incursions dans le pays, et venoient exercer leurs pillages jusque-là. Vers les trois heures nous nous trouvions sur la rive droite du *Wad el Aassi* ou Orontes, près duquel il y a un hameau appelé *Hamzi*.

Nous traversâmes la rivière, qui n'a pas plus de cent pieds de large, dans une barque qui n'étoit pas calfatée, et qui faisoit eau de tous côtés. Un homme la dirigeoit avec une longue perche, tandis qu'un autre étoit continuellement occupé à épuiser l'eau de la barque avec une grande écope; mais, comme tous les efforts de celui-ci ne pouvoient suffire pour évacuer la quantité d'eau qui entroit dans ce frêle bateau, les deux bateliers étoient obligés, après chaque traversée, de traîner la barque à terre et de la renverser, pour la débarrasser de l'eau qui y restoit encore. A quelle époque faut-il rapporter les connoissances nautiques de ces bonnes gens?....

Ayant reproché à ce moderne Caron, dont la barbe blanche et vénérable ne cédoit en rien à celle du nocher de l'Achéron, le mauvais état de son bâtiment, il me répondit qu'il en attendoit un tout neuf d'Antioche; je le prévins qu'il falloit toujours avoir une provision de braie et d'étoupes pour le tenir en bon état, puisque sans cela dans peu de mois le nouveau ne vaudroit pas mieux que l'ancien; il parut tout étonné de ce conseil, comme d'une chose dont il n'avoit jamais entendu parler. Après un moment de silence il me dit qu'*il profiteroit de mon avis, qui lui paroissoit excellent.*

Je fis camper sur la rive gauche de la rivière. L'eau est si tranquille dans cet endroit, qu'on ne peut reconnoître la direction du courant, si l'on n'y jette quelque corps flottant. La plus grande profondeur est de quatre pieds et demi; les bords sont argileux, couverts du limon de la rivière, coupés presque perpendiculairement, et de seize pieds de hauteur. Le poisson y est abondant.

☾ 28.

Je me dirigeai vers le N., à quatre heures un

quart du matin, en côtoyant le pied de différentes montagnes. A sept heures je passai sur un pont d'une seule arcade, sous laquelle coule un ruisseau. Lorsque je fus descendu au bord de l'autre côté, on m'apporta un poisson de plus d'un pied de longueur qui venoit de sauter sur le sable, et qui étoit encore vivant.

La route ayant tourné vers l'O. N. O., je traversai, vers les sept heures et demie, un autre pont élevé sur un ruisseau comme le précédent; ces ruisseaux vont se jeter dans l'Orontes. A huit heures, arrivé près d'une belle source d'eau vive, je fis halte pour déjeûner.

Environ à quatre milles au N. de cette source se trouve le *Bahar Caramort* ou lac d'Antioche, qui est formé de plusieurs rivières, et dont les eaux se déchargent dans l'Orontes.

Après trois quarts d'heure de repos, je fis le tour d'une haute montagne, puis j'en traversai d'autres plus petites, en suivant les bords de l'Orontes, qui a sur ces divers points le même courant insensible et la même largeur. Tournant ensuite presqu'au S., j'entrai, vers les onze heures et demie, par la porte de l'ancienne Antioche, et, ayant marché encore une demi-heure entre des jardins potagers dans la vaste enceinte des anciens murs, j'arrivai dans la nouvelle ville, dont le gouverneur, Turc de nation, me donna un logement chez lui.

On servit le souper après le coucher du soleil. Le repas fini, le gouverneur se leva le premier, et, jetant par hasard les yeux vers le ciel, aperçut une comète. Il l'annonce; nous regardons : tout le monde a peur, et tremble pour soi; mais je parvins à rassurer les esprits.

Ce gouverneur, nommé *el Hadj Bekir Aga*, personnage fort estimable, me combloit tellement de marques d'affection et de civilités, que je n'avois pas un moment de libre : il étoit sans cesse auprès de moi.

Immédiatement après mon arrivée il envoya ordre à Souaïdie, qui est le port le plus voisin, de me préparer un bateau pour me conduire à Tarsus. La cause qui m'obligeoit à faire cette traversée par mer étoit le danger qu'il y avoit à prendre la route de terre, infestée alors par les brigands de Kouchouk Ali.

Antioche, que les Turcs appellent *Antakia*, renferme quinze mille musulmans, trois mille chrétiens de tous les rites, et cent cinquante juifs. Le patriarche grec d'Antioche étoit à cette époque à Damas; et le patriarche catholique, dans les montagnes.

La moderne Antioche n'occupe qu'une petite partie de l'espace sur lequel étoit située l'ancienne ville, dont la vaste enceinte de murs existe encore pour attester son antique grandeur. Ces murs comprennent un espace de plus d'une demi-lieue de diamètre, et renferment quelques montagnes, avec des fortifications anciennes qui s'étendent jusque dans la plaine. Ils sont en pierre, à demi ruinés, et flanqués de tours carrées à des distances inégales. L'ancienne porte par laquelle j'étois entré est magnifique; mais elle menace de tomber d'un moment à l'autre.

Avant d'entrer par cette porte j'avois vu sur ma gauche une montagne dont la partie inférieure, taillée perpendiculairement, présente la forme d'une façade d'édifice avec une porte carrée bien coupée au milieu, et plusieurs croisées percées dans le roc avec la même perfection; ce qui paroît annoncer des souterrains bien intéressants pour un antiquaire. Les montagnes renfermées dans l'enceinte des murs ont aussi à leur pied quelques coupes perpendiculaires d'où sortent plusieurs sources.

Les rues d'Antioche sont étroites; mais elles ont des trottoirs pavés et très élevés de chaque côté. Les maisons, en pierres sèches, offrent un coup-d'œil sombre et monotone : ce sont les premières que j'aie vues couvertes en tuiles depuis ma sortie de la Mecque. Tout indique que c'est un pays de grandes pluies. Les habitans mêlent de la neige avec de l'eau pour rafraîchir leur boisson. Le climat y est plus froid qu'à Alep, où il ne tombe pas de neige. Il paroît que la principale production du pays est la soie. L'eau et les alimens y sont bons; les gâteaux arabes sont l'unique pain dont on y fasse usage. Je rencontrai à mon arrivée plusieurs femmes, presque toutes d'une beauté parfaite.

Le gouverneur, qui dépend du pacha d'Alep, a un train magnifique; pendant le peu de temps que j'y ai séjourné, il m'a paru qu'il tenoit le pays dans un très bon ordre.

♂ 29.

A midi je reçus avis que le bâtiment étoit prêt. Je voulois partir de suite; mais je fus obligé d'attendre au lendemain.

Le soir après souper un officier françois, habillé en Tatar, venant de Constantinople pour se rendre en Perse, se présenta chez le gouverneur, et, croyant que c'étoit à moi qu'il devoit s'adresser, il rendit plainte contre un Tatar qui ne lui fournissoit pas assez vite des chevaux pour continuer sa route vers Alep. Après l'avoir tranquillisé, et lui avoir indiqué le gouverneur, j'arrangeai la chose; je lui fis des offres de service, et il partit satisfait de sa réception (1).

☿ *30 septembre.*

Ayant fait mes adieux à l'honnête gouverneur, je partis à huit heures du matin, et, après avoir traversé l'Oronte sur un pont, je suivis la rive droite à peu de distance, gravissant et descendant des montagnes, et faisant mille détours qui ne me permettoient pas d'observer toujours exactement la direction de ma route; je crois cependant qu'elle fut en général vers l'O. S. O.

Je m'arrêtai, vers dix heures, dans un canton planté de très beaux jardins; et suivant ensuite la même direction, j'arrivai, sur les deux heures, à l'embarcadaire de *Souaïdie*, sur les bords de l'Oronte, à peu de distance de la mer.

Le pays que je venois de traverser est délicieux, entrecoupé de montagnes et de vallons, et tout couvert de la plus belle végétation et des

---

(1) Cet officier est M. Truilhier, commandant d'artillerie à l'armée du midi d'Espagne. (*Note de l'Editeur.*)

plus charmants bosquets. Le chemin, quoique mauvais, ressemble plutôt aux jolies grottes d'un jardin de plaisance qu'à une route publique : à chaque pas il est traversé par des sources d'eau limpide, par des ruisseaux ou de petites rivières ; les vallons sont couverts de jardins et de plantations, parmi lesquelles on distingue particulièrement le mûrier blanc, qui forme des petits bosquets entrelacés de vignes, de grenadiers et d'autres arbres fruitiers. De nombreux troupeaux de toute espèce de bétail couvrent les montagnes et une partie des vallons. Le majestueux Orontes, grossi par les eaux du lac Caramort et par une quantité innombrable de ruisseaux, coule paisiblement au milieu de ce joli paysage : tout enfin, dans ces lieux charmants, annonce le voisinage du lieu jadis habité par la belle *Daphnis*.

L'embarcadaire de Souaïdie se compose de cinq ou six baraques, et d'une maisonnette où demeurent quelques employés de la douane.

Je m'embarquai dans une chaloupe à sept heures du soir, et une heure après j'étois arrivé à l'embouchure de la rivière. La mer étoit fortement agitée, la barre de la rivière couverte de vagues en fureur, et le ciel profondément obscurci par les gros nuages qui couvroient l'horizon. J'eus de terribles secousses à essuyer dans la chaloupe pour traverser la barre et arriver jusqu'au bâtiment, qui, craignant le voisinage de la terre pendant la grosse mer, étoit mouillé au large.

Il mit à la voile dès que j'y fus entré, quoique le vent fût contraire.

♃ 1er *octobre*.

Après avoir navigué toute la nuit et tout le jour avec des vents différents et toujours contraires, le navire traversa la bouche du golfe de *Scandroun*, et vint mouiller près de terre sur la côte de Caramanie à huit heures du soir. Nous passâmes la nuit à bord.

♀ 2.

Le matin, à peine étions-nous débarqués, qu'un grand nombre de porte-faix, avec des mules et des chevaux, toujours à l'affût des arrivages dans l'espoir d'être employés, s'emparèrent de nos personnes et de nos effets, en se disputant entre eux à coups de poing l'honneur de nous accompagner et de nous servir d'escorte. Il est vrai que leur empressement n'est pas dénué de cet intérêt personnel qui est partout le mobile des hommes.

A peu de distance de la mer il y a un village, nommé *Cazanlìe*, remarquable par la singularité de sa construction. Il se compose d'une centaine de baraques suspendues sur quatre perches à neuf ou dix pieds d'élévation : chaque baraque est formée d'un simple treillage de bâtons et de roseaux, et ressemble plus à un nid d'oiseaux qu'à l'habitation d'hommes civilisés. On y monte au moyen d'une échelle grossière. (*Voyez la planche LXXX.*)

Je remarquai plus loin un autre village beaucoup mieux construit et bien plus intéressant : c'est un douar habité par des bergers turcomans. Les baraques en sont petites, mais extrêmement jolies, et fixées à terre : elles consistent en trois treillages de quatre pieds de hauteur, surmontés d'un toit de même nature, en forme de voûte cylindrique; le treillis des parois est garni de roseaux, de chaume ou de branches, et le toit est couvert avec des peaux. Le quatrième côté, qui reste toujours ouvert, est ordinairement ombragé par une espèce de feuillée en saillie (*Voyez la planche LXXX*). On ne voit dans ce village que des femmes et des enfants ; les hommes conduisent le bétail dans les pâturages. Mais les femmes ne restent point oisives; elles s'occupent à faire du beurre, du fromage, et autres espèces de laitage, avec une extrême propreté. Leur costume est une chemise blanche, un justaucorps avec des manches ajustées, ordinairement en coton piqué, un jupon de coton blanc, avec un mouchoir autour de la tête et du cou. Elles sont toutes blanches, et il s'en trouve quelques unes de belles. Celles qui ont des enfants à la mamelle travaillent avec leur enfant suspendu derrière le dos. Elles ont le visage découvert; et, quoique musulmanes, elles semblent ignorer que la loi ne permet pas cette liberté. Les enfants sont bien habillés, avec des chemises, des jaquettes et des turbans de couleur.

Les habitants de ce canton, connus sous le nom de *Turcomans*, sont aussi redoutables les armes à la main, qu'ils sont bons, doux et honnêtes dans leurs relations sociales.

Après trois heures de marche sur le bord de la mer, toujours au N. E., j'entrai à *Tarsus* à dix heures et demie du matin.

J'avois rencontré sur le chemin beaucoup de buffles, et quelques chameaux chargés de bâts de différentes couleurs.

Presque tous les hommes portent une chemise et un caleçon blanc, un justaucorps à manches ajustées ; d'autres n'ont qu'une petite jaquette sans manches, attachée par une ceinture ; et un bonnet blanc, haut et pointu, entouré du turban. Ils ont ordinairement de grandes bottes noires.

Tarsus ou Tarsis (puisqu'on le prononce des deux manières) est une ville assez considérable, dont les maisons sont fort laides et construites en terre. Elle est située dans une vaste plaine, entourée de jardins, non loin de la rivière où Alexandre-le-Grand courut risque de périr en se baignant ; c'est dans les plaines voisines, à l'E. de la ville, qu'il vainquit l'infortuné Darius.

Il n'y avoit alors dans cette ville qu'un seul Européen ; c'étoit un François.

Le coton et la soie paroissent les principales branches du commerce du pays.

La pluie tomba par torrents toute la nuit.

♄ 3.

Je partis à sept heures du matin, d'abord dans la direction du N. E. ; demi-heure après, ayant traversé la rivière de Tarsus sur un pont de trois arches, je tournai droit au N., et je suivis la même direction pendant le reste de la journée.

Arrivé vers les neuf heures à l'extrémité de la plaine, j'eus à gravir plusieurs collines, au sortir desquelles je m'engageai dans la chaîne du *Mont-Taurus*, composée, du moins quant à la partie que j'ai vue, de roche cornée et de trapp, quelquefois en masses énormes groupées, quelquefois en couches ardoisées plus ou moins obliques, et quelquefois enfin en aiguilles très élevées, formées d'une réunion de prismes perpendiculaires présentant l'apparence de la cristallisation...... Qu'est-ce en effet que toute montagne primitive, sinon une cristallisation colossale?..... Je n'aperçus aucune trace de granit ni de porphyre.

Cette partie de la chaîne est couverte de forêts superbes, dont les arbres les plus communs sont des chênes, des cèdres, des cyprès et des lentisques. Tout ce qui s'est offert à mes yeux dans ce jour me fait présumer que les hautes montagnes de l'île de Chypre étoient, à une époque très reculée sans doute, la continuation du Mont-Taurus. Les tableaux pittoresques, les magnifiques points de vue, les superbes cascades formées par des eaux aussi transparentes que le cristal, qui, de chaque côté, attiroient mes regards enchantés, me firent vivement regretter de ne pouvoir jouir qu'en passant de ces sites délicieux.

Parvenu sur la hauteur, je remarquai une ancienne et magnifique chaussée, construite avec de grandes pierres équarries, sur un plan horizontal au sommet de la montagne, vers le S. E., et terminée par un arc de triomphe, simple, mais noble, dont la partie supérieure commençoit à tomber en ruines. (*Voy. pl. LXXX.*)

Cet arc peut être considéré comme un grand balcon d'où l'on domine entièrement les plaines qui furent le théâtre de la victoire d'Alexandre sur Darius; ce qui pourroit faire présumer que cet arc fut élevé en l'honneur de ce conquérant. La chaussée commence également à périr de vétusté. J'aperçus à l'extrémité septentrionale, sur la gauche, une roche taillée en forme de frontispice ou de piédestal, sur lequel étoit probablement une inscription; mais elle me parut entièrement effacée par la main inexorable du temps, qui se joue des efforts que l'homme fait pour éterniser les monuments de son orgueil.

Après une courte halte vers les trois heures, à côté d'une belle source, j'atteignis à quatre heures et demie la route qui va directement d'Alep à Constantinople, et que je n'avois pu suivre à cause de la rebellion de Kouchouk Ali. Cette grande route semble avoir été fort bonne anciennement, mais elle est actuellement dans une dégradation complète. A sept heures un quart du soir j'entrai à *Diàïde*, dans la maison de la poste. J'y trouvai cinq Tartares, qui étoient successivement sortis d'Alep avant moi.

☉ 4.

Je desirois partir de bonne heure; mais l'usage des Tartares étant de partir toujours tard, je ne sortis de Diaïde qu'à six heures du matin.

La route me dirigea au N. N. E. jusqu'à dix heures et demie, qu'elle tourna au N. O.; à six heures du soir, je fis halte à la poste d'un misérable village, appelé *Wadicàschli*, et que les Turcs nomment aussi *Ouloukiscla*.

A mesure que nous avancions vers le N. O., la partie du Mont-Taurus que nous parcourions perdoit graduellement de sa beauté, et n'offroit plus à la fin que des roches pelées, dont les sommets du côté du N. étoient couverts de neige;

j'avois marché toute la journée à côté de plusieurs rivières et de plusieurs sources dont l'eau est délicieuse; à trois heures après midi je m'étois trouvé dans un pays un peu plus ouvert et plus uni ; et à cinq heures j'avois passé auprès de quelques villages entourés de jardins et de vignes ; comme c'étoit la saison des vendanges, les habitants m'invitèrent à manger du raisin, et me firent présent de petites corbeilles remplies de ce fruit délicieux.

Dans la journée j'avois vu passer des troupes de chameaux qui diffèrent un peu de ceux d'Afrique et d'Arabie : ils ont les jambes de devant plus courtes et plus grosses que les jambes de derrière, le cou beaucoup plus fort, et toute la partie antérieure du corps plus chargée de laine.

J'avois rencontré aussi plusieurs groupes de bergers turcomans : quelle différence entre eux et les pasteurs arabes! Les hommes, les femmes, les enfants, sont tous bien habillés ; les chameaux qui portent leurs effets, et, pardessus, les treillages de leurs baraques, sont couverts de beaux tapis turcs. Ils paroissent jouir réellement de toute l'aisance et de tous les plaisirs de la vie pastorale ; c'est parmi eux qu'on devroit chercher exclusivement les modèles de ces bergers si souvent chantés par les poëtes.

☾ 5.

Il étoit près de huit heures quand je me mis en route vers le N. O. par un pays de collines arides, et ensuite à travers une grande plaine inculte. Je traversai à onze heures un pauvre hameau dont les maisons sont petites et construites en terre; enfin quatre heures après, ayant traversé une rivière sur un pont, j'entrai à *Erèhli*, bourg situé au milieu d'un joli canton peuplé de jardins, sur la rive gauche de la rivière qui se rend au N. E., et non sur la rive droite, comme il est indiqué dans la carte d'Arrowsmith. Ce bourg est assez grand, mais les maisons sont laides, et construites en terre, ou en briques séchées au soleil, comme chez tous les peuples de la Caramanie; les jardins, en revanche, sont fort beaux, et rapportent beaucoup de fruits, particulièrement de grosses et excellentes poires. L'avenue d'Erèhli, vers le N., est une superbe allée plantée de hauts peupliers, et rafraîchie par un canal de chaque côté.

♂ 6.

Nous partîmes un peu après sept heures, faisant route au N. à travers d'immenses prairies couvertes de bétail, sur-tout de buffles, et peuplées de maisonnettes circulaires à toit plat. Après neuf heures, je laissai sur la droite le village de *Hartin*, situé sur la rive gauche d'une petite rivière.

De là, tournant vers l'O. N. O., et ensuite vers le N. O., sur de vastes plaines aussi arides que les montagnes qui les bordent des deux côtés, à deux heures après midi je laissai sur la gauche une saline formée par un large fossé qui entoure une petite montagne de terre isolée : l'eau qui entre dans le fossé, évaporée par la chaleur solaire, laisse après elle un sel marin très blanc, qu'on transporte sur des chameaux dans les pays circonvoisins.

J'entrai à trois heures et demie dans le bourg de *Carabig-nar*, où je fis reposer mes gens. C'est un endroit assez considérable, mais mal bâti, au pied d'un monticule aussi aride que la plaine qui l'entoure ; on n'y voit pas un seul jardin, pas un seul arbre, à l'exception de deux peupliers qui sont dans le bourg. Cela est d'autant plus étonnant, que l'eau ne manque pas dans la plaine. La mosquée de Carabig-nar a une belle apparence en-dehors ; elle se compose d'une grande coupole, entourée d'autres coupoles plus petites, et de deux minarets minces et élevés. Sur le monticule on aperçoit une antique forteresse.

Dans cet endroit, comme dans d'autres de la Caramanie, on remarque un vaste édifice, qu'on peut comparer à un temple à trois nefs, autour desquelles s'élèvent plusieurs cheminées. C'est une espèce de khan destiné à loger la caravane de la Mecque.

Des cinq Tartares que j'avois rencontrés à Diaïde, un seul nous avoit devancés; les autres faisoient route avec moi.

Comme je ne pouvois supporter le trot franc et incommode, qui est leur allure ordinaire, j'étois obligé alternativement d'aller au pas, et de prendre un trot alongé ou le galop, lorsque je me trouvois de quatre ou cinq cents pas en arrière; ce qui me fatiguoit bien moins que le trot franc et soutenu des chevaux tartares.

On sait qu'il y a des relais de poste établis dans toute la Turquie; aussi nous changions de chevaux tous les jours, et souvent même deux fois par jour.

Pour être entièrement débarrassé des soins du voyage, on s'arrange avec un Tartare, qui se charge de conduire, loger, nourrir le voyageur, et de payer tous les frais de route.

moyennant une somme convenue qu'on lui compte, moitié au moment du départ, et le reste à l'arrivée. Pour mon voyage d'Alep à Constantinople, j'avois traité avec mon Tartare pour huit cents piastres, et il fournissoit un cheval pour moi, un autre pour mon esclave, et un troisième pour porter mes effets, indépendamment des frais de nourriture et de logement, et des dépenses accidentelles, qui étoient aussi à sa charge.

☿ 7.

Nous partîmes à six heures et demie du matin, par la direction de l'O., à travers la même plaine aride. A une heure un quart j'arrivai à *Ismìl*, mauvais village où nous devions nous arrêter.

On rencontre sur cette route plusieurs puits, dans lesquels on descend par un escalier en pierre jusqu'au niveau de l'eau. Je descendis dans un dont l'escalier a cinquante marches : j'en trouvai l'eau fort bonne.

La plaine, qui est toute argileuse, n'offre pas un seul arbre.

♃ 8.

A cinq heures trois quarts du matin je continuai ma route sur la même plaine, d'abord à l'O. N. O., et ensuite au N. O. A huit heures et demie je traversai une espèce de bois qui coupe la plaine, et qui n'est autre chose qu'un grand espace couvert de joncs, de souchets et d'autres plantes marécageuses extrêmement serrées, de différentes hauteurs, et, en quelques endroits, de douze et même treize pieds. Après avoir traversé ce marais, nous suivîmes notre route à l'O., toujours par la même plaine; et à deux heures après midi nous fîmes notre entrée à *Kònia,* capitale de la Caramanie : c'est l'ancienne *Iconium.* Elle est située à l'extrémité occidentale de cette plaine déserte, et au pied d'une série de montagnes peu élevées qui bornent l'horizon à l'O.; il y a plusieurs jardins sur le côté méridional, et quelques uns encore du côté du N. Ce que j'ai vu de cette ville m'en a donné une bien mauvaise idée, quoique ce soit la résidence du pacha de Caramanie. Elle renferme de vastes cimetières, où chaque tombeau est marqué par une pierre brute de sept à huit pieds de hauteur, d'un peu plus d'un pied de large, de quatre doigts d'épaisseur, et placée verticalement : la multiplicité de ces grossiers monuments sur un vaste espace affecte péniblement l'œil de l'observateur. Les maisons sont en terre, ou en briques cuites au soleil, comme celles des villages les plus pauvres. Je n'y ai remarqué qu'une maison d'une belle apparence, avec des kiosques ou belvédères, et de grandes croisées bien percées sur les quatre faces de l'édifice. Mais tout cela est construit des mêmes matériaux que les autres maisons. On prétend que cet édifice, qui, par sa forme et sa grandeur, pourroit s'appeler un palais, fut élevé par un homme qui avoit appris dans la terre des chrétiens l'alchimie ou l'art de faire de l'or, et qui étoit devenu par ce moyen extrêmement riche. Pourquoi ces infidèles, pendant le temps où j'habitois parmi eux, n'ont-ils pas voulu m'apprendre un art si utile! Assurément je n'aurois jamais employé mes trésors à faire bâtir une maison à Konia. L'édifice en question sert à présent d'hospice pour les pauvres. J'ai vu aussi les dehors de trois mosquées, qui ont également une apparence magnifique, avec des grandes coupoles, et des minarets minces et élevés.

La partie inférieure de la ville est renfermée par de hautes murailles, flanquées de tours carrées, et revêtues de pierres de taille : on y remarque quelques inscriptions turques ;

mais l'ouvrage est de construction grecque, comme le prouvent les lions et les autres figures sculptées qu'on y trouve.

A mon entrée dans la ville j'aperçus plusieurs enfants de différents âges, tous de jolie figure, avec un teint de lis et de rose, bien faits, et proprement vêtus. En les voyant, je ne pus m'empêcher de reconnoître et de bénir les soins plus éclairés et plus actifs des femmes de cette contrée, et de me rappeler avec un sentiment pénible l'indolence des femmes de l'Égypte et de l'Arabie, dont les enfants sont dégoûtants de malpropreté.

Le pain qu'on mange à Konia, comme dans toute la Caramanie, est en gâteaux d'environ un pied de diamètre, sur une ligne ou une ligne et demie d'épaisseur; en sorte qu'ils ressemblent exactement, à la grandeur près, aux pains à cacheter d'Europe. On mange ces gâteaux lorsqu'ils sont encore tendres : ils servent aussi à envelopper une volaille ou toute autre viande, aussi bien qu'on pourroit le faire avec une feuille de papier.

Dans toute la Caramanie on fait usage de charrettes, dont les roues sont construites avec des planches, mais assez bien montées. (*Voyez planche LXXX.*)

On a dû remarquer, par le récit que je viens de faire de ma route, qu'entre Ismil et Konia il ne se trouve aucune des montagnes indiquées sur la carte d'Arrowsmith. Du reste, sa carte de l'Asie mineure me paroît bien faite, et ces légères inexactitudes pourront disparoître dans une nouvelle édition.

♀ 9.

Je sortis de Konia à huit heures du matin, faisant route au N. E. et au N., et suivant la plaine au pied des montagnes. Deux heures et demie après je commençai à monter quelques collines; et, après avoir tourné le revers des montagnes, j'arrivai, vers une heure et demie, à leur extrémité N., où je pris vers l'O. jusqu'à *Ladik*, petit village situé sur une hauteur entre les montagnes : j'y arrivai un peu avant trois heures.

La partie de ces montagnes que je venois de parcourir est composée de schistes argileux et cornés, en petites feuilles extrêmement minces, rangées par couches perpendiculaires, ou inégalement inclinées, sans aucune trace de végétation, excepté quelques petites plantes herbacées et desséchées, et des bruyères dans les environs du village, où l'on trouve pourtant encore des jardins et une belle eau.

Un des Tartares qui m'accompagnoient, s'étant trouvé indisposé, nous fûmes forcés de ralentir notre marche. J'avois cependant besoin d'arriver à Constantinople le plus tôt possible. Dans cette intention j'offris cent piastres de plus à mon Tartare s'il m'y faisoit arriver le dimanche 18 du mois. Malgré la promesse qu'il m'en donna j'étois bien certain qu'il ne pourroit tenir sa parole, à cause de sa paresse habituelle. Il avoit coutume de se coucher à sept heures du soir, et j'étois néanmoins obligé de le réveiller tous les matins à sept heures; sans cette précaution de ma part nous n'aurions pu faire que de bien petites journées. Il est vrai que cette nonchalance n'étoit pas chez lui un vice particulier: les autres Tartares n'étoient pas moins paresseux.

D'après mes observations et d'après la direction de ma route, on s'aperçoit aisément que Ladik n'est pas à l'O. de Konia, comme les cartes l'indiquent.

Ce village a dû avoir anciennement une toute autre importance, si l'on en juge par le nombre immense de vestiges magnifiques qui subsistent encore; tels que chapiteaux, piédestaux, corniches, deux chaussées en pierre, et quelques inscriptions grecques.

♄ 10.

Je partis vers les sept heures du matin dans la direction de l'O. N. O., à travers des collines; tournant ensuite à l'O. sur un terrain plat, je traversai, vers les neuf heures, Kadenkhan, village un peu plus grand que Ladik; à onze heures et demie je passai un pont sous lequel coule une rivière très limpide; et à une heure je m'arrêtai avec ma suite à *Elguinn*, petit village, entouré de jardins, au pied des montagnes.

Voyant que, malgré la promesse de mon conducteur, notre marche étoit trop lente pour que je pusse arriver au temps marqué, je le menaçai de le faire punir ou de le punir moi-même, s'il ne se décidoit à faire plus de diligence. La crainte fit sur lui ce que l'intérêt n'avoit pu faire, et dès ce jour il commença de hâter la marche. D'abord, après dîner, chacun remonta à cheval, et nous sortîmes d'Elguinn à deux heures après midi. Après avoir traversé une rivière qui se jette dans un lac situé à peu de distance au N., et de plus d'une demi-lieue de diamètre, nous eûmes un temps tellement couvert, qu'il me fut impossible de m'orienter ; je jugeai seulement que nous allions vers l'O. A cinq heures et demie nous étions au village d'Arkit khan, au-delà duquel il faut traverser une petite rivière. A la nuit close je passai auprès de plusieurs villages ; enfin, à huit heures un quart, j'entrai dans *Akschier,* petite ville située sur le penchant d'une montagne tellement abondante en eaux, que leur écoulement vient former un ruisseau et souvent une petite rivière dans chaque rue de la ville. Toutes ces eaux se déchargent dans un lac à une lieue de distance environ au N. E. Akschier renferme des débris qui m'ont paru être les restes d'une ancienne cathédrale.

Mes Tartares, toujours paresseux, vouloient séjourner dans cette ville le jour suivant ; mais je m'y opposai formellement, et, malgré leurs murmures, il fut décidé que nous partirions le lendemain de bonne heure.

☉ 11.

Ils se présentèrent devant moi de grand matin avec un air inquiet ; je n'eus pas de peine à comprendre par leur contenance et leurs signes que leur intention étoit de m'empêcher de partir ce jour-là, en me faisant partager leurs inquiétudes vraies ou simulées sur le temps qui paroissoit se disposer à la pluie. *Tant mieux*, leur dis-je dès que j'eus pénétré leur dessein, *nous marcherons plus fraichement.* Voyant que leurs efforts pour me retenir étoient inutiles, ils se retirèrent en silence, et se hâtèrent de préparer les chevaux.

Nous partîmes un peu avant sept heures, en prenant la direction du N., le long des montagnes; à dix heures, ayant tourné un peu plus au N. O., nous entrâmes dans le petit bourg d'*Aïsaklew*.

Cette route est délicieuse : le voyageur suit toujours un chemin élevé de quelques toises au-dessus de la plaine qui s'étend à droite, et d'où il découvre le lac dans toute son étendue, qui est de deux lieues de diamètre; sur la gauche il a les montagnes, d'où se précipitent des milliers de ruisseaux, et dont le sommet est surmonté d'un second rang de mamelons couronnés de neige. Les vallons qui en bordent le pied sont couverts de villages, de hameaux et de jardins.

Après avoir changé de chevaux je quittai cette ville vers les onze heures, et, tournant vers l'O. N. O., je débouchai dans une vaste plaine, que nous parcourûmes dans la direction de l'O. jusqu'au coucher du soleil. Toutes les maisons de Barafdon, petit village situé dans cette plaine, et dans lequel nous devions passer la nuit, se trouvant alors occupées par le pacha et sa suite, je fus obligé de me loger dans une écurie au milieu des chevaux. Nous avions eu toute la journée un froid piquant, avec un fort vent en face, accompagné de temps en temps d'une grêle fort incommode; et, malgré cette intempérie, il nous avoit fallu faire un détour à gauche pour éviter la grande route, où les habitants du canton venoient d'assassiner quelques Tartares.

☾ 12.

A sept heures un quart du matin, étant en route vers l'O., j'aperçus de l'inquiétude dans la marche de mes Tartares; je les vis tantôt ralentir le pas, tantôt s'arrêter et conférer ensemble avec une espèce de sérieux mêlé d'effroi. Je fus bientôt instruit du motif de leurs craintes. Le pacha, que nous avions laissé à Barafdon, venoit de faire trancher la tête au maître de poste de la ville où nous devions nous rendre; ils craignoient d'y être mal reçus, et d'y trouver peut-être quelque chose de pis encore.

Après avoir délibéré, ils résolurent d'envoyer deux des leurs en avant avec un postillon, afin de sonder le terrain. Je les suivis d'un pas moins vif, et je fis faire halte auprès d'un puits à trois cents toises de la ville. Alors un autre Tartare s'avança près des portes; et le postillon étant revenu me chercher, j'entrai avec lui à *Assiom-Karaïssar* vers onze heures du matin; j'allai tranquillement loger à la poste. Le frère du maître de poste décapité avoit déja enlevé tous les chevaux, et s'étoit réfugié dans les montagnes; heureusement que mes Tartares trouvèrent le moyen de faire savoir au gouverneur que j'étois un *envoyé du sultan schérif de la Mecque près du sultan de Constantinople*. A cette nouvelle, le gouverneur et ses gens s'empressèrent de m'offrir leurs services et de me fêter. On fit chercher des chevaux, et j'obtins la certitude de pouvoir partir le lendemain.

La position de cette ville, d'après la carte d'Arrowsmith, ne se rapporte pas avec mon estime géodésique de la route; mais je suspends mon jugement jusqu'à ce que je sois arrivé sur un autre point géographique connu.

D'après cette carte encore la ville regarde au S. O., et le célèbre *Méandre*, qui naît dans les montagnes voisines, coule dans la même direction; j'ai vu au contraire que la situation de la ville est au N. E., et que la rivière que j'ai traversée sur un pont, à peu de distance, suit la même direction.

Assiom-Karaïssar est une cité assez étendue, avec plusieurs mosquées, dont une paroît magnifique. Cette ville, de même que celle d'Akschier, a ses rues converties en ruisseaux ou en petites rivières, par les eaux des montagnes qui l'entourent au quart S.

Les maisons ont un aspect aussi triste que celles des autres endroits où je venois de passer. Malgré le froid piquant qui régnoit alors, on y trouvoit d'excellents fruits, comme raisins, melons, et les pommes les plus délicates. Le pain y est bon et formé en gâteaux d'un pouce d'épaisseur. On étoit occupé dans toute la contrée à battre les grains.

Au S. O. de la ville est un rocher isolé en pain de sucre, formé par la réunion de prismes irréguliers perpendiculaires, de manière qu'il paroît presque coupé à pic de tous côtés : le sommet est couronné par un château antique, qui a dû être dans le temps une forteresse dans le genre de celle de Gibraltar. (*Voyez la planche LXXXI.*)

♂ 13.

A huit heures et demie du matin je me dirigeai au N. O. Après avoir traversé un ruisseau non loin de la ville, je suivis la plaine jusqu'à onze heures ; je commençai alors à monter quelques collines, où je rencontrai un petit hameau à midi et demi ; à deux heures trois quarts mon conducteur s'arrêta dans un autre hameau, nommé Osmankoï, et m'y logea dans une écurie obscure. Irrité contre lui, à cause du peu de chemin qu'il nous faisoit faire ce jour-là, et du mauvais gîte qu'il me donnoit, tandis que les autres Tartares étoient bien logés, je le réprimandai fortement, et, dans ma colère, je le menaçai de lui faire sauter la tête avec mon sabre, s'il continuoit à se conduire ainsi. Les autres Tartares accoururent et me calmèrent, en avouant que j'avois raison ; et je fus conduit au même instant dans un logement plus convenable.

☿ 14.

La réprimande que j'avois faite à mon Tartare ne fut pas inutile : intimidé sans doute par le ton prononcé que j'avois pris, il me fit servir le même soir un grand souper, et le lendemain nous étions en marche avant six heures. Notre route étoit à l'O. N. O., entre des montagnes. A sept heures un quart je laissai sur la gauche *Altountàsch*, petit village où il auroit été possible d'arriver un jour plus tôt, si les Tartares n'eussent pas été aussi paresseux. Je tournai de là vers le N. N. O., toujours entre les montagnes et à travers une forêt. Avant midi nous fûmes obligés d'abandonner un de nos chevaux qui se mouroit. Une heure après je descendis une longue côte, au bas de laquelle se trouve une rivière dont le cours est au N., et que l'on passe sur un pont. De l'autre bord s'élève immédiatement une autre côte rapide, mais moins longue que la précédente; de là je descendis dans une large vallée, et j'arrivai, sur les trois heures et demie, à *Kutaïeh*, ville assez considérable et d'une belle apparence, capitale de la province de Nadoulia ou Natolie, et résidence du pacha. Elle est située sur le penchant d'une montagne : les maisons, construites partie en maçonnerie et partie en bois, sont entièrement peintes; elles ont toutes de grandes croisées, des kiosques ou belvédères, et la plupart sont accompagnées de jardins qui forment un superbe tableau. La montagne qui domine la ville est couronnée d'un ancien château. Les rues, du moins celles que j'ai parcourues, sont sales, mal pavées, et encombrées dans le milieu par un ruisseau d'eau bourbeuse. J'y ai vu deux marchés abondamment fournis de beaux fruits et de légumes ; la viande y est bonne et commune, et le marché aux farines bien approvisionné. On remarque dans cette ville quelques beaux édifices et plusieurs mosquées.

Les charrettes dont on fait usage dans le pays sont traînées par des bœufs ou des buffles, et si étroites, qu'elles peuvent à peine contenir deux personnes assises. Les bœufs sont d'une petite espèce, avec les cornes aussi courtes que ceux de la côte de Barbarie ; les buffles, au contraire, ont une haute taille et des cornes énormes. Ces animaux servent aussi au labourage ; j'en avois vu à Antioche servir de bêtes de somme, avec la charge sur le dos.

♃ 15 et ♀ 16.

Mon conducteur me força de rester à Kutaïeh pendant ces deux jours, sous prétexte que l'on ne pouvoit se procurer des chevaux. Je profitai de ce retard pour aller visiter la grande mosquée, monument ancien et vaste, d'une construction singulière : sa forme est un carré, divisé en deux nefs égales par un rang de colonnes qui prend depuis la porte jusqu'au fond. On la reconstruisoit à l'époque de mon passage, et on y ajoutoit un rang de hautes tribunes dans le pourtour. Cette singularité, jointe aux peintures dont l'intérieur de l'édifice étoit orné, me frappa au point que je me croyois tout-à-coup transporté dans une salle de spectacle d'Europe.

Les ruisseaux qui coulent dans les rues sont de véritables torrents, sur lesquels le besoin des communications a fait établir beaucoup de ponts en bois. La ville est remplie d'une foule d'oies, de canards et de chiens.

♄ 17.

Je partis le 17 à neuf heures et demie du matin. Après avoir traversé la plaine au N., je me trouvai, un peu après dix heures, sur un terrain entrecoupé de collines. Il fallut passer deux fois la rivière Poursak ; à la première, son courant étoit à l'O. ; à la seconde, il étoit au N. E. Au sortir d'une belle forêt que traversoit la route, je me dirigeai vers le N. O. au milieu des montagnes ; après le coucher du soleil je descendis dans la plaine par une longue côte rapide qui me conduisit à un hameau presque tout construit en bois, et nommé Yea Ouglou.

☉ 18.

Les premiers rayons du soleil éclairèrent notre départ. Au sortir du hameau, nous avions en face une petite vallée couverte de verglas, dont nous n'étions séparés que par une rivière. Nous étions parvenus, au bout d'une demi-heure, à l'extrémité de la vallée, en suivant la direction du N. N. E.; déjà nous avions remonté sur les montagnes, lorsque nous nous trouvâmes engagés dans une forêt si épaisse, qu'à neuf heures du matin, avec un ciel découvert et un soleil brillant, il nous sembloit parfois que le jour n'avoit pas encore commencé. Cependant d'espace en espace je rencontrois des points de vue magnifiques, et des sites riants rafraîchis par des milliers de sources et de ruisseaux. Plusieurs de ces sources étoient ornées d'un petit frontispice dû à la piété musulmane; ce qui donnoit à ces lieux sauvages l'apparence d'un véritable jardin. Je découvris enfin *Souhout* dans un fond, où nous arrivâmes par une pente presque perpendiculaire à onze heures du matin.

Quoique petit, ce village me parut riche : il est entouré de vignes et de jardins, dont les productions sont transportées par les habitants à de grandes distances. Comme ils jouissent d'une certaine aisance, leurs maisons sont belles et bien meublées. Les figures des naturels du pays n'ont pas cette apparence douce des habitants de la Caramanie ; ils ont de gros nez, et sont en général maigres, tristes, sombres même et méfiants, comme les Hébreux parmi les Musulmans.

La rivière *Sàkaria* ne passe pas par Souhout, comme les cartes l'indiquent.

La paresse obstinée de mon conducteur me força de séjourner jusqu'au lendemain, malgré l'envie que j'avois de hâter mon arrivée.

☾ 19.

Il étoit six heures et demie du matin quand je me mis en route avec ma suite. Notre marche étoit dirigée au N. et au N. N. O., à travers les montagnes ; nous suivîmes ensuite pendant quelque temps la crête d'une montagne, d'où, après être descendus par une longue côte dans un vallon étroit et profond, coupé par une rivière qu'on passe sur un pont, nous entrâmes dans Vezirkhan à onze heures un quart.

Vezirkhan est un village presque entièrement composé de chrétiens grecs, sur la rive gauche de la rivière, et non sur la droite, comme les cartes l'indiquent.

Après quelques moments de repos, je repris à midi la direction du N. et du N. N. O., à travers les jardins et les plantations de mûriers blancs qui couvrent le vallon; il me fallut ensuite gravir et descendre une montagne élevée, au bas de laquelle la route tourne presqu'à l'O. A deux heures un quart nous étions à Lefkie, village situé au fond d'un vallon traversé par une rivière.

Un peu après le coucher du soleil, arriva un officier de Mehemed Ali, pacha d'Égypte, qui apportoit au gouvernement la nouvelle de la retraite des Anglois. Il vint me voir. Je grondai fortement, en sa présence, mes Tartares, qui comptoient employer encore quatre jours pour me conduire à Constantinople, et j'obtins la promesse de m'y faire arriver en deux.

♂ 20.

Pour tenir leur parole, ils se mirent en route

à trois heures du matin, vers l'O. N. O. Après avoir traversé sur un pont la rivière qui n'est qu'à demi-heure de chemin du village, nous arrivâmes au pied des montagnes que nous devions franchir pour arriver à Nicée. Malgré la difficulté de la route, nous marchions en toute hâte, dans la direction du N. O., à travers des rochers, des ravins, et souvent sur le bord de précipices affreux; heureusement que la lune, voisine du méridien, éclairoit parfaitement notre route. Nous étions à Isnik ou Nicée au lever du soleil.

Cette ville, célèbre parmi les chrétiens depuis le concile qui y fut tenu l'an 324 de Jésus-Christ, est, comme Antioche, un petit endroit renfermé dans une vaste enceinte de murailles antiques, percées de portes majestueuses : elle est située sur l'extrémité orientale d'un lac, et au milieu d'une infinité de jardins.

Après avoir relayé, nous continuâmes notre route, en suivant la rive du lac : la troupe de l'officier de Mehemed Ali s'étoit réunie à la mienne.

L'eau du lac est douce et potable, et les bords formés de menu gravier. La forme du lac est irrégulière, et alongée du levant au couchant. Je jugeai qu'il pouvoit avoir cinq à six lieues de long sur une lieue et demie de large. Il est entouré de montagnes de tous côtés, à l'exception d'une petite plaine au N. E., que nous suivîmes pendant une heure et demie.

A onze heures nous reprîmes la direction du N. et du N. O. à travers des montagnes couvertes de petits bois, et du sommet desquelles on découvre toute l'étendue du lac. Nous ne pouvions nous lasser d'admirer ce beau point de vue, lorsque le soleil se couvrit de nuages, et presque au même instant il tomba de grandes averses d'eau.

Nous courions alors sur une descente rapide que le terrain argileux et la pluie rendoient très glissante : mon cheval s'abattit sur la poitrine, et tomba de côté sur moi, malgré mes efforts pour le soutenir; mais, comme la chute s'étoit faite en deux temps et assez lentement, je n'eus point de mal : c'est heureusement l'unique chute que j'aie faite pendant tous mes voyages d'Afrique et d'Asie.

Un peu après midi je passai par un hameau, et à une heure, sur un superbe pont, d'où étant descendu au fond d'un vallon, je suivis successivement les bords de deux rivières qu'il fallut traverser plusieurs fois.

A peine sorti des sinuosités de ces rivières,

je me trouvai sur une ancienne chaussée construite au milieu d'un marais. Entre ce marais et la mer est le mauvais village d'Hersek ; nous fûmes obligés de nous embarquer avec nos chevaux pour traverser le golfe d'Isnikmid, bras de mer de quelques lieues d'enfoncement dans les terres, qui en cet endroit peut avoir une lieue et demie de largeur.

Comme le vent n'étoit pas favorable, notre bateau ou *kàik*, selon la langue du pays, fut obligé de courir une longue bordée d'une demi-heure vers l'E., et une autre de trois quarts d'heure vers le N. O., pour arriver au rivage opposé. Nous fûmes débarqués dans le port d'un hameau peu considérable, où mouillent ordinairement les bateaux qui font cette traversée.

De là, continuant notre marche dans les montagnes, nous arrivâmes à huit heures du soir à un autre village.

Mes Tartares comptoient employer trois jours pour faire le trajet que nous avions fait dans cette journée.

☿ 21 *octobre*.

Au lever du soleil notre troupe se mit en route avec les plus mauvais chevaux que j'aie jamais vus : aussi n'avançoit-elle que très lentement. Nous suivions les bords de la mer de *Marmara* dans la direction de l'O. N. O.; je reconnus d'abord les îles *des Princes*, situées à peu de distance du rivage. Ayant ensuite passé par différents villages, et traversé une espèce de nécropolis, c'est-à-dire, un vaste champ de tombeaux, j'arrivai enfin à Scoudar ou Scutari vers une heure et demie après midi, et je descendis dans un café.

Pendant mon séjour en Europe, je m'étois lié d'amitié avec M. le marquis d'Almenara, qui se trouvoit alors ambassadeur du roi d'Espagne à Constantinople. Je lui donnai avis de mon arrivée; sur-le-champ ce respectable ami m'envoya son dragoman, des domestiques, et des bateaux pour la traversée du Bosphore; *il porta la délicatesse jusqu'à me donner chez lui un appartement qu'il avoit fait préparer à la turque, afin de ne pas contrarier mes habitudes.*

CHAPITRE XIII.

Description de Constantinople. — Le Bosphore. — Le port. — L'arsenal. — Péra. — Top-Hana. — Galata. — Rues de Constantinople. — Ste-Sophie. — Sortie du sultan les vendredis. — Les mosquées. — Eyoub. — Reliques du Prophète. — Sérail ou palais du sultan. — Voitures. — Hippodrome. — Château des Sept-Tours. — Murailles.

Constantinople a été visité par tant de curieux, que je n'entreprendrai pas de faire une description complète de cette ville et de ses monuments. Cependant, comme il seroit déplacé de garder le silence sur une aussi grande métropole, après y avoir séjourné, et que, d'un autre côté, plusieurs de mes lecteurs seront peut-être bien aises de trouver au moins ici une esquisse de cette ville, je donnerai une idée de tout ce que j'ai vu pendant ma courte résidence. Je décrirai les objets tels qu'ils se sont présentés à mes yeux, sans avoir égard à ce que les autres voyageurs ont pu dire; et comme, avant d'entrer dans la ville, j'ai demeuré quelques jours à Pera chez M. l'ambassadeur, je parlerai premièrement des objets qui m'y ont frappé.

Le *Bosphore de Thrace*, appelé *el Bogàz* par les Turcs, et *le Canal* par les Chrétiens, parcequ'il réunit la mer Noire ou Pont-Euxin à la mer de Marmara ou Propontide, nommée mer Blanche par les Turcs, est situé dans une direction presque N. E., avec différentes sinuosités qui font varier sa largeur depuis un mille jusqu'à quatre.

Le canal a un courant aussi rapide qu'un fleuve, et dont la direction est de la mer Noire à la mer de Marmara. Ce phénomène est causé par le grand nombre de rivières qui se jettent dans la mer Noire, et le peu de surface qu'elle présente à l'évaporation dans une latitude aussi élevée; en sorte que si la mer Noire n'avoit pas un debouché par le Bosphore, elle devroit nécessairement s'agrandir et s'étendre jusqu'à ce qu'elle pût présenter assez de surface pour établir l'équilibre entre la quantité d'eau versée par les rivières et la masse absorbée par l'évaporation.

La rapidité du courant est telle, qu'il est nécessaire d'avoir des hommes établis en différents endroits de la rive pour tirer à la sirgue les bateaux et les chaloupes dont la force des rames ne suffit pas pour vaincre le courant quand on veut leur faire remonter le canal; il y a même des endroits où les eaux forment des tournants si rapides que la surface de l'eau s'y trouve au loin couverte d'écume.

D'un autre côté, si je considère que l'eau de la mer Noire et du canal est aussi salée que celle des autres mers, je ne puis m'empêcher de croire qu'il doit exister au fond du canal un courant contraire qui reporte l'eau de la mer de Marmara vers la mer Noire; sans cela il seroit impossible d'expliquer comment, après tant de siècles, la mer Noire a pu se conserver salée, malgré l'énorme quantité d'eau douce qu'elle reçoit journellement des rivières, et la masse d'eau salée qui en sort par le Bosphore.

Le balancement que doit produire la différente gravité spécifique de deux masses d'eau diversement chargées de sel, et qui sont en contact, concourt aussi à prouver la nécessité de l'existence de ce courant inférieur de la mer de Marmara vers la mer Noire, puisque si l'on suppose deux colonnes d'eau perpendiculaires de la même hauteur dans les deux mers, qui puissent se communiquer par le canal, il est indubitable que celle de la mer Noire, composée d'eau salée et d'eau douce des rivières, sera plus légère que celle de la mer de Marmara, presque entièrement composée d'eau salée ; en conséquence, la mer de Marmara, pour niveler son poids à celui de la mer Noire, doit verser dans celle-ci une partie de son eau, jusqu'à ce que l'abaissement de son niveau et l'exhaussement de celui de la mer Noire compensent la différence de gravité spécifique des deux eaux. D'un autre côté, la colonne alongée de la mer Noire, ne pouvant se soutenir au-dessus du niveau de la colonne correspondante, versera sur elle une partie de son eau supérieure pour tenir dans l'équilibre le niveau des deux colonnes ; et voilà le courant supérieur établi de la mer Noire à celle de Marmara, et entretenu par l'affluence continuelle des rivières qui se jettent dans la première ; la nécessité de l'existence du courant inférieur dans le sens contraire est également démontrée par le même principe, qui indique aussi que l'eau de la mer Noire doit être moins salée que celle de la mer de Marmara.

Les deux bords du canal sont remarquables par un grand nombre de faubourgs, qui se touchent presque, et qui forment comme une rue continue de plus d'une lieue et demie de longueur. C'est au peintre des grandes époques de la nature, c'est à l'auteur de Mahomet et de

Zaïre qu'il appartiendroit de retracer dignement le spectacle qu'offre cette immense rue aquatique, au milieu de laquelle j'ai vu naviguer toute l'escadre ottomane avec une multitude d'autres bâtiments, et des milliers de chaloupes et de petits bateaux : des palais, des kiosques ou belvédères superbes, des maisons de plaisance du sultan, des sultanes et des grands de l'empire, construites avec le goût oriental le plus exquis, rivalisent de tous côtés par les recherches du luxe; les collines pittoresques qui bordent le canal sont couvertes de la plus belle verdure et de jolies maisonnettes isolées; le groupe colossal de la ville de Constantinople se présente, surmonté d'une forêt de minarets, de coupoles et de beaux kiosques, le tout peint de mille couleurs interrompues par la verdure des grands végétaux; enfin la mer de Marmara termine l'horizon au S. : ce magnifique ensemble forme un tableau qu'il est impossible de rendre, mais dont l'impression ne peut jamais s'effacer de la mémoire.

Au-delà de cet espace d'une lieue et demie, les villages situés sur les bords du Bosphore sont un peu plus écartés les uns des autres; l'embouchure de la mer Noire est défendue par une forteresse de chaque côté du canal, et deux châteaux anciens sur le milieu de la côte à droite et à gauche; la *Tour de Léandre*, garnie d'artillerie, est sur un îlot au milieu; il y a encore plusieurs batteries de campagne sur les deux rivages au débouché du canal dans la mer de Marmara.

Le port de Constantinople est le meilleur port du monde. Formé par un bras de mer qui s'avance sinueusement dans les terres entre la ville et les faubourgs de Galata, de Pera et autres, il est entièrement entouré de collines, et par conséquent à couvert de tous les vents. Le fond y est tel, que les vaisseaux à trois ponts peuvent arriver jusqu'au rivage, et prendre terre avec leur proue, sans toucher avec la quille.

Sur le côté du port opposé à Constantinople est situé l'arsenal, dans lequel je comptai quatorze ou quinze vaisseaux de guerre, les uns entièrement gréés et armés, les autres à demi préparés, tous bien construits et en bon état. J'y remarquai aussi plusieurs vaisseaux ou carcasses inutiles, quelques chaloupes canonnières, et sur le chantier une frégate dont les constructeurs étoient européens.

L'arsenal est vaste et bien fourni de matériaux. Il contient un nombre infini de canons, la plupart en bronze; une excellente machine pour mâter; et un bassin de construction, dont le seul défaut est de faire eau par le fond : il étoit alors occupé par un vaisseau de soixante-quatorze canons en radoub. A côté du bassin sont deux belles machines pour le mettre à sec. Près de l'arsenal est la maison du capitan pacha ou grand-amiral de la marine ottomane : ce bâtiment, situé au bord de l'eau, a une superbe apparence et un joli embarcadaire. Derrière est celle du chef de l'arsenal; il y a devant la porte une urne sépulcrale qui sert de fontaine.

Quand on vient d'Asie pour se rendre à Péra, qui est le faubourg où résident les ambassadeurs et les négocians européens, on débarque ordinairement à Top-hana, autre faubourg sur le bord du canal. C'est là que sont établies les casernes des canonniers, ainsi qu'une batterie de vingt-quatre canons, montés sur des affûts de différentes formes, pour défendre l'entrée du port. J'y ai remarqué une ancienne coulevrine de près d'un pied de calibre ou de diamètre intérieur, et de dix-neuf pieds de long; elle est destinée à tirer des boulets de pierre, dont on trouve un certain nombre à côté de la pièce. Les casernes sont belles, et renferment quantité d'avant-trains et de caissons.

Le faubourg de Galata, qui touche à ceux de Top-hana et de Péra, est grand, très peuplé, et fermé par une muraille qui touche aux maisons des faubourgs adjacents. Il est traversé, d'une extrémité à l'autre, par une rue de plus d'un quart de lieue de long, mais sale, mal pavée, et presqu'entièrement composée de boutiques de comestibles. Les maisons, presqu'entièrement construites en bois, inspirent la tristesse. On venoit de rétablir à moitié ce faubourg, qu'un incendie avoit consumé l'année précédente.

L'église grecque de Saint-Dimitri est composée de trois petites nefs bien proportionnées, et supportées par des colonnes en bois revêtues de stuc imitant la pierre. Le sanctuaire n'a point d'ornements, et le temple est obscur. On m'a assuré que c'est une des plus belles églises grecques qui existent dans cette capitale.

La promenade des habitants de Constantinople est le cimetière, que les chrétiens désignent sous le nom de *Champ des Morts*. Ce n'est pas par conséquent un lieu bien gai; mais il domine une partie de la ville et du Bosphore, et on y jouit d'une vue admirable. De ce côté est encore une belle caserne, habitée jadis par les troupes réglées et disciplinées à l'européenne, qu'on nommoit *Nizàm Djidìd;* mais ces troupes n'existent plus.

Pour se rendre de l'un de ces faubourgs à Constantinople, on traverse le port sur une petite chaloupe à un ou deux rameurs, et l'on débarque dans des lieux couverts où quantité de chaloupes sont entassées les unes sur les autres. Ces magasins sont en bois, et on y entre sans débarquer. A la porte de ces édifices, du côté de terre, on trouve toujours des chevaux de louage harnachés et prêts à transporter les voyageurs à leur destination, à travers des rues très sales, escarpées, et bordées de chaque côté d'ateliers et de maisons construites en bois, peintes en couleurs fortes, sans alignement, et formant, les unes avec les autres, des angles rentrants ou saillants sur la rue sans uniformité : on y vend des comestibles, des sucreries, du tabac, des drogues, etc.

Je fus logé dans un très beau khan, construit en pierre de taille, sans autre compagnie que mon dragoman turc, mon esclave et un janissaire.

Mon dragoman étoit un personnage singulier; né chrétien dans l'Albanie, il étoit allé en Europe pour étudier la médecine; après avoir voyagé pendant cinq ans, pour cet objet, en

Italie, en France et en Allemagne, il resta deux ans à Vienne avec le premier médecin de l'empereur Joseph II, dans le palais de ce prince, avec lequel il eut l'honneur de s'entretenir plusieurs fois. Il étoit alors habillé à l'européenne; arrivé à Constantinople, il s'étoit fait musulman, et n'avoit pas de quoi vivre à cette époque.

La conversation de cet homme avoit quelque chose d'original. Comme je ne parle pas le turc, et qu'il ne savoit pas l'arabe, il faisoit usage d'un latin macaronique mêlé d'italien. Quoique dans les écoles des chrétiens on ne m'ait pas enseigné l'alchimie, j'y ai appris cependant le latin, et je ne sais en vérité pourquoi; car, n'ayant jamais pratiqué cette langue, je ne la parle pas mieux que le docteur albanois: son latin étoit un latin italianisé, le mien est un latin arabe. Qu'on se figure, d'après cela, quels pouvoient être mes entretiens avec un homme qui joignoit en outre à une sorte d'instruction confuse un mélange d'extravagances singulières d'imagination. Il croyoit, par exemple, que l'air est peuplé d'une multitude d'esprits ou d'hommes invisibles, qui ont une action directe sur nos individus, et qui forment une espèce de confraternité avec quelques uns des mortels, etc. Du reste, c'étoit un homme bon et sans détour.

La grande mosquée d'*Aya Sophia*, ancienne cathédrale de Sainte-Sophie, est un édifice magnifique; son immense coupole surbaissée, entourée de demi-coupoles, produit un effet surprenant. Je n'entreprendrai pas d'en faire ici la description : plusieurs voyageurs l'ont déjà donnée. Les chrétiens peuvent y entrer, comme dans toutes les autres mosquées de Constantinople, moyennant une permission du gouvernement, que l'on obtient facilement. Le revêtement des murs est en marbre, et les colonnes sont assez bien conservées; mais le toit commence à se dégrader. La tribune du sultan n'est rien moins que belle; c'est une espèce de cage soutenue par quatre petites colonnes et entourée de jalousies dorées.

Ce qu'il y a de singulier dans ce temple, c'est une multitude de bâtons grossiers et de roseaux, placés le long des murs et autour des piliers; des morceaux de toile, tels que draps de lit, serviettes, et même des chiffons, y sont suspendus pour former comme des tribunes séparées où les propriétaires seuls peuvent entrer pour faire la prière ou pour lire. Cela forme dans le temple une espèce de camp très ridicule. Dans l'angle du N. O. de la nef principale est une superbe jarre en marbre, artistement travaillée, qui sert de fontaine. On remarque dans une galerie supérieure une cloison de marbre en forme de paravent, très bien faite et imitant le bois.

Je vis un vendredi le sultan *Moustapha* aller à la prière publique dans la mosquée nommée *Sultan Djeàmi* ou mosquée du sultan, située vis-à-vis une des portes du sérail. La rue que le sultan devoit traverser pour s'y rendre étoit garnie de deux rangs de janissaires depuis la porte du sérail jusqu'à celle de la mosquée. Mon dragoman et mon janissaire ne vouloient pas approcher, parceque au nom du sultan tout le monde tremble; pour moi je traversai les rangs, je pénétrai dans la cour de la mosquée, et me plaçai dans la situation la plus avantageuse pour bien voir sa hautesse.

D'abord plusieurs personnages de la cour arrivèrent successivement, entourés de domestiques à pied, et montés sur des superbes chevaux richement enharnachés; ils mettoient pied à terre à la porte de la mosquée, et les domestiques alloient ranger leurs chevaux à part dans la cour.

Les janissaires de la garde portent, comme tous les Turcs, la robe longue, mais de différentes couleurs au gré de chacun, sans autre signe distinctif qu'un bonnet ridicule en feutre blanc-grisâtre, dont la partie postérieure pend en arrière, et couvre tout le dos; par devant, une plaque de métal, qui vient retomber sur le front, renferme, comme dans un étui, une cuillère en bois grossier que chaque janissaire est obligé de porter toujours avec lui. Ils marchent sans armes, n'ayant qu'une baguette à la main.

Je vis paroître ensuite dix chevaux de parade du sultan, tous d'une haute taille et de différents poils, avec de grandes housses richement brodées en or et en argent, et des selles couvertes d'un pagne magnifique.

Le sultan, monté sur un superbe cheval, arriva à son tour, précédé d'une trentaine de gardes *bostandgis,* armés de petites hallebardes dorées. Aux deux côtés du sultan se tenoient quatre officiers, que l'on pourroit nommer *gardevues* du sultan, parcequ'avec les immenses plumages qu'ils ont sur la tête, ils cachent tellement la personne de sa hautesse, qu'il est fort difficile de l'apercevoir; mais je le vis parfaitement en face, et j'eus les yeux fixés sur sa figure avec ma lorgnette, autant qu'il me fut possible. Son visage est extrêmement long, et le nez aussi, quoique peu saillant; il a de grands yeux;

la pâleur de son teint n'est coupée que par de très petites pommettes rouges; il me parut d'une assez haute taille, peu gros et assez vif. Il n'avoit qu'une simple pelisse; mais son turban étoit orné d'une superbe rose en diamants extrêmement gros et d'un éclat éblouissant. A son entrée dans la cour du temple, il fit un léger salut, en portant la main droite sur la poitrine, et regardant à droite et à gauche. Le plus profond silence régna jusqu'à ce que le sultan fût parvenu à la porte de la mosquée; aussitôt qu'il eut mis pied à terre, une douzaine d'hommes qui étoient à la porte firent entendre quelques cris de *vivat*.

Après le sultan, vint le chef des eunuques nègres, dont la figure est véritablement épouvantable; il étoit richement habillé, monté sur un cheval magnifique, pareil à ceux du sultan, et entouré de ses domestiques à pied. Il passa en faisant des salutations continuelles à droite et à gauche, avec une précision si mesurée, qu'on auroit pu le prendre pour un automate.

J'allai le même jour faire la prière du vendredi à Aya Sophia. On n'y fait aucune cérémonie particulière, si ce n'est qu'après l'oraison je vis un des docteurs monter dans une chaire fort élevée, où, après s'être assis, il commença un long sermon. Tandis que je l'écoutois dévotement, l'officier, chef de table du capitan pacha, que j'avois connu à Alexandrie, me reconnut, vint à moi, et me donna mille preuves d'attachement en me baisant les mains et les pieds.

Les autres mosquées et chapelles dignes de quelque attention à Constantinople sont

Le *Tourbèh* ou sépulcre du sultan *Abdoulhamid*, père du sultan *Moustapha* : belle chapelle octogone, où l'on révère dans une niche une pierre noire garnie en argent, et sur laquelle s'est conservée l'empreinte des pieds du Prophète, comme dans une plaque de cire molle;

La mosquée *Yenid Djèàmi*, décorée de beaux marbres, n'est qu'une copie exacte d'Aya Sophia;

Le tourbeh ou sépulcre du sultan *Souliman*, belle chapelle octogone semblable à celle d'Abdoulhamid, quoique moins magnifique, et, comme elle, située au milieu d'un petit jardin, à côté de la mosquée du même sultan, appelée *Soulimania*. On passe, pour y aller, sur une plate-forme qui domine une partie de la ville, le port et les faubourgs de Galata, etc. et qui présente un point de vue ravissant ; de là, après avoir traversé une grande cour, ornée d'un péristyle supporté par des colonnes en granit rouge, on entre dans le corps de la mosquée, qui est décorée de quatre colonnes majestueuses du même granit, et dont le front principal et le monbar sont incrustés de beaux marbres. Dans un coin du temple une espèce de missionnaire, assis par terre, prêchoit avec ferveur devant un nombreux auditoire d'hommes et de femmes.

La mosquée du sultan *Ahmed* est aussi fort belle : les quatre grands piliers qui soutiennent la coupole centrale sont revêtus de marbre blanc en forme de cannelures; la tribune du sultan est appuyée sur un grand nombre de petites colonnes, parmi lesquelles il s'en trouve quelques unes d'une superbe brèche brune ; la colonne angulaire est de vert antique. Dans la cour s'élèvent quelques magnifiques colonnes de granit rouge. Le sultan fait dans cette mosquée la célébration des deux Pâques et de la Naissance du Prophête, parceque la situation en est très commode pour toute sa suite, qui peut s'étendre dans l'*Hippodrome* au devant de la mosquée.

Celle du sultan *Mohamed second*, qui fit la conquête de Constantinople, est encore un édifice remarquable. Lorsque j'allai la visiter, les portiques de la cour étoient remplis de petites boutiques de mercerie, où les marchands crioient comme dans une foire ; l'intérieur de la mosquée renfermoit cinq ou six prédicateurs qui crioient plus fort encore : il n'est pas difficile de se figurer le charivari qui résultoit de cette réunion. Le turbeh ou sépulcre du sultan, placé à côté de la mosquée, au milieu d'un petit jardin, n'offre qu'une pauvre chapelle en maçonnerie, mais le catafalque est couvert d'un superbe pagne. La chapelle et l'avenue étoient remplies de femmes qui venoient visiter le tombeau.

La mosquée *Osmanie* est jolie, mais moins grande que les autres.

En sortant de la ville et en suivant la direction du port, on trouve, à un quart d'heure de distance, un joli palais du sultan, d'où l'on arrive au faubourg d'*Eyoub*, situé sur le bord du canal du port.

Le nom de ce faubourg est celui d'un saint disciple du Prophète, qu'on révère comme le patron de Constantinople, et dont les ossements furent trouvés miraculeusement dans le même lieu ; c'est dans la mosquée qui lui est dédiée qu'on ceint le sabre au nouveau sultan : cérémonie qui équivaut au couronnement des monarques en Europe.

L'entrée de ce temple étant absolument défendue à tous les infidèles, il n'en existe pas de description ; c'est pourquoi, dans la seule visite que j'y ai faite, j'en ai dressé un plan approximatif, n'en ayant pu mesurer aucune partie. (*Voyez planche LXXXII.*)

Après avoir traversé une place irrégulière, on entre dans l'édifice, qui est composé d'une cour au centre, d'une mosquée à droite, et d'une chapelle à gauche, où se trouve le sépulcre du saint. Ces trois corps sont incrustés, de haut en bas, des plus beaux marbres, tant sur les murs que sur le sol.

La cour forme un parallélogramme entouré d'arceaux sur trois côtés. Au milieu il y a deux peupliers, dont les branches ombragent toute la cour et produisent un effet charmant.

La mosquée ressemble à toutes les mosquées impériales de Constantinople, c'est-à-dire qu'elle est, comme celle de Sainte-Sophie, composée d'une grande coupole sur un carré ; mais celle-ci a deux particularités qui la distinguent : la première, c'est que les piliers placés aux angles du carré sont extrêmement minces ; que la coupole est supportée par six piliers cylindriques figurant des colonnes aux trois côtés du carré, deux à chaque côté; et que sur le mur du fond s'élève une demi-coupole formant une chapelle où est le mehereb ou niche de l'Iman; la seconde particularité est que la tribune du sultan n'est pas à la droite du mehereb, comme dans les autres mosquées, mais sur la gauche, du même côté que le monbar. Les murs sont incrustés des marbres les plus rares; le sol est couvert de riches tapis; un grand nombre de barres en cercles concentriques, suspendues horizontalement au toit à sept ou huit pieds de hauteur, supportent une infinité de petites lampes et de girandoles en cristal et en argent, des œufs d'autruche, des noix de cocos, de petits ornements, le tout garni en or et en argent, et émaillé des plus belles couleurs; ce qui forme un ensemble admirable.

A la partie opposée de la cour se trouve un salon orné de tapis et de sofas, et dont les murs sont couverts de quelques centaines de petits tableaux bien écrits et diversement décorés. Dans une petite niche pratiquée dans l'épaisseur des murs du salon, on conserve un morceau de marbre rayé blanc et brun, qui porte l'empreinte du pied du Prophète; c'est celle qui est le mieux marquée, du moins parmi tous les monuments de ce genre que j'ai vus dans mes voyages. Ce salon est, pour ainsi dire, l'antichambre de la chapelle où l'on conserve le tombeau du saint.

Cette chapelle, éclairée par de belles croisées, forme un petit temple surmonté d'une jolie coupole; les murs sont couverts de tableaux comme dans l'antichambre; le catafalque du saint, placé au milieu, est couvert d'un riche pagne, et entouré d'une balustrade en argent. Du côté de la tête est un drapeau plié dans son fourreau: c'est le signe distinctif du disciple du Prophète; du côté opposé il y a un puits d'où l'on tire de l'eau avec des seaux d'argent, pour la boire dans des vases du même métal : on prétend qu'elle est miraculeuse.

Après avoir laissé des aumônes abondantes dans l'intérieur, et en avoir distribué à la porte du temple, qui est toujours assiégée d'un bataillon de mendiants, peu incommodes, à la vérité, parcequ'ils sont enregistrés, et que leur chef est le seul qui se présente pour demander et recevoir les dons des fidèles, j'allai visiter le sépulcre de la mère de l'infortuné sultan Sélim III. C'est un petit temple, incrusté de marbres précieux, décoré en-dedans et en-dehors de colonnes et de moulures du goût le plus délicat, et percé tout autour de grandes fenêtres en grilles dorées. Le devant de la porte forme un beau vestibule soutenu par des colonnes.

Je visitai encore plusieurs autres mosquées célèbres par leurs noms, mais dont l'architecture n'a rien de remarquable. Auprès de ces mosquées se trouvent les sépulcres de personnages illustres, des bibliothèques, des écoles, des hospices pour les pauvres, des khans pour les voyageurs, des hôpitaux et autres fondations pieuses; mais ces établissements ont été bien décrits par les voyageurs.

Je voulus visiter aussi une maison dans le salon de laquelle il existe un grand nombre de mausolées appartenants à une famille qui possède en outre quelques poils de la barbe du Prophête, trésor bien plus précieux que toutes les richesses de l'Inde. Cette relique est exposée à la vénération dans une chapelle située en face des tombeaux. A mon entrée, un ministre me présenta une assiette avec un coussinet recouvert de différents morceaux de taffetas violet qui répandoient une odeur délicieuse; après m'avoir fait adorer l'assiette, il me toucha, à différentes reprises, les yeux, le front, le nez et la bouche, avec un cheveu préparé sur un morceau de cire noire, en récitant différentes prières à chaque attouchement, pendant que je me tenois dans le plus grand recueillement; je fis ensuite mon oraison, et je déposai mon offrande, qui parut assez considérable au ministre pour qu'il daignât m'offrir de répéter la cérémonie de l'assiette et du cheveu: ce que j'acceptai avec ravissement, comme une faveur distinguée. Il me donna en outre une petite bouteille d'une eau dans laquelle on avoit trempé les cheveux sacrés; et je partis tout rayonnant de joie. Le cheveu qui avoit servi pour les attouchements étoit un peu roussâtre, tortueux, fort, et long de deux travers de doigt. Accoutumé de réfléchir sur tout ce qui se passoit autour de moi, je ne pus m'empêcher d'admirer, à cette occasion, le miracle de la divine Providence, qui a bien voulu rendre une famille entière riche et opulente du seul produit d'une petite touffe de cheveux!

Je visitai le lendemain une maison où l'on révère un morceau de l'habit du Prophète. Une garde de janissaires et de schérifs occupoit la porte; la maison étoit remplie de femmes qui vont ordinairement le matin adorer la relique, et plusieurs voitures attendoient dans la rue;

on vint nous dire qu'il ne seroit possible d'entrer qu'après la prière de midi; nous attendîmes donc, dans une mosquée voisine, jusqu'à l'heure indiquée.

Moyennant une rétribution, on distribue à la porte, par petites bouteilles, une eau dans laquelle la relique a, dit-on, été trempée.

L'usage est de laisser sa chaussure au pied de l'escalier, où se tient un schérif pour la recevoir et la rendre à la sortie. On monte d'abord dans une salle de forme irrégulière, dont le toit est fort bas; on y fait une prière, et l'on entre ensuite dans la chapelle où la relique est déposée: c'est une chambre de dix à onze pieds en carré, basse comme un entresol, et qui, à la manière d'une mosquée, a son mehereb, avec une fenêtre de chaque côté, le tout couvert de riches tapis.

Le mehereb est occupé par un schérif, qui a devant lui une petite table recouverte de plusieurs pagnes richement brodés et placés les uns sur les autres; le bout de la relique se présente de dessous un de ces pagnes à la vénération des fidèles croyants. Malgré l'obscurité religieuse de la chambre, il me fut possible de reconnoître que la relique est un morceau de toile en laine grossière de couleur noire ou brun foncé, et qu'elle n'étoit pas placée au milieu de l'assiette, mais de côté sur la droite, afin, je présume, de la garantir des innombrables baisers que lui adressent les dévots visiteurs. Ceux-ci, pénétrés d'une sainte crainte et d'un respect particulier, baisent sans réflexion le milieu du pagne où la relique n'est pas, et, par cette innocente ruse, elle se trouve garantie d'une infinité d'attouchements qui à la longue ne manqueroient pas de l'endommager et de la salir. Un peu plus réfléchi, quoique non moins dévot que les autres, je baisai la relique elle-même, en y appliquant successivement les lèvres, les yeux, le front et les joues; mais j'eus soin en même temps de laisser une forte aumône pour l'indemniser de ce service extraordinaire : que Dieu soit loué !

Cette inestimable relique, comme les poils de la barbe du Prophète que j'avois vénérés la veille, n'est offerte au culte public que pendant le temps du ramadan.

El seraya ou le sérail, palais du sultan, peut être considéré comme une seconde ville dans Constantinople; son enceinte particulière renferme une foule d'habitations, de maisons, de palais, de kiosques et de jardins. J'ai vu deux portes à cette enceinte ; mais elles sont loin de répondre à la majesté du palais.

Une de ces portes, qui étoit gardée par les bostandjis, s'ouvre sur une grande cour ou place longue irrégulière, dans laquelle il y a un hôtel des monnoies que j'ai visité : la vis du coin y est mue par trois hommes ; un quatrième présente les pièces de monnoie sous la matrice. Dans une maison sur la même cour est un dépôt d'armes antiques ; les murs du vestibule sont couverts de boucliers et de différentes armures d'hommes et de chevaux.

Au fond de cette cour est une autre porte avec une garde de bostandjis, d'eunuques et d'autres employés, qui ne voulurent jamais me permettre d'aller plus loin. J'aperçus de cette porte une seconde cour très vaste avec plusieurs kiosques et édifices détachés ; voilà tout ce que je dirai du sérail du Grand-Seigneur, qui d'ailleurs a été décrit par des personnes qui l'ont vu, ou qui prétendent l'avoir vu. J'aurois bien pu obtenir la permission de m'y introduire ; mais je ne voulus pas employer de l'argent à cet objet ni à d'autres semblables, parceque, si j'avois déployé un certain appareil de magnificence et de grandeur, j'aurois sacrifié la douce indépendance dont je commençois à jouir dans l'espèce d'obscurité que j'avois choisie, et de laquelle je ne desirois pas sortir. C'est par cette raison que je me suis tenu loin de la cour, et que j'ai évité de me présenter à Moussa Pacha, mon ami d'Alexandrie, qui étoit alors *kaïmakàm* du grand-visir, c'est-à-dire, le premier fonctionnaire de l'empire à Constantinople, quand le grand-visir est à l'armée, comme il se trouvoit alors à celle d'Adrianopoli ; je suis bien sûr qu'il m'auroit accueilli comme un frère chéri, si j'avois voulu me produire à la cour.

En sortant du sérail je traversai la maison du grand-visir ; je parcourus au rez-de-chaussée un salon, au fond duquel est un endroit élevé où l'on place le sofa de ce ministre pour les audiences publiques. Ce salon est assez grand, mais peu convenable à sa destination.

La porte principale de la maison est une simple arcade en face de la muraille du sérail, remarquable par une tour dans laquelle le sultan vient quelquefois en cachette pour observer les cérémonies publiques du grand-visir avec les ministres étrangers, etc.

Au milieu de Constantinople est l'ancien palais de Constantin, nommé *Eski Seraï* ou le Vieux Sérail ; je n'ai pu en voir que les murailles, qui sont extrêmement hautes. Il est occupé maintenant par les femmes reléguées du sérail.

Presque toutes les rues de Constantinople sont étroites et sales. Elles ont des trottoirs élevés de quatre ou cinq pouces, mal pavés, et très incommodes pour les gens à pied : aussi j'allois presque toujours à cheval. Les maisons ressemblent à des cages, tant elles ont de croisées et de balcons. J'ai déjà prévenu qu'elles sont en bois, peintes en couleurs éclatantes, et formant des angles sans régularité. Cette construction est cause qu'il y a presque tous les ans des quartiers entiers consumés par le feu : pendant mon séjour, je fus témoin de deux incendies. Mais le fanatisme des Turcs tient bon contre toutes ces épreuves funestes : ils construisent de nouvelles maisons, semblables aux anciennes, laissant à la Providence le soin de les conserver. Aussi on pourra bien dire un jour avec vérité que la ville de Constantinople a été reconstruite plus de cent fois.

J'ai aperçu quelques boutiques de pharmaciens comme celles d'Europe ; une rue d'orfévres-bijoutiers ; un quartier entièrement peuplé de chaudronniers, d'où je suis sorti avec la tête étourdie. J'ai parcouru aussi une longue rue où se vend la vaisselle de cuivre, et qui est remarquable par la multitude étonnante des pièces, et par la manière agréable dont elles sont exposées dans chaque magasin.

Constantinople est l'unique ville musulmane où il existe des voitures. Celles dont on y fait usage sont suspendues sur quatre roues, assez bien proportionnées, chargées de dorures, couvertes d'une toile blanche ou rouge, et attelées de deux chevaux, conduits au petit pas par un cocher à pied; le derrière de la voiture est occupé par un escalier en bois que l'on place devant la portière lorsqu'on veut monter ou descendre : les Turcs n'ont jamais de laquais; il paroît même qu'ils dédaignent de se servir de voitures dans la ville; car, dans toutes celles que j'ai vues, il n'y avoit que des femmes.

Je voulus examiner, un jour, plus en détail, l'*Hippodrome*, que les Turcs appellent *Atmeïdan*. C'est une place irrégulière qui peut avoir deux cent cinquante pas de long sur cent cinquante de large, et du milieu de laquelle s'élève un bel obélisque égyptien en granit rouge, pareil aux aiguilles de Cléopâtre à Alexandrie; mais il n'est pas aussi haut, quoiqu'on lui donne soixante pieds d'élévation ; chaque face présente une ligne perpendiculaire d'hiéroglyphes de grande dimension; il porte sur quatre dés en bronze, dont la base est un piédestal composé de différents morceaux de marbre grossier et mal travaillé ; les quatre côtés de ce piédestal offrent une foule de figures bizarres, en relief, toutes de face, dans le goût dégradé des Grecs du moyen âge. On m'a dit que ces figures représentent les disciples de Jésus-Christ; mais ce qu'il y a de certain, c'est que le piédestal déshonore le monument, et qu'un jour il en causera la ruine, par la mauvaise liaison des parties qui le composent.

A quelques pas de distance de cet obélisque égyptien on en voit un autre élevé par les Grecs, à l'imitation du précédent; je le crois même construit dans les mêmes dimensions; mais, étant formé de petites pierres de différente espèce, et mal ajustées, il menace ruine, et contraste singulièrement par sa foiblesse avec le fût de l'autre, qui est admirable par sa force et par sa grandeur.

Presque au pied de cet obélisque est une hospice pour les fous, que ce monument menace d'écraser, d'un jour à l'autre, par sa chute.

Entre les deux obélisques se trouve une espèce de colonne torse en bronze, dont la partie supérieure manque. On prétend qu'elle se terminoit par trois têtes de serpents, dont les corps entortillés forment le fût. Le bronze est très mince, et, comme il est crevassé en différents endroits, on a rempli de pierres le creux intérieur. Le morceau qui existe peut avoir dix pieds de hauteur.

Après avoir examiné les monuments de l'Hippodrome, je m'acheminai vers le S. O. en longeant une multitude de rues. Dans une petite place j'aperçus deux superbes colonnes de granit abandonnées à terre. A la porte d'une maison sans apparence j'en vis deux autres petites de vert antique très belles. Je visitai, chemin faisant, différents marchés bien approvisionnés, mais séparés l'un de l'autre par des rues désertes.

J'arrivai enfin au pied d'une haute tour, couverte d'un cône extrêmement pointu; c'est une de celles qui composent le *Château des sept Tours*, où l'on renferme les prisonniers d'état; on regardoit jadis comme tel l'ambassadeur d'une puissance quelconque qui déclaroit la guerre au sultan, et par cette seule raison il y étoit aussitôt détenu. Mais il paroît que cet usage est maintenant aboli.

Je mis pied à terre, et j'entrai dans la première cour du château; aussitôt un grand diable d'homme à figure rébarbative se présenta : je lui demandai la permission de visiter l'intérieur; mais l'inexorable cerbère ne voulut jamais me laisser avancer. Je remontai à cheval, et je sortis par une porte de la ville qui est tout à côté, espérant du moins me former une idée de cette forteresse en l'observant au dehors; mais on ne distingue qu'un labyrinthe inextricable de tours et de murailles les unes sur les autres.

Tournant vers le N., le long et en-dehors des murailles, j'examinai les ouvrages qui défendent la capitale de l'empire ottoman du côté de terre.

Ces moyens de défense se réduisent à un fossé presqu'entièrement comblé et converti en jardins; une première ligne de murs très bas, comme un parapet; une seconde ligne de murs plus élevés; et une troisième ligne intérieure, beaucoup plus haute et flanquée de tours plus hautes encore.

Ces trois lignes de murailles en échelons, couronnées de meurtrières, ont quelque chose d'imposant, puisqu'elles présentent trois rangs de feux; mais, comme elles ne pourroient supporter le jeu de l'artillerie, et que l'ennemi a l'avantage de pouvoir s'approcher avec la sienne, à l'abri des collines ondoyées, et des haies de jardins qui s'étendent jusqu'au pied des murailles, Constantinople ne pourroit soutenir une attaque de huit jours contre une armée de terre. D'ailleurs, dans un espace assez considérable entre la porte d'*Adrianopoli* et celle de *Top*, ainsi que dans une autre partie entre cette dernière porte et le château des sept Tours, les trois rangs de murailles sont entièrement ruinés, et remplacés nouvellement par un seul, qui ressemble plutôt à un simple mur de clôture qu'au rempart d'une grande ville. Le reste de l'enceinte tombe également en ruines.

CHAPITRE XIV.

Citerne de Phyllosène. — Colonne de Constantin. — Marché des femmes. — Bezestèinn ou grand Bazar. — Quartier du fanal. — Alaï Kiosque du Sultan. — Pointe du sérail. — Bord de la mer de Marmara. — Caserne des bombardiers. — Lieu de plaisance du Sultan. — Illuminations du Ramadan. — Fête du Beyram ou de la Pâque. — Eaux de Constantinople. — Caractère des Turcs. — Amusements. — Femmes. — Climat.

La *Citerne de Phyllosène,* construite au temps des Constantins pour fournir l'eau à la ville, n'est plus aujourd'hui qu'un souterrain à sec, dans lequel on a établi une filature de soie. On y descend par un mauvais escalier qui aboutit à un espace presque obscur, soutenu par plusieurs centaines de colonnes, et occupé par des machines à filer et tordre la soie, dont les fils, presque invisibles dans cette demi-obscurité, se dévident horizontalement entre les rangs de colonnes, en sorte qu'on ne peut presque faire un pas sans s'exposer à en casser des milliers; aussi le portier est un guide nécessaire dans cet obscur labyrinthe.

C'est sous sa conduite que, suivi de mes gens à la file les uns des autres, comme un troupeau d'aveugles, je parcourus cette espèce de souterrain dont la destination actuelle contraste si fort avec sa destination primitive. Le plafond, appuyé sur des colonnes, a, d'espace en espace, quelques ouvertures qui servent à présent de lucarnes, et qui, dans le temps, ont dû servir de margelles d'où on tiroit l'eau.

Chaque colonne est composée de deux fûts l'un sur l'autre, sans aucun intermédiaire : le fût inférieur, au lieu de chapiteau, est surmonté d'un socle d'un pied de largeur à-peu-près, sur lequel porte le fût supérieur ; celui-ci a pour chapiteau une figure informe, semblable à un cône tronqué renversé. Les colonnes sont d'un marbre grossier, dont la surface est déjà corrodée. La terre et les décombres qu'à une certaine époque on jetoit par les bouches de cette immense citerne ont enterré, jusqu'aux deux tiers de leur hauteur, les colonnes inférieures. Notre guide me dit que ces colonnes sont au nombre de plus de quatre cents; dans les descriptions on en compte deux cent douze ; mais le guide a raison, parcequ'il comprend dans son calcul les colonnes inférieures et les fûts supérieurs. Les ouvriers de cette manufacture souterraine ont un mauvais teint et un aspect repoussant.

Au sortir de cette caverne, je passai auprès de la *Colonne de Constantin*, composée de plusieurs morceaux de porphyre rouge, à l'exception de la partie supérieure et de la base, qui sont formées de petites pierres hétérogènes, bigarrure qui dépare le reste du monument: la colonne commence à se ruiner.

Je n'oubliai pas de visiter le marché où l'on vend les femmes blanches et les négresses. C'est une grande cour entourée de planchers élevés de trois ou quatre pieds, sur lesquels on expose les esclaves, et de petites chambres où l'acheteur fait entrer la femme qui lui convient, afin de l'examiner plus particulièrement. Le jour où je m'y rendis n'étoit pas un jour de marché: c'étoit la Pâque. Le marché est fermé et bien gardé ; et les chrétiens, dit-on, ne peuvent y entrer.

Le grand Bazar, appelé *el Bezestèinn*, est magnifique. Il se compose de plusieurs rues, entièrement couvertes de voûtes très hautes, d'où la lumière pénètre par des lucarnes. Quelques unes de ces rues sont uniquement occupées par des marchands de soieries, richement fournis; dans d'autres, on ne voit que des bijouteries et des matières précieuses; les autres enfin présentent une diversité de magasins d'armes, de fourrures, de riches harnois, de toiles de l'Inde, de toiles de coton et de laine, de librairie, mais en petit nombre, d'horlogers, et de produits de toutes les parties du monde. J'y ai principalement remarqué des superbes diamants, et une tasse d'or avec son couvercle, de la plus grande beauté et d'un luxe extrême. On y trouve des armes magnifiques, à la turque, mais fort pesantes.

Je cherchai dans les boutiques des libraires l'histoire de l'empire ottoman, en langue turque. On me la présenta en deux volumes, l'un vieux et l'autre neuf, et on m'en demanda quatre-vingts piastres : j'en offris soixante, mais on ne voulut pas me la céder à ce prix; j'aurois bien pu insister sur le marché, et acquérir l'ouvrage, moyennant une nouvelle offre, mais l'un des deux volumes étoit vieux, et, dans un pays si souvent exposé au fleau de la peste, je n'étois pas bien aise de me charger d'objets qui avoient déjà servi à quelqu'un. Ainsi je renonçai sans regret à cette emplette.

Le quartier de la ville habité par les chrétiens grecs s'appelle *le Fanal*. C'est là que se trouvent les maisons du patriarche et des principales familles de cette nation. Je n'ai fait que traverser ce quartier, et j'y ai aperçu quelques maisons d'assez bonne apparence, mais sans luxe extérieur. Celle du *prince Suzzo*, nommé à cette époque hospodar de Valachie, n'a pas plus d'apparence que les autres. Il est défendu aux Grecs de peindre l'extérieur de leurs maisons en couleurs vives; ils ne peuvent les peindre qu'en noir ou en couleur sombre : ce qui leur donne un aspect fort triste.

Pendant ma résidence à Constantinople, je m'embarquai à trois reprises différentes pour aller visiter les rivages des environs.

La première fois je pris une chaloupe pour me rendre vers un kiosque du sultan, situé sur le bord de l'eau à l'entrée du port, en-dehors des murs du sérail.

Ce kiosque, appelé *Alaï kiosk*, est composé d'une maisonnette carrée et fermée; tout autour règne une grande galerie, supportée par des colonnes en marbre, sans autre clôture que des rideaux de grosse toile. J'y entrai sans rencontrer personne : le sol étoit couvert de tapis, le toit orné de peintures et de dorures, et le sofa du sultan placé en face de la mer. Ce sofa, monté en argent massif, mais tout uni, sans ornements et sans moulures, et aussi large qu'un grand lit, étoit garni d'un matelas grossier, et par-dessus, d'une toile bleue; devant le sofa il y avoit une fontaine en marbre, mais sans eau.

Je continuai, de la chaloupe, à observer la pointe du sérail, où se trouvent plusieurs kiosques ou belvédères, dont la plupart couverts d'épaisses jalousies, paroissent être les habitations d'été des sultanes. Ces kiosques sont élevés chacun sur un plan différent, et sans symétrie apparente; je remarquai vers l'un de ces édifices des colonnes d'une brèche précieuse. Dans le sérail, à peu de distance de la pointe, se trouve une colonne ancienne et magnifique, dont la hauteur peut être de soixante-deux pieds; mais elle est placée dans un endroit tellement défendu aux regards des profanes, qu'elle n'a pu être décrite antérieurement par aucun voyageur. C'est seulement lors de la dernière attaque des Anglois que les Européens ayant pénétré dans l'intérieur, pour l'établissement et le service de la batterie espagnole, on leva un dessin de ce monument, que le respectable marquis d'Almenara a bien voulu me communiquer. (*Voyez la planche LXXXIII.*)

La seconde fois que je m'embarquai, ce fut pour examiner le front de la ville, du côté de la mer de Marmara. C'est un spectacle vraiment magnifique que cette étonnante multitude de maisons et d'édifices de toute espèce qui s'étendent presqu'à perte de vue sur les bords de cette mer.

J'ai déjà dit que la pointe qui aboutit à la bouche du port est formée par le sérail, entouré d'un simple mur crénelé, avec plusieurs kiosques ou belvédères à différentes distances, et des jardins.

Le pied de cette muraille, en-dehors, est défendu par une ligne de batteries de campagne, construites à la même époque sous la direction des ambassadeurs de France et d'Espagne, le général Sébastiani et le marquis d'Almenara. Ces batteries, soutenues par celles des bords opposés du port et du Bosphore, mettent le sérail à l'abri de toute insulte du côté de la mer. Je n'ai aperçu sur les murs du sérail qu'une seule batterie, nommée *batterie des Espagnols :* elle fut servie par les individus de cette nation, en-dedans du sérail même ; ce qui est une marque inouie de la confiance du grand-sultan.

Ce mur ne se distingue en rien du reste des murailles qui ceignent la ville au bord de l'eau. Dans la dernière batterie du sérail, à la partie sud, j'ai vu quelques anciens canons turcs d'une grosseur colossale, dont les uns ont sept ou huit petites bouches autour de la grande bouche centrale, et les autres, un calibre de plus d'un pied de diamètre ; ceux-ci servent à tirer des boulets de pierre, préparés et entassés auprès de chaque pièce. Ces énormes canons sont couchés à terre, sans affûts, pour tirer à fleur d'eau ; de manière que tout bâtiment touché par un de ces projectiles doit couler bas sans remède. Mais, comme on ne peut changer la pièce pour pointer, il est difficile d'atteindre des objets mobiles. Le reste des murs, au-delà du sérail, ne se trouve déjà plus dans le même état de défense.

Je m'embarquai pour la troisième fois le premier jour de la pâque, afin d'examiner le fond du port.

Tous les bâtiments ottomans avoient leur pavillon, mais aucun n'étoit pavoisé, et un calme parfait rendoit les pavillons inutiles. Je comptai une trentaine de vaisseaux, frégates et corvettes, dont vingt pouvoient être disponibles, et dix chaloupes canonnières.

J'admirai le beau fronton de la caserne des bombardiers, auprès de laquelle un rang de mortiers faisoit des salves de réjouissance.

Après avoir passé devant la mosquée, le quartier d'Eyoub, et différentes maisons de plaisance du sultan, je trouvai le canal du port rétréci et divisé en plusieurs canaux, entre des îlots à demi noyés et couverts de joncs. De là le bateau entra dans un canal d'eau douce, qui vient d'un village nommé Belgrade, distant de trois heures de chemin ; ayant passé sous deux ponts de bois, peu éloignés l'un de l'autre, je sautai à terre pour voir un lieu de plaisance du sultan, situé, sur la droite du canal, à un peu plus d'une heure de chemin du point de mon embarquement : il est composé de plusieurs maisonnettes et d'un très beau kiosque, avec des colonnes en marbre ; les toits en sont richement dorés ; le milieu du salon est orné d'une fontaine : sur le côté on voit le sofa du sultan, consistant en un matelas, et quelques coussins rouges brodés en or ; le tout placé sur un plancher, et à demi couvert du pavillon ottoman, en forme de rideau.

Le kiosque est en regard d'une cascade, où l'eau tombe par des gradins en forme de coquilles sur toute la largeur du canal, qui peut avoir environ soixante-dix pieds; au-dessous, se trouve un étang carré, d'où l'eau se précipite par un second rang de gradins. Il y a sur cet étang trois petits berceaux isolés fort jolis; et en face du kiosque, une fontaine qui imite la figure de la colonne des serpents de l'Hippodrome, et qui jette l'eau par la bouche des serpents.

A la partie inférieure du canal, il existe une fontaine grossièrement construite en marbre; et, un peu plus bas, une autre, qui a la forme d'un grand vase.

Du haut de la cascade le canal se présente en droite ligne jusqu'à une grande distance, toujours sur la même largeur, et bordé de chaque côté d'allées de peupliers.

Cet endroit, jadis fermé, est maintenant ouvert au public et dans un état de dégradation. Le sultan Mustapha n'y est venu qu'une fois. Il y a quelques maisons où sont logés des gardes bostandjis; on y trouve aussi plusieurs canons disposés pour tirer au blanc. Les gardes nous firent bon accueil, et nous servirent du café. Le canal coule dans un vallon étroit renfermé entre de petites montagnes incultes. Ce lieu s'appelle *les Eaux douces.*

Nous employâmes une heure un quart pour retourner à l'embarcadaire de Constantinople; cependant la chaloupe, très légère et à quatre rames, faisoit plus d'une lieue par heure.

Pendant les nuits classiques du Ramadan, les mosquées sont illuminées. L'illumination des mosquées impériales est magnifique; celle de Sainte-Sophie sur-tout produit un effet surprenant. C'est alors qu'on peut se faire une idée complète de cette coupole colossale; car la lumière qui y pénètre pendant le jour ne suffit pas pour faire apercevoir la grandeur de l'édifice. Des milliers de lampions placés le long des corniches, sur les moulures et les parties saillantes de l'intérieur, des milliers d'autres suspendus à la voûte par des carcasses de différentes formes, et une infinité de lampes en cristal et en verres de toutes les grandeurs, font mieux distinguer la majesté de ce temple que la lumière du soleil; et j'avoue que je n'en avois pas une idée complète, jusqu'au moment où je l'ai vu dans toute son illumination.

La manière d'éteindre cette multitude de lumières fut aussi une chose nouvelle pour moi. Des hommes avec de grands éventails de plumes agitent l'air, et, à chaque coup d'éventail, éteignent dix, douze ou vingt lumières à-la-fois, quoiqu'elles soient à six ou huit pieds de distance de l'éventail ; en sorte que, dans un instant, ils ont ramené l'obscurité dans le temple.

Dans le temps que l'on prodigue tant de lumières dans les temples, et même sur les tours, où elles ne servent à rien, il ne s'en trouve pas une seule dans les rues : la boue et le sol mouillé sont parfaitement noirs ; les maisons, peintes de couleurs foncées, obscurcissent encore l'atmosphère ; la lune cesse d'éclairer les nuits sur la fin du Ramadan ; et l'obscurité profonde qui règne dans toutes les rues, jointe à la boue dont elles sont couvertes sur un sol mal pavé et toujours en pente plus ou moins rapide, rend la circulation très pénible, quoiqu'on ait une ou deux lanternes devant soi : celles dont les habitants font usage sont en toile, et donnent une lumière si foible, qu'on distingue à peine les personnes qui les portent, tellement que cette multitude de lumières pâles qu'on voit circuler d'un lieu à l'autre, comme suspendues dans la région inférieure de l'air, ressemble à une danse de fantômes. On ne rencontre pas une seule femme dans les rues pendant la nuit.

Le Ramadan terminé le dernier jour de novembre, la Pâque fut célébrée le 1er décembre. Le sultan fit la fête à la mosquée *Ahmed Djeamissi*, suivant l'usage, comme il a été dit plus haut. Desirant voir son cortége, je ne voulus pas me placer dans la mosquée, parceque Sa Hautesse entre dans sa tribune par le dehors; c'est pourquoi m'étant rendu, à quatre heures du matin, dans une autre mosquée voisine pour faire la prière pascale au lever du soleil, je vins ensuite à celle d'Ahmed, où je trouvai dans la cour deux à trois mille femmes, peu d'hommes, quelques soldats bostandjis, des janissaires, et les chevaux du sultan et de sa suite. Les cérémonies n'étoient pas encore terminées, et il y avoit déjà dans la rue beaucoup de monde et deux rangs de janissaires.

Ceux-ci avoient le costume ordinaire, et les bostandjis des caftans rouges, avec de longs bonnets de la même couleur. Une douzaine de janissaires portoient des espèces de chasubles grises, et beaucoup d'argenterie. Je me plaçai sur l'angle intérieur de la porte.*

Un certain nombre de *capidji bachalàr* défilèrent, habillés de grands caftans, à fausses manches pendantes par derrière, doublés de riches fourrures en dedans, et tissus d'or en dehors; ils étoient montés sur de superbes chevaux richement enharnachés.

Les personnes de haut rang avoient sur la tête le grand turban de cérémonie; c'est un cône tronqué renversé d'environ un pied et demi de hauteur, entièrement garni de mousseline.

Beaucoup d'officiers et de hauts employés du sérail sortirent successivement, montés sur des chevaux magnifiques. Le *Scheih el Islam* ou *Moufti* vint ensuite, entouré de sa suite d'*Oulemas* ou savans.

Après lui je vis paroître dix ou onze chevaux de parade du sultan, avec des harnois couverts de diamants et de pierres précieuses; les étriers et la bride d'un des chevaux étoient sur-tout d'une richesse surprenante. Quelques uns portoient sur la droite de la selle un bouclier de deux pieds de diamètre, et sur la gauche un sabre, le tout également enrichi d'or et de pierreries.

Me tournant d'un autre côté, je vis passer à cheval Moussa Pacha, kaïmakam du grand-visir, au milieu de quatre ou cinq cents officiers, employés et soldats, tous à pied, qui le portoient presque en l'air. M'ayant reconnu, il me fit un salut gracieux, que je lui rendis aussitôt, et continua de marcher en détournant la tête pour me regarder; au sortir de la porte, il me fit un autre petit signe de salutation, avec un léger sourire affectueux; ce qui fit une telle sensation, que plusieurs officiers de janissaires vinrent demander à mes gens qui j'étois, disant qu'on n'avoit jamais vu un souris sur les lèvres de ce Caton musulman. Je fus sincèrement affligé de ce que les circonstances m'avoient empêché d'aller serrer dans mes bras cet excellent ami; mais comme ce rapprochement auroit contrarié mon plan de conduite, je me sentis assez fort pour résister aux affections de mon cœur, et étouffer les passions qui, dans une circonstance pareille, auroient pu déterminer tout autre que moi. Pouvois-je, en effet, après avoir été inébranlable aux instances affectueuses et aux persuasions énergiques de Muley Abdsulem, mon plus cher ami, et de son frère, Muley Soliman, m'abandonner au sentiment d'affection qui me lioit à Moussa Pacha, ou succomber peut-être à l'appât des honneurs dont il pouvoit me faire combler en moins de vingt-quatre heures?..... Non : pardon, cher ami ; je sais qu'en cet instant vous attendez ma visite; mais je vous fuis : demain je quitterai Constantinople.

Le kaïmakan fut suivi d'un corps de bostandjis à pied : un cri de *vivat* se fit entendre; alors parut le sultan, monté sur son cheval, et caché par les immenses plumages de six ou huit officiers qui marchoient à ses côtés. Je le vis néanmoins bien en face, et je lui fis un salut, qu'il eut la bonté de me rendre : son teint me sembla bien pâle, fané même; son caftan étoit rougeâtre; la beauté, la richesse et l'éclat de la rose et du plumet de diamants qui décoroient sa tête sont au-dessus de toute expression.

Immédiatement après le sultan venoient trois grands-officiers, dont l'un portoit un très haut turban orné d'une rose et d'un plumet de diamants, comme celui que le sultan avoit sur la tête; les deux autres avoient chacun un kaouk ou turban de la dimension et de la forme ordinaires. Ces trois turbans appartiennent à Sa Hautesse, qui les met sur sa tête aux différentes cérémonies dans la mosquée. Ils étoient à demi enveloppés dans de riches pagnes.

Vint ensuite le cortége nombreux des grands personnages à cheval, en habits et en turbans ordinaires, sans aucun signe distinctif : on me dit que c'étoit la première noblesse de l'empire, les fils, les neveux des princes, etc.; enfin une troupe de soldats à pied fermoit la marche.

Les turbans du kaïmakan, du grand-visir et du reis effendi se distinguoient par une frange tissue en or dans la mousseline. Je remarquai plusieurs grands officiers nègres, à figures horribles, habillés et équipés avec la même richesse que les autres. Le chef des eunuques nègres portoit sur son turban la même marque distinctive que le grand-visir. Les principaux personnages du cortége avoient chacun derrière soi un domestique ou employé, portant dans les mains un turban de dimension ordinaire, enveloppé d'un riche pagne : c'est ce turban qu'ils mettent sur la tête pour la prière dans la mosquée, au lieu du turban de cérémonie, qu'ils ôtent alors.

Les Turcs sont bien différents des autres musulmans dans leur conduite publique, à l'époque du ramadan et de la pâque. On a déjà pu observer que pendant les nuits du ramadan ils n'illuminent pas les rues; lors de la pâque ils ne font pas non plus des courses de chevaux, des petites guerres figurées, des jeux publics, comme dans les autres pays soumis à l'islamisme ; toutes les démonstrations de la joie publique se bornent à se promener gravement d'un endroit à l'autre, à se rendre des visites, à manger autant qu'on le peut, et à tirer les canons et les mortiers du port à différentes heures du jour.

J'ai visité les grands dépôts des eaux potables de Constantinople : elles viennent toutes, par le N. O. de la ville, du canton de *Belgrade*, village presque entièrement peuplé de Grecs, comme tous ceux d'alentour.

On trouve dans ce canton, en trois endroits différents, trois grandes murailles, qui, fermant le passage d'une montagne à l'autre, forment des digues qui retiennent les eaux des pluies. Ces digues sont connues sous le nom de *Bent*.

Le plus grand bent est à trois lieues environ de Constantinople ; il peut avoir cent soixante-dix pieds de long, et quinze d'épaisseur au plan supérieur, avec une grande escarpe, qui augmente considérablement l'épaisseur de la muraille à la partie inférieure ; il est en pierre de taille et en bon état ; mais, comme les pluies n'avoient pas encore commencé, il étoit presque à sec, à l'exception d'un petit ruisseau qui le traverse.

A peu de distance de ce bent il en est un

second, construit par la sultane Validé, mère du sultan Sélim III. La muraille, qui embrasse presque autant d'espace que le précédent, est établie sur un plan mieux entendu que l'autre, parcequ'elle présente, du côté de l'eau, un angle appuyé contre deux fortes masses ; mais l'escarpe est malheureusement trop peu saillante : défaut radical qui nuira à sa durée.

Les eaux des bents sont amenées à Constantinople par des conduits souterrains et par des aquéducs plus ou moins bien exécutés.

L'aquéduc de *Justinien*, situé dans le village grec de *Pirgos*, a jusqu'à trois rangs d'arcades, les unes sur les autres, en marbre coquillier commun ; mais sa construction se ressent de l'imperfection des arts à l'époque où il fut élevé : les piliers sont trop massifs, et les arcades très étroites, inégales en largeur et en hauteur, et d'une projection mesquine.

A peu de distance est l'aquéduc bâti par le sultan *Soliman Canouni*; je ne l'ai vu que de loin.

Un peu au-dessus de Pirgos on en trouve un autre construit par les Grecs; la hardiesse de ses arcades et la beauté de sa construction attestent la supériorité de la première époque sur la seconde, sous le rapport des arts; mais ce beau monument, négligé depuis tant de siècles, commence à se dégrader dans sa partie supérieure.

J'allai visiter, en dernier lieu, un quatrième aquéduc, élevé par les Turcs, dans les temps modernes, en face du Bosphore, à peu de distance de *Bouyoukdere;* les arcs sont pareils à ceux de l'aquéduc Justinien; mais ils ont plus de régularité.

Ces aquéducs, dans leur projection, forment des angles avec les sinuosités des montagnes, où les conduits sont placés sous terre, par-tout où les obstacles n'en ont pas empêché.

Le canton de Belgrade est composé de montagnes peu hautes, et couronnées de superbes bois bien touffus, qui s'étendent à une grande distance, et qui, m'a-t-on dit, abondent en gibier et en bêtes fauves.

Le caractère des Turcs est sérieux, mélancolique même. En le comparant avec celui des Arabes, je crois pouvoir avancer que, si les uns et les autres parvenoient au degré de la civilisation européenne, les Arabes auroient le caractère françois, et les Turcs le caractère anglois.

Les beaux arts sont exilés des contrées musulmanes; aussi un Turc se croiroit dégradé s'il jouoit d'un instrument, s'il chantoit (excepté pour les prières) ou s'il dansoit. L'usage de se réunir en grandes assemblées, pour passer le temps, est presque inconnu chez eux. Les femmes, entièrement reléguées du commerce des hommes, ne peuvent contribuer à corriger l'âpreté des mœurs et à rendre la société agréable. L'ignorance, pour ainsi dire, absolue des Turcs à l'égard des langues de l'Europe, et leur peu de correspondances avec l'extérieur, les privent de presque toutes les nouvelles de ce grand théâtre; aussi regardent-ils avec indifférence les vicissitudes politiques de cette belle partie du globe. Enfin le manque de livres et de maîtres pour apprendre les sciences physiques et les innombrables découvertes des derniers siècles les tient éloignés de ces connoissances intéressantes qui ne pourroient manquer de donner de l'élévation à leurs esprits.

Ces causes, jointes à l'existence précaire d'un gouvernement despotique, à l'état de méfiance, ou, pour mieux dire, à cet état de guerre qui existe nécessairement dans un pays où les gouvernants sont d'un culte différent de celui de presque tous les gouvernés, et aux idées erronées de bonheur qu'on leur inspire dès la plus tendre enfance, font que le Turc, incapable d'ouvrir son cœur à une franche et innocente gaieté, se croit néanmoins heureux, et, de plus, homme, quand il s'approche davantage de l'état des brutes. Passer les journées entières, assis, dans une complète inaction physique et morale, en fumant la pipe, ou en prenant du café ou autres drogues; s'enivrer avec des liqueurs ou des pilules d'*opium;* épuiser ses forces physiques par des excès réitérés de jouissances naturelles ou contre nature : tels sont les plaisirs qui constituent le bonheur des musulmans; et, s'ils daignent prêter quelque attention à un spectacle quelconque, c'est seulement lorsqu'il leur représente le simulacre des objets qui font leurs uniques délices.

Les Turcs ont, en effet, des spectacles; mais quels spectacles! Leur musique, quoique dépourvue de toute harmonie, offre néanmoins quelques modulations douces; mais elle est mêlée de discordances si choquantes, qu'il seroit impossible de la supporter seule quelque temps; c'est pour cela qu'ils ont ordinairement un bouffon, qui de temps en temps exécute une danse ou une pantomime ridicule et indécente, et termine toujours par jouer le rôle d'un homme pris de vin.

Ils ont aussi des danseurs dont le talent se réduit à marcher d'une manière compassée, à danser une simple contre-danse, à faire des pirouettes rapides, et des mouvements ou pantomimes de la plus grande indécence, en marchant en cercle l'un derrière l'autre, la tête affublée d'une perruque à longue chevelure entièrement détachée, avec des crotales ou des castagnettes en métal dans les mains; et tout cela s'exécute le plus grossièrement qu'on puisse imaginer. J'ai vu de ces danseurs jouer des pantomimes dans lesquelles ils donnoient en spectacle les actes les plus sales et les plus rebutants. Ils ont encore des ombres chinoises qui représentent des scènes de la lubricité la plus affreuse.

Tels sont les spectacles des Turcs, que les grands, les savants et même le grand-visir ne rougissent pas de faire jouer devant eux.

J'ai été témoin d'un tour de force curieux : un homme, en pirouettant d'une manière extrêmement rapide au son de la musique, s'attachoit à la ceinture un jupon, que la rapidité du tournoiement déployoit en forme de cloche ou de parasol; il ôtoit ensuite sa chemise, sans déboutonner le gilet qui la couvroit, divisoit en plusieurs tresses la touffe de cheveux du milieu de la tête; et, prenant au vol, l'un après l'autre, plusieurs sabres nus, qu'un camarade lui présentoit, il attachoit chaque poignée à une des tresses ; je lui en ai vu attacher de cette manière jusqu'à douze ou quatorze, qui, par la rapidité des tours, formoient comme un cercle ou disque horizontal autour de sa tête; il prenoit ensuite un autre sabre nu avec les dents, en plaçoit d'autres à différentes parties de son corps, je ne sais comment, au point qu'il se trouvoit tout hérissé de sabres nus. Continuant à pirouetter avec la même rapidité, sans intermission, il tira un sabre du fourreau, et, ce qui me parut le plus difficile, il le remit dans le fourreau avec une fermeté et une adresse étonnante. Alors il ôta ses sabres un à un, pour les donner à son camarade; il ôta le jupon, remit sa chemise, sans déboutonner le gilet ; et, après plus d'une demi-heure de pirouettes rapides, son compagnon mit fin à ce spectacle bizarre en jetant sur lui une grande pelisse pour le couvrir : précaution nécessaire, à cause de la sueur abondante qui ruisseloit de son corps.

Les femmes de haut rang sont étroitement gardées à Constantinople; mais celles du peuple vont seules de tous côtés : dans les rues, les bazars, les turbehs ou chapelles, aux cimetières et sur le bord de la mer, on rencontre à toutes les heures du jour autant de femmes que d'hommes. Cette liberté, dans une ville aussi populeuse, entourée de jardins, de collines et de bois, doit faciliter singulièrement le libertinage, qui effectivement est assez répandu dans cette métropole. La figure de ces femmes est presque à découvert, malgré le voile épais qui la couvre, parcequ'elles en agrandissent tellement les trous destinés au seul besoin de la vue, qu'on peut distinguer leur physionomie presque en entier à travers ces ouvertures.

Le climat de Constantinople est très doux, malgré la distance de l'équateur, parceque la ville se trouve au niveau de la mer, défendue des vents du N. par les montagnes de Belgrade, et entièrement découverte du côté du S., où est la mer de Marmara; de sorte que, quoique la différence des saisons s'y fasse bien sentir, on n'y éprouve pas les extrêmes, qui sont si incommodes dans d'autres pays sous la même latitude.

J'avois fait mes préparatifs pour observer l'éclipse de soleil du 29 novembre, et je montai, à cet effet, sur un des minarets; mais les nuages s'opposèrent à l'observation.

CHAPITRE XV.

État actuel de la Turquie. — Barbarie des Turcs. — Janissaires. — Bizarreries de ce corps. — Bostandjis. — Canonniers et bombardiers. — Autres troupes. — Le Grand-Seigneur. — Pachas rebelles. — Trésor public. — Vénalité des emplois. — Désespoir des peuples.

L'empire ottoman est un colosse composé d'un mélange bizarre de parties hétérogènes et inconciliables : des Turcs ou Tartares, des Arabes, des Grecs catholiques, des Grecs schismatiques, des Cophtes, des Druses, des Mamlouks, des Juifs, et autres races qui ne ressemblent en rien les unes aux autres, si ce n'est par la haine profonde et invétérée qu'elles se portent mutuellement; tels sont les éléments qui composent cette masse.

Les Chrétiens, plongés jadis dans les querelles scolastiques, les Arabes, divisés par la même cause, et manquant d'une constitution qui assurât la succession au trône du califat, ouvrirent, par une apathie déplorable, les portes à cette irruption de *Tatars* presque sauvages, qui renversèrent successivement les trônes des Abassis et de Constantin, sur les ruines desquels ils fondèrent l'empire du Croissant.

Le hasard, qui leur avoit fait commencer leurs conquêtes par l'Asie, alors dominée par les successeurs de Mouhamed, rendit mahométans ces Tatars idolâtres ; s'ils eussent commencé par l'Europe, ils auroient été chrétiens : tout culte appuyé sur l'idée sublime d'un Être suprême et unique doit convaincre et attirer également l'homme idolâtre.

C'est ce qui a rendu et ne cesse de rendre encore les Turcs étrangers aux usages de l'Europe; s'ils se fussent convertis à la foi chrétienne, ils seroient devenus Européens.

Comme les califes abassides avoient accueilli les arts et les sciences, que l'irruption des Vandales avoit fait fuir de l'Europe, ces Tatars trouvèrent, avec la religion, les éléments de la civilisation, dont ils prirent d'abord une teinte légère ; mais leurs progrès furent en même temps comprimés par quelques dogmes, qui, en proscrivant les beaux arts, en établissant la doctrine du fatalisme, et en proclamant haine et aversion à tout individu opposé à l'islamisme, les privoient du premier ressort du bon goût, leur faisoient regarder comme inutiles les ressources et les combinaisons de la sagesse humaine, et les détournoient des avantages d'une communication intime avec les Européens, qui seuls pouvoient les instruire. Ces causes, réunies à l'extrême différence qui existe entre les langues de l'Occident et celles de l'Orient, à la mollesse qu'ils adoptèrent aussitôt qu'ils furent en possession de capitaux suffisants pour satisfaire leur sensualité, enfin au manque d'éducation de leurs princes, qui passent toujours de la solitude d'un *harem* au trône ottoman, ont paralysé leurs progrès vers la civilisation.

Aussi, quoique musulman, je dois avouer que les Turcs sont encore barbares : j'en demande bien pardon à ceux qui pensent autrement; mais quand je vois une nation qui n'a pas la moindre idée du droit public et des droits de l'homme; une nation qui compte à peine un individu sur mille qui sache lire ou écrire; une nation chez qui la propriété individuelle est sans garantie, et le sang de l'homme exposé sans cesse à être versé pour la moindre cause et sous le plus léger prétexte, sans aucune forme judiciaire; une nation enfin obstinée à fermer les yeux à la lumière et à repousser loin d'elle le flambeau de la civilisation, qu'on lui présente dans tout son éclat, sera toujours pour moi une nation de barbares : que les individus qui la composent portent des vêtements de soie ou des riches pelisses; qu'ils établissent entre eux un cérémonial; qu'ils mangent, qu'ils boivent ou qu'ils fument chaque jour cent mélanges divers; qu'ils se lavent ou se purifient à toute heure; je ne cesserai de répéter : *Ce sont des barbares.*

Il existe bien à la cour quelques personnes qui, ayant appris les langues de l'Europe, en ont également adopté secrètement la civilisation, du moins en partie; mais le nombre en est infiniment petit, comparé à la masse de la nation.

Une autre cause contribue encore à entretenir les Turcs dans cet état de barbarie. Les Arabes dominoient presque sur la moitié du monde lorsqu'ils furent subjugués par les Turcs; ceux-ci, par conséquent, devenus maîtres de l'étendard du Prophète, durent se croire invincibles : leurs victoires en Europe les confirmèrent dans cette idée, qui s'est perpétuée de génération en génération, malgré les défaites qu'ils ont éprouvées dans les derniers temps. Cette supériorité qu'ils s'attribuent sur les autres nations leur fait regarder avec le plus grand mépris tout homme qui n'est pas Turc. Que les ambassadeurs étrangers ne se fassent pas illusion sur les marques extérieures de déférence qu'ils peuvent recevoir dans la Turquie : je connois les gens de ma religion mieux que personne, et je puis hautement avouer que le Turc joint à la barbarie et à l'orgueil musulman la barbarie et l'orgueil qui sont propres à sa nation.

Cet orgueil lui fait préférer le métier de soldat à tout autre ; il est soldat par religion, parceque tout musulman doit l'être ; mais il l'est aussi par prédilection, parceque c'est pour lui le métier le plus utile, et celui qui ouvre la porte à l'indépendance et au despotisme.

Mais il ne faut pas croire que le soldat turc soit un homme habillé et armé d'après un mode fixe et arrêté, un homme assujetti à un certain code, à une discipline militaire, nourri, payé et entretenu par le trésor public d'une manière régulière, comme en Europe ; ce n'est point cela : tout individu, lorsque la fantaisie lui en vient, s'arme d'un ou deux grands pistolets, d'un *khandjear* ou grand couteau, des armes qu'il veut, enfin, et dit : *Je suis soldat.* Il s'attache alors à une division de janissaires, ou à un pacha, un aga, ou à tout autre officier qui consent de l'admettre à son service. Lorsque la chose cesse de lui plaire, il jette les armes, en disant : *Je ne suis plus soldat;* et dès-lors il demeure tranquille, sans que personne lui reproche sa désertion.

Il résulte de là que le soldat turc se battant par opinion ou de son propre mouvement, sa première attaque est impétueuse et même féroce ; mais aussi au moindre revers il abandonne la partie et prend la fuite, parceque l'armée n'est pas organisée de manière à contenir la désertion.

Les janissaires sont le nerf principal de la force ottomane. Le célèbre *Raif Effendi,* dans son Traité de la milice ottomane, en compte quatre cent mille dans l'empire, et il lui semble qu'aucune nation ne peut présenter une force armée semblable, qu'il appelle *uniforme.* Mais qu'est-ce que le janissaire ? C'est un cordonnier, un artisan quelconque, un paysan ou un faquin, qui inscrit son nom sur la liste d'une division de janissaires, nommée *orta.* Quelques uns de ces ortas comptent à peine mille hommes, tandis que d'autres en contiennent vingt ou trente mille.

Quand un homme inscrit son nom sur une liste, il prend l'engagement de se présenter toutes les fois que l'orta se réunira. Mais remplit-il cet engagement?... Cela dépend des circonstances et des combinaisons de l'intérêt individuel, au moment où il est appelé. Les janissaires ont bien un peu de ce que l'on appelle *esprit de corps*, préjugé estimable, quand il n'est pas trop exclusif; mais cela ne suffit pas pour les empêcher de consulter, dans l'occasion, l'intérêt personnel, qui est toujours leur première pensée. Aussi, lorsque le motif de l'appel leur convient, ils prennent aussitôt les armes et se présentent; dans le cas contraire, ils restent immobiles, ou, s'ils vont se présenter, c'est seulement pour la forme, et pour revenir ensuite tranquillement chez eux.

Si la réunion de l'orta est pour faire quelque sédition ou révolte, alors personne n'est sourd à l'appel, parceque chacun est sûr de la victoire ou du pillage. Il n'en est pas de même quand il s'agit d'aller combattre un ennemi étranger; car, dans un cas d'urgence, le gouvernement se voit forcé de proclamer que le *Sainjeàk Schérif*, c'est-à-dire, l'étendard du Prophète, sera porté à l'armée, afin d'enflammer de cette manière le fanatisme religieux, qui doit suppléer aux sentiments d'honneur et d'enthousiasme patriotique qui n'existent pas.

Cette ressource politique ne laisse pas de produire quelques résultats avantageux, en attirant un plus grand nombre d'hommes autour de ce *palladium*, que les mahométans regardent comme un gage certain de la victoire. Mais comme le zèle religieux se refroidit avec le temps, lorsqu'il n'est pas secondé par un intérêt immédiat et direct, les effets de cette ruse diminuent progressivement. La dernière fois que le sainjeak schérif sortit de Constantinople, on s'attendoit à le voir suivre par trente ou quarante mille janissaires ; cependant il n'en sortit que trois mille. Ce corps célèbre n'est donc pas comparable aux gardes nationales des états d'Europe, ni à un corps quelconque ayant au moins une ombre d'organisation et de discipline; je ne puis le comparer qu'au mouvement ou à la levée d'un peuple en masse. Les victoires des janissaires, dans les temps passés, ne furent que le résultat de l'irruption d'une grande masse d'hommes armés sur des peuples désarmés, ou sur des masses plus petites et aussi mal organisées. Aujourd'hui que la tactique militaire a combiné les plus petits moyens pour calculer les résultats avec une presque certitude morale, il est évident que jamais les troupes turques ne pourront opposer une résistance constante à un corps de troupes européennes moins nombreux, mais bien conduit. Nous ne parlerons pas de quelques cas particuliers qui peuvent être contraires à cette règle; cela nous entraîneroit dans une analyse et des discussions étrangères à notre objet.

Les janissaires ont des usages singuliers qui méritent d'être rapportés.

Le trophée militaire le plus respecté parmi eux, c'est leurs casseroles ou marmites de cuivre, dans lesquelles ils font cuire leur nourriture, qui est toujours du riz préparé avec du beurre : les Turcs appellent ce mets *pilaw*. Ces marmites sont l'objet d'une si haute vénération, qu'elles ont toujours une garde d'honneur; et, quand on les transporte d'un endroit dans un autre, on exige que toutes les personnes qui se trouvent sur le passage leur fassent une révérence ou salutation, comme à un prince; malheur à celui qui mettroit du retard à rendre cet hommage; il seroit de suite puni de son irrévérence par la garde qui escorte toujours le convoi.

Elles sont comme le point central de réunion de chaque division de janissaires : en campagne on les porte en pompe, ornées d'oripeaux et de colifichets. Si un orta a le malheur de perdre ses marmites, on le regarde comme un corps déshonoré.

Lorsque les janissaires vont avec un empressement affecté prendre leurs rations, c'est une preuve qu'ils sont pleinement satisfaits dans leur orta; mais, s'ils y viennent avec un air d'indifférence, c'est signe de mécontentement de leur part; la plus grande marque qu'ils puissent en donner, est de ne pas se présenter aux distributions : c'est alors qu'il devient absolument nécessaire de prendre des mesures pour les satisfaire et les apaiser.

Dans les cas de mécontentement, les divisions de janissaires portent leurs marmites devant le palais du sultan, et les posent à terre sens dessus dessous. A ce signal de la révolte tous les janissaires s'arment et se réunissent; ils font alors la loi au gouvernement, demandent les têtes des ministres ou des chefs de l'état, qui leur sont sur-le-champ sacrifiés sans examen, et destituent le sultan même, comme ils viennent de le faire à l'égard du malheureux Sélim III. Tout est en convulsion à Constantinople, jusqu'à ce que cette milice indisciplinée ait retiré ses marmites.

Quand le sultan accorde des audiences publiques aux ambassadeurs, pour leur donner une haute idée de sa puissance, fondée sur le contentement des troupes, on fait distribuer, avant l'audience, la ration aux janissaires, qui accourent en tumulte pour la recevoir devant l'ambassadeur. C'est ainsi que, pour donner aux ministres des cours étrangères une idée de la justice souveraine, le grand-visir juge quelques causes en leur présence; et, pour étaler à leurs yeux la magnificence impériale, on les admet à un festin avec le grand-visir, et on les revêt de riches pelisses, tandis qu'on en distribue de moins précieuses aux autres personnes attachées à l'ambassade.

C'est par suite de l'importance des marmites dans le corps des janissaires que le nom turc des chefs des ortas équivaut à celui de *distributeur de la soupe*. Tous les militaires de ce corps portent au-dessus du front, sur leur bonnet de cérémonie, en guise de plumet, une plaque de laiton, dans laquelle ils placent une cuillère grossière en bois, dont ils se servent pour manger le riz, et qui forme ainsi une partie essentielle de leur costume.

Les hommes chargés de punir les janissaires dans l'occasion, sont les *distributeurs d'eau;* ils marchent armés d'un bâton garni de longues courroies.

Chaque orta possède quelques tablettes de plus d'un pied en carré, portées sur des bâtons, et griffonnées de peintures qui sont l'emblême de l'orta. Ces tablettes accompagnent les marmites.

Quand l'orta se met en campagne, quelques jeunes gens, entièrement couverts ou enveloppés de grands haïks, suivent les marmites. On leur donne le nom d'*el Harem*. Considérés comme une espèce de talisman ou de gage sacré, ils sont toujours escortés par une garde particulière, et placés dans une tente voisine de celle des marmites : ils ne font aucun service, ne sont soumis à aucun travail, et les janissaires de l'orta se feroient tuer jusqu'au dernier pour les défendre ou les sauver des mains de l'ennemi; car ce seroit la plus grande honte pour le corps que de les perdre.

Les janissaires passent d'une division dans une autre, selon leur caprice.

De tout ce que je viens de rapporter, il résulte que les janissaires, bien loin d'être les troupes du souverain du pays, ne sont qu'une milice révolutionnaire et turbulente, qui se fait justice de ses propres mains, même aux dépens du prince qu'elle sert.

Quelques janissaires, il est vrai, reçoivent dès

l'enfance une sorte d'éducation militaire; mais le nombre de ceux-là est si peu considérable, qu'il n'influe en rien sur la masse générale de ce corps. On peut en dire autant de leur discipline ou organisation dans les casernes de Constantinople.

Les sultans, pour contre-balancer la puissance des janissaires, ont armé les employés de leurs jardins et de leurs maisons de plaisance, et en ont formé une espèce de gardes du corps, sous le nom de *bostandjis* ou jardiniers, auxquels est confiée la garde de leurs personnes. Ce corps, composé de quelques milliers d'hommes, a parfois rendu des services importants; mais, dans les révoltes, il se réunit ordinairement aux janissaires, qui sont plus forts; et ce contrepoids devient alors inutile au sultan, comme on l'a vu dans la révolution où le malheureux Sélim III a été détrôné.

Le corps des canonniers et bombardiers est composé de quarante-huit compagnies bien organisées; mais comme il se trouve encore dans les batteries plusieurs affûts anciens, avec des roues de planches peu propres à la manœuvre; comme il s'y trouve aussi d'énormes coulevrines, des canons d'un calibre monstrueux couchés à terre pour tirer des boulets de pierre, et des canons à plusieurs bouches, on ne peut se faire une idée très avantageuse de leur science et de leur instruction, puisque c'est employer au service de pièces presque inutiles des hommes et des munitions qui seroient d'une plus grande utilité, si on leur faisoit servir des pièces bien montées et d'un calibre ordinaire.

Le reste des troupes qui composent les forces ottomanes en temps de guerre sont les pelotons plus ou moins considérables de gens armés que les différentes provinces envoient à l'armée; les aventuriers ou volontaires qui veulent essayer de faire fortune; les fanatiques de bonne foi, ou ceux qui ont intérêt à le paroître; enfin le contingent d'hommes armés que certains possesseurs de fiefs sont obligés de mettre alors en campagne.

Tout cela forme un mélange et une confusion si étrange, qu'une armée turque ne diffère point, dans le fond, d'un amas de hordes arabes; par conséquent elle n'est pas capable de produire des résultats beaucoup plus avantageux. Si l'on ajoute à cette irrégularité les gros équipages que les Turcs traînent derrière eux, et l'innombrable multitude de domestiques et d'employés non combattants qui suivent l'armée, on se fera une idée de la presque impossibilité de donner à ces masses lourdes et sans ordre la précision qu'exigent les mouvements militaires d'une campagne.

Le gouvernement de Constantinople, persuadé de cette vérité, voulut remédier au mal, en créant de nouvelles milices, organisées et disciplinées à l'instar des troupes européennes; mais comme cette innovation blessoit l'intérêt des janissaires, qu'elle auroit réduits à la dépendance, tandis qu'ils étoient et qu'ils sont encore aujourd'hui les véritables despotes de l'empire, ils se révoltèrent, sacrifièrent au maintien de leur puissance les têtes les plus utiles peut-être de l'empire, et détrônèrent le malheureux Sélim III : triomphe déplorable de l'anarchie militaire, qui a reculé de deux siècles la civilisation des Turcs.

Le sultan Moustapha, qui a succédé à Sélim (1), est doué de bonnes qualités; mais que pourra faire le meilleur des sultans, tant qu'il sera dominé par une milice aussi turbulente que les janissaires? Quel ministre sera assez courageux pour ouvrir la bouche, ayant l'esprit encore frappé de la catastrophe dont il vient

---

(1) Ce prince, détrôné aussi, n'existe plus.

d'être témoin? Je crois donc pouvoir conclure que les Turcs sont dans l'impossibilité de se civiliser eux-mêmes.

Quand on entend, dans les pays étrangers, le nom du Grand-Seigneur, on se représente ordinairement un despote, dont la parole est une loi, et qui ne prend conseil que de ses caprices. Qu'on se détrompe : il n'y a pas dans le monde un esclave plus esclave que le Grand-Seigneur; ses pas, ses mouvements, ses paroles, pour tout le cours de l'année, pour tous les événements de la vie, sont mesurés et déterminés par le code de la cour ; il ne peut faire ni plus ni moins que ce qui est établi ; réduit au rôle d'un véritable automate, ses actions sont réglées, comme des résultats mécaniques, par le code, le divan, l'ouléma et les janissaires. Il sera couvert de diamants, enivré d'encens, entouré d'adorateurs, comme le *Grand-Lama* ou comme une divinité vivante; mais son existence ne différera point de celle d'une machine; et, comme tel, il sera toujours regardé avec la plus grande indifférence par les peuples, qui n'ont ni bien ni mal à espérer de lui, puisque le pouvoir est entre des mains subalternes, comme je l'ai fait observer à l'occasion de la chute de Sélim et de l'installation de

Moustapha, événement qui ne causa pas la moindre sensation dans les provinces turques que je parcourois alors.

Cette indifférence des peuples envers le souverain est une des causes principales qui facilitent et favorisent la rebellion des pachas dans les provinces. On sait pendant combien d'années se sont soutenus *Djezzar, Paswan-Oglow, Kadri-Aga*, etc., et l'on voit maintenant *Mehemed-Ali* en Égypte, *Kouchouk-Ali* en Syrie, *Moustapha-Pacha* (1) en Bulgarie, *Ali-Pacha* en Albanie, *Ismaïl-Bey* en Romélie, et plusieurs autres d'un moindre rang, qui, sous un air de dépendance envers le souverain, sont véritablement indépendants, et ne font aucun cas des firmans de la Porte, lorsqu'ils ne conviennent pas à leurs intérêts.

Un prince, servi de la sorte, devroit, je pense, être rayé de la liste des souverains, puisque l'empire est toujours entre des mains subalternes ou mercenaires, et que celui qu'on qualifie de ce titre suprême est l'être le plus insignifiant et le plus inutile dans le gouvernement : il ne voit,

---

(1) C'est le célèbre Moustapha Baïraktar, qui détrôna postérieurement le sultan Moustapha, et qui périt dans la révolte. (*Note de l'Editeur.*)

il n'entend presque personne, à l'exception du grand-visir, et il passe sa vie, au milieu de ses femmes et de ses eunuques, étranger, pour ainsi dire, à tous les actes de l'administration, puisque tout doit être ordonné par le visir ou par le divan. Le pouvoir du Grand-Seigneur est donc réduit à *zéro*. C'est à Maroc où l'on doit chercher le modèle du véritable despotisme.

Les mains mercenaires qui gouvernent l'empire turc sont payées de leurs soins par l'acquisition de richesses proportionnelles à l'ambition qui les dirige. Mais les rentes de l'empire diminuent chaque année, en raison de la rebellion qui s'étend d'une province à l'autre; les pachas précédemment nommés n'envoient rien ou presque rien au trésor public; les produits de la Syrie sont absorbés par le pacha de Damas, sous le prétexte des dépenses nécessaires pour la caravane de la Mecque; et pendant l'année courante (1807) le gouvernement lui a envoyé en outre, sur sa demande, un grand nombre de bourses pour les frais de la guerre défensive contre les Wehhabis, qui rétrécissent de plus en plus les limites de la domination ottomane, en lui enlevant chaque jour une partie de ses provinces. La révolution des Serviens, l'occupation de la Valachie et de la Moldavie par les Russes (1), la séparation des régences barbaresques, enfin les dilapidations scandaleuses des pachas et des autres employés turcs, ont réduit le trésor public à la dernière détresse. Par conséquent les hauts employés de la cour ne peuvent recevoir des appointements ou récompenses proportionnées à leurs dignités : il faut donc que la cabale et l'intrigue inventent des ressources pour trouver de l'argent.

La vente des emplois est autorisée en Turquie; mais, à mesure que l'empire se rétrécit, le nombre des emplois à donner, et par conséquent le produit de ces ventes, diminuent; il est vrai, d'un autre côté, que, si le nombre des emplois diminue, celui des aspirants augmente en proportion, et la concurrence fait renchérir les prix ; ce qui revient à-peu-près au même pour les courtisans, mais non pour les malheureux peuples, parceque ceux qui ont payé le double ou le triple pour l'acquisition de leur emploi se croient doublement ou triplement autorisés à dévorer les malheureux qui

---

(1) Une partie de ce tableau politique a changé depuis ces notes d'Ali Bey. (*Note de l'Editeur.*)

tombent sous leurs mains. Ceux-ci crient et se fâchent; mais leurs plaintes ne sont pas écoutées, parceque ces exactions subalternes doivent tourner au profit de la cour l'année suivante. Les peuples indignés s'abandonnent au désespoir et prennent les armes. On leur donne alors les noms odieux de brigands et de rebelles. Si l'état ne manque pas de forces pour les faire rentrer dans le devoir, ce qui arrive souvent, le sang coule; mais les choses restent comme elles étoient auparavant, et l'empire perd des sujets et des capitaux; ce qui augmente les besoins de la cour, et par conséquent les extorsions. Ce mal s'aggrave de jour en jour.

CONCLUSION.

Départ pour Bucharest en Valachie. — Itinéraire. — Adrianopolis. — Mont Hœmus. — La Bulgarie. — Rouschouk. — Le Danube. — Bucharest.

Le mercredi 2 décembre 1807, second jour du beiram ou de la pâque des musulmans, Ali Bey passa au faubourg de Péra, d'où il partit, pour Bucharest en Valachie, le lundi 7 décembre, accompagné d'un Tartare.

A son départ de Constantinople, il desiroit étendre encore le cercle de ses connoissances par de nouveaux voyages ; mais il n'avoit pas encore décidé vers quels pays il dirigeroit sa course. Il laissa donc ses papiers à un ami, qu'il autorisa à les publier après un certain laps de temps, et il partit, incertain si, arrivé à Bucharest, il porteroit ses pas à l'occident, à l'orient ou au nord.

Il envoya de Bucharest son itinéraire de Constantinople, dont nous donnerons ici l'abrégé.

Le 7 décembre Ali Bey coucha au village de

Kouchouk Charmagi, sur le bord d'un lac formé par la mer de Marmara.

Il passa le 8 par Bouyouk Charmagi, Combourgas, Boadas, s'arrêta quelques instants à Selivria, bourg plus grand que les autres, qui renferme plusieurs mosquées, sur un petit port de la mer de Marmara. Tous ces villages, dit-il, sont habités par des Grecs, qui paroissent y être mieux traités qu'ailleurs.

Le 9 il traversa Kinikli, et fit halte à Djiorlo, ville assez grande, où l'on trouve quelques mosquées. Le 10 il passa à côté de Karrestran, s'arrêta dans le village de Bourgas; et le 11, après avoir traversé Baba Eski, il entra à Adrianopoli. Cette ville, grande et bien située, au N. d'une grande plaine entourée de collines, sur l'une desquelles s'élève une partie de la ville, contient beaucoup de mosquées, quelques maisons de belle apparence, des rues bien pavées, un grand bezestein ou bazar composé de plusieurs rues couvertes, garnies de boutiques de toute espèce, et un joli pont sur la Marissa, rivière assez considérable qui traverse la ville. Adrianopoli est entouré d'un parapet en terre, avec une palissade en-dedans et un petit fossé en-dehors. Le grand-visir, généralissime des armées ottomanes, s'y trouvoit alors. Mais notre voyageur observe qu'il n'y vit cependant presque point de soldats, et que les rues étoient extrêmement solitaires. On lui assura qu'il y avoit un camp hors la ville. Adrianopoli, quartier général des Turcs à cette époque, étoit à plus de soixante lieues des armées d'opération.

Ali Bey ne s'arrêta que quelques instants dans cette ville, et alla coucher le même jour à Moustapha Bacha, où il trouva une bande de soldats qui ressembloient plutôt à un ramas de bandits.

Le 12 il traversa plusieurs hameaux ou villages habités par des Grecs, et coucha à Karapounar, village ou douar musulman assez considérable, et composé de plusieurs enceintes de baraques. Le 13, ayant passé par Zaara et par Kezanlek, dont le gouverneur l'invita à souper et lui fit beaucoup d'honnêtetés, il marcha toute la nuit; et, après avoir souffert une bourrasque affreuse de vent, de pluie et de neige, il vint à Schipka Balcana, petit village situé au pied du *Balcàn* ou *Mont Hœmus,* où il fut obligé de séjourner deux jours avant de pouvoir s'exposer au passage de la montagne, alors couverte d'une immense quantité de neige.

Le 16 Ali Bey traversa la montagne, ce qu'il n'auroit pu faire encore, si on n'avoit eu la précaution d'envoyer en avant un certain nombre de chevaux de la poste pour ouvrir le chemin dans la neige, qui avoit plus de trois ou quatre pieds de hauteur. Parvenu sur le revers de la montagne, il passa par un hameau, nommé Bedjéne, dont les maisons en bois étoient à moitié ensevelies dans la neige; et, continuant à descendre, il fit halte à Kaproa, bourg dont les maisons sont partie en maçonnerie et partie en bois. La chaîne du Balcan ou mont Hœmus, qui forme la limite entre la Romélie et la Bulgarie, étant entièrement couverte de neige, ne présentoit aux recherches et aux observations d'Ali Bey que quelques pics ou aiguilles de roche cornée.

Le 17 il passa par Derroba, et arriva vers midi à Terranova, ville située sur le penchant de deux montagnes, traversée par une rivière assez forte, et entourée d'un fossé et d'un petit mur: on y voit beaucoup de jardins, des vignes, quelques maisons apparentes et des bazars couverts; mais tout étoit alors couvert de neige, et la saison peu favorable aux observations.

De là il vint faire halte à Poulicraïschte, hameau dont les maisons presque souterraines n'ont qu'un pied d'élévation au-dessus du sol, pour le soutien de la toiture, et dont les habitants, tant hommes que femmes, sont habillés avec des peaux de mouton.

Les femmes bulgares sont extrêmement petites, mais d'un air gracieux, tant qu'elles sont jeunes : à peine ont-elles passé l'âge de l'adolescence, qu'elles prennent un embonpoint monstrueux. Les enfants sont charmants, mais si petits, qu'on les prendroit presque pour des singes. Quant aux hommes, ils portent sur la figure l'empreinte de l'esclavage qui pèse sur eux : sans cesse tyrannisés par les exactions de la soldatesque, ils sont dans la triste nécessité de cacher dans la terre ce qu'ils veulent soustraire à la rapacité et à la violence.

Ali Bey, après avoir traversé, le 18, vers minuit, la rivière Yantra, qui est rapide et assez considérable, et quelques hameaux, se rendit à Rouschouk, grande et forte ville sur la rive droite du Danube.

Le pacha Moustapha (1), ayant examiné les papiers du voyageur, donna l'ordre pour son passage. En conséquence il s'embarqua dans la nuit sur un bateau à six rames, traversa le ma-

---

(1) C'est le même Moustapha Baïractar, qui fit ensuite la révolution de Constantinople contre le sultan Moustapha.

jestueux fleuve du Danube en trente-cinq minutes, et aborda à Djiourjoï, petit bourg défendu par une grande forteresse sur la rive gauche du fleuve, occupée alors par un corps de troupes sous les ordres d'un autre pacha : c'étoit le poste le plus avancé des Turcs.

Les passe-ports d'Ali Bey y furent soumis à un nouvel examen ; mais précisément le *Diouan Effendi*, à qui appartenoit cette vérification, s'étoit trouvé à Alexandrie avec le capitan pacha, ami d'Ali Bey ; et, du moment qu'il eut aperçu son nom dans le firman, il s'écria : *Il n'y a rien de plus à voir ; je connois Ali Bey ;* et sur-le-champ il se mit à faire l'apologie du voyageur, lui envoya un grand souper, et donna l'ordre de préparer des chevaux. C'est de cette manière qu'Ali Bey sortit de l'empire ottoman, le samedi 19 décembre 1807, au lever du soleil.

Après six heures de marche, il arriva dans un hameau, où se trouvoient les premiers éclaireurs russes ; l'un d'eux l'accompagna jusqu'à l'avant-garde de l'armée, qui occupoit une ligne de hauteurs et de petites redoutes au-delà d'une rivière assez grande dont les ponts étoient détruits. Ali Bey se loue des honnêtetés qu'il reçut du général et des officiers russes.

On le conduisit ensuite dans un hameau plus

rapproché de Bucharest, auprès d'un autre général, qui accueillit notre voyageur avec toute la délicatesse et l'urbanité des hommes bien élevés chez les nations civilisées. Enfin Ali Bey, après lui avoir fait ses adieux et ses remerciements, se mit en route pour Bucharest, où il arriva assez tard dans la nuit.

La fatigue de cette course avoit un peu accablé les forces de notre voyageur; il fut forcé de prendre deux jours de repos; mais les soins assidus du gouverneur général russe, Bahmetief, et du chevalier Kiriko, consul général de la même nation, contribuèrent à son prompt rétablissement. Ali Bey ne sait comment exprimer sa reconnoissance à ces deux hommes respectables, ainsi qu'à M. le général Ulanius, à l'archevêque Diothitheos, aux deux lieutenants du prince Ipsilanti, et aux autres boyards de la Valachie.

Bucharest, capitale de la Valachie, est une ville considérable, d'un aspect champêtre, extrêmement agréable : ses rues sont droites, assez larges, et toutes pavées en bois ; les maisons sont basses, mais elles ont de grandes portes par où les voitures arrivent jusqu'au pied de l'escalier. Il y a beaucoup de jardins. Cette capitale contient, dit-on, une population de soixante à soixante-dix mille ames. On y compte trois cent soixante églises ou chapelles. La cathédrale, située sur une hauteur au milieu de la ville, est petite, mais belle. Outre l'archevêque, il y avoit alors quelques autres prélats.

Quoique le rit dominant soit le grec, on y trouve aussi des chrétiens des autres rits, qui ont leurs églises et leurs prêtres.

Le gouvernement civil du pays est entre les mains de deux kaïmakams ou lieutenants du prince Ipsilanti, assistés d'un conseil de douze boyards. Selon le rapport fait à notre voyageur, la Valachie contient un million et demi d'habitants. Plus de la moitié de cette province est entourée par le Danube, et arrosée par une infinité de rivières. Le terrain, extrêmement fertile, est coupé de montagnes et de forêts abondantes en gibier. On y trouve des mines, et enfin tout ce qu'on peut desirer de voir réuni dans un pays situé sous le quarante-cinquième degré de latitude. On assure, dit Ali Bey, que le climat y est très sain, et que les revenus du pays s'élèvent à quatre millions de piastres.

FIN.

TABLE DES CHAPITRES

CONTENUS

DANS LE TROISIÈME VOLUME.

CHAPITRE I. Retour d'Ali Bey à Djedda. — Position géographique. — Notices. — Traversée à l'Yenboa.   Page 1

CHAP. II. Voyage vers Médine. — Djidéida. — Ali Bey est arrêté par les Wehhabis. — Désagréments qui en résultent. — Il est renvoyé avec une caravane des employés du temple de Médine. — L'Yenboa.   20

CHAP. III. Traversée pour aller à Suez. — Échouement du navire. — Ile Omelmelek. — Continuation du voyage. — Accidents divers. — Ali Bey débarque à Gadiyabia — Il continue le voyage par terre.   42

CHAP. IV. Voyage à Suez. — Disputes des Arabes. — El Wadi Tor. — El Hammam Firaoun. — El Wad Coroudel. — Sources de Moïse. — Arrivée à Suez. — Pétrifications de la mer Rouge. — Abaissement de son niveau. — Correspondances par cette mer. — Voyage au Caire.   69

CHAP. V. Voyage à Jérusalem. — Belbéis. —

Gaza. — Jaffa. — Ramlé. — Scène de vieillards. — Entrée dans Jérusalem. Page 104

Chap. VI. El Haram ou temple musulman sur l'ancien temple de Salomon. — La cour. — El Aksa. — El Sahhara Allah. — Le tribunal de David. — Les Cobbas. — Le trône de Salomon. — Autres mosquées du temple. 130

Chap. VII. Visite au temple. — Voyage au sépulcre de David et à d'autres tombeaux. — Voyage au mont Olivet. — Au sépulcre d'Abraham à Hébron. — A la crèche du Christ à Bethléem. — Au sépulcre de la Vierge. — Au Calvaire et au tombeau du Christ. — Synagogue des Juifs. — Description de Jérusalem. 153

Chap. VIII. Retour à Jaffa. — Traversée à Acre, et description de cette ville. — Le mont Carmel. — Voyage à Nazareth. — Renseignements sur les moines de la Terre Sainte. 185

Chap. IX. Voyage à Damas. — Mont Thabor. — Mer de Galilée. — Fleuve du Jourdain. — Pays volcanisé. — Description de Damas. — Constructions singulières. — Population. — Grande mosquée. — Bazars ou marchés, fabriques. 208

Chap. X. Eaux de Damas. — Lac Hhotaïbe. — Chrétiens. — Commerce. — Productions. — Climat. — Races de chevaux. — Costumes. — Femmes. — Santé. — Écoles. — Fêtes pu-

TABLE.

bliques. — Gouvernement. — Fortifications. — Bédouins d'Anaze. — Salakhie. Page 228

Chap. XI. Voyage à Alep. — Description des khans. — Caravane. — Tadmor ou Palmyre. — Ville de Homs. — Rivière Orontes. — Ville de Hama. — Liberté de mœurs. — Rencontre nocturne. — Arrivée à Alep. — Remarque sur cette ville. 251

Chap. XII. Voyage à Constantinople. — Antioche. — Tarsus. — Mont Taurus. — Arc de triomphe. — Hordes de bergers turkomans. — Manière de voyager en Turquie. — Ville de Konia. — Assiom Karaïssar. — Kutaïeh. — Chaîne du Mont Olympe. — Scutari. — Entrée dans Constantinople. 276

Chap. XIII. Description de Constantinople. — Le Bosphore. — Le port. — L'arsenal. — Péra. — Top-Hana. — Galata. — Rues de Constantinople. — Sainte-Sophie. — Sortie du sultan les vendredis. — Les mosquées. — Eyoub. — Reliques du Prophète. — Sérail ou palais du sultan. — Voitures. — Hippodrome. — Château des Sept-Tours. — Murailles. 322

Chap. XIV. Citerne de Phyllosène. — Colonne de Constantin. — Marché des femmes. — Bezestèinn ou grand Bazar. — Quartier du fanal. — Alaï Kiosque du Sultan. — Pointe du sérail. — Bord de la mer de Marmara. — Caserne des bombardiers. — Lieu de plaisance du Sultan. — Illuminations du Ramadan. — Fête du Beyram ou de la Páque. — Eaux de Constantinople. — Caractère des Turcs. — Amusements. — Femmes. — Climat. Page 354

Chap. XV. État actuel de la Turquie. — Barbarie des Turcs. — Janissaires. — Bizarreries de ce corps. — Bostandjis. — Canonniers et bombardiers. — Autres troupes. — Le Grand-Seigneur. — Pachas rebelles. — Trésor public. — Vénalité des emplois. — Désespoir des peuples. 379

Conclusion. Départ pour Bucharest en Valachie. — Itinéraire. — Adrianopoli. — Mont Hœmus. — La Bulgarie. — Rouschouk. — Le Danube. — Bucharest. 399

FIN DE LA TABLE.

ERRATA.

TOME PREMIER.

Page	ligne		lisez
1,	6,	dans le mot *Othman*, en arabe, il manque un *elif*.	
57,	7,	244, 7,	244, 3.
62,	16,	3 lignes,	9 lignes.
64,	25,	ahcromatique,	achromatique.
99,	26,	trois,	neuf.
103,	22,	trois heures,	neuf heures.
105,	9,	trois,	neuf.
id.,	11,	34°,	94°.
109,	13,	trois,	neuf.
214,	19,	36°,	96°.
259,	10,	plus,	moins.
345,	20,	♂ 13,	♂ 6.

ERRATA.

TOME SECOND.

Page	ligne		lisez
52,	8,	XVII,	XVI.
78,	1,	XVI,	XVII.
id.,	26,	23,	29.
79,	3,	à trois heures,	à neuf heures.
86,	8,	Chiriga,	Chirigna.
174,	24,	ou achète,	on achète.
182,	10,	Pabbari,	Gabbari.
186,	9,	s'évapora,	le lac s'évapora.
id.,	10,	transformée,	transformé.
id.,	12,	quoiqu'il fût,	qui étoit.
220,	25,	octobre,	novembre.
232,	5,	Doumia,	Doumiat.
248,	14,	étions presque en,	étions en
287,	23,	soutenu,	enfilé.
321,	8,	deux,	douze.
326,	6,	environ deux heures après,	à deux heures.
345,	10,	cinq,	six.
id.,	11,	les deux autres placés,	un placé.
347,	12,	la porte a,	la porte à.
id.,	13,	extérieur, 8,	extérieur, à 8.
348,	21,	elle a environ quinze,	Elle a quinze.
371,	11,	Bed,	Beb.
id.,	19,	id.	id.
id.,	23,	id.	id.
372,	9,	un autre entre le *Bed Ziada* et le *Bed Douriba*, et les deux derniers séparés,	le cinquième auprès du *Beb Ziada*, un autre entre le *Beb Ziada* et le *Beb Douriba*, et le dernier séparé.

Toutes les fois qu'on trouve *iman* on doit lire *imam*.

ERRATA.

TOME TROISIÈME.

Page	ligne		lisez
4,	17,	45° 54' 30",	36° 45' 45".
11,	4,	22° 13' 0",	22° 19' 0".
41,	9,	3°,	9°.
43,	13,	pars,	épars.
85,	5,	Ssador,	Ssaddor.
100,	16,	el Had,	el Hadj.
136,	18,	douze,	soixante-douze.
142,	25,	roche par des,	roche des.
159,	12,	Dieu! Dieu!	de Dieu! de Dieu!
167,	25,	allâmes ensemble voir,	allâmes voir.
180,	10,	les couvents,	le couvent.
221,	24,	El Kaala,	El Kalaa.
252,	16,	Aarons,	Aarous.
344,	20,	table recouverte,	table avec une assiette recouverte.

www.ingramcontent.com/pod-product-compliance
Lightning Source LLC
Chambersburg PA
CBHW052128230426
43671CB00009B/1168